KB036620

나는 왜 사랑받지 못할까?

Enfants de manipulateurs: Comment les protéger?
by Christel Petitcollin
ⓒ Guy Trédaniel Éditeur, 2013
Korean translation rights ⓒ 2017 by Sodam&Tae-il Publishing Co., Ltd.
All rights reserved.
This Korean edition is published by arrangement with Guy Trédaniel Éditeur through Shinwon Agency.

나는 왜 사랑받지 못할까?

펴 낸 날 | 2017년 8월 10일 초판 1쇄

지 은 이 | 크리스텔 프티콜랭
옮 긴 이 | 이세진
펴 낸 이 | 이태권

책임편집 | 박송이
책임미술 | 김지태

펴 낸 곳 | (주)태일소담
　　　　　서울특별시 성북구 성북로8길 29 (우)02834
　　　　　전화 | 745-8566~7　팩스 | 747-3238
　　　　　e-mail | sodam@dreamsodam.co.kr
　　　　　등록번호 | 제2-42호(1979년 11월 14일)
　　　　　홈페이지 | www.dreamsodam.co.kr

ISBN　　　979-11-6027-020-4　03180

이 도서의 국립중앙도서관 출판시도서목록(CIP)은 서지정보유통지원시스템 홈페이지
(http://seoji.nl.go.kr)와 국가자료공동목록시스템(http://www.nl.go.kr/kolisnet)에서
이용하실 수 있습니다.(CIP제어번호: CIP2017018828)

• 책값은 뒤표지에 있습니다.
• 잘못된 책은 구입하신 곳에서 교환해드립니다.

아이 삶을 좀먹는 심리조종자 부모 퇴치 프로젝트

나는 왜 사랑받지 못할까?

크리스텔 프티콜랭 지음

이세진 옮김

Enfants de manipulateurs

소담출판사

차례

1부 부모 가면을 쓴 심술쟁이들

2부　심술쟁이 손에 들린 심리조종 무기

들어가는 글

안녕하세요.

저는 5년 전에 이혼을 했고 클로에라는 딸이 하나 있습니다. 전남편과는 클로에가 두 살 되던 무렵에 갈라섰지요. 전남편은 화를 잘 내고 과격하게 행동하는 사람이었고, 저와 클로에에 대해 늘 부정적인 말만 했습니다. 제가 때때로 회사 일을 일찍 끝내고 돌아가면 건물 입구에서부터 그 사람이 애한테 고함지르는 소리가 들릴 정도였어요. 게다가 한번은 이유식을 먹다가 도로 뱉었다는 이유로 겨우 첫돌을 맞은 아이의 뺨을 때렸습니다. 그때 아이가 발작하듯 자기 머리칼을 쥐어뜯었어요. 저는 아이를 병원에 데려갔고요. 의사는 걱정할 필요 없다고, 다 지나갈 거라고 했습니다. 하지만 저는 우울하다 못해 정말 죽어버리고 싶다는 생각이 들었어요.

그 후 전남편과 대판 싸웠고, 그 사람이 저를 때릴 것처럼 나오기에 애를 데리고 집을 나와 친정에서 지냈습니다. 클로에는 열 달간 아빠를 보지 못했지요. 그 사람은 우리가 없어지니까 아주 좋아했습니다. 그런데 판사는 제가 일방적으로 별거를 시작했다고 간주하더군요.

클로에 말로는 아빠가 자기를 밀치고, 때리고, 침대에 묶어놓는대요. 아빠와 지내다가 돌아오면 아이가 일사병, 일광 화상, 시퍼런 멍을 달고 옵니다. 심지어 이마가 찢어져서 온 적도 있어요. 저는 아이의 멍과 상처를 대학병원에 보이고 진단서를 끊었습니다. 고소도 두 번이나 했어요. 클로에는 경찰에게 자초지종을 말하고 몸짓으로 학대 행위를 재연했습니다. 그런데 어떻게 되었는지 아세요? 경찰이 아이의 증언을 자의적으로 해석했어요. 제가 너무 걱정이 많다고, 클로에가 어른들 말을 잘 안 듣고 너무 까분다고, 아이가 아빠 성질을 건드리지 않게 얌전히 굴어야 한다고 하더군요. 저희 아이는 1년간 AEMO*에서 상담을 받았습니다만, 아무 문제도 없다더군요. 클로에는 괜찮다, 아빠 품에도 잘 안기지 않느냐, 아빠를 두려워하지도 않는다, 엄마의 걱정이 지나친 거다, 라면서요. 전남편도 그 1년 동안은 조심을 했던 거죠.

이제 클로에는 일곱 살입니다. 그 애가 요즘 하는 말이 심상치 않아요.

---

* Action Éducative en Milieu Ouvert, 프랑스의 아동보호 및 특수교육 지원기관.

- 실수했다고 아빠가 뺨을 때렸어요. 책으로 머리를 맞은 적도 있어요.

 - 아빠가 내 따귀를 때리고 소파에 집어 던졌어요.

 - 아빠네 집 문 손잡이가 떨어졌는데, 나 때문에 그런 거라고 혼냈어요. 내 머리를 붙잡고 벽에다 던져버리겠다고 고함을 질렀어요.

 - 아빠가 나를 손바닥으로 때리고 땅바닥에 내동댕이쳤어요. 일으켜주지도 않아서 스스로 일어나야 했어요.

 - 공부를 열심히 하지 않으면 찬물로만 샤워하는 벌을 줄 거래요.

 - 엄마가 아빠에게 못되게 굴었다면서 나도 엄마에게 못되게 굴라고 시켰어요.

 - 아빠가 맛있는 거 사줬으니까 아빠가 시키는 대로 해야 된대요.

클로에는 담임선생님에게도 이 얘기를 했습니다. 그래서 저는 교내 심리상담사와 교장선생님을 만나게 되었지요. 교장선생님은 윗선에 이 일을 보고하면 저와 전남편, 심리상담사, 담임교사, 그리고 교장 자신도 함께 면담을 해서 각자 책임을 분명히 짚고 넘어가게 될 거라고 했습니다. 저는 아이가 처한 상황이 너무 버겁다 보니 학교생활에도 영향이 간다고 말했습니다. 교장선생님이 (미소를 지으면서) 실제로 아이에게 버거운 상황이라고 하시더군요. "어머님이 아버님과 문제가 있으면 두 분이 해결을 하셔야지요. 제가 해결할 부분은 학교 안에서 이루어지는 교육뿐입니다."

저는 아동보호 전문기관에 연락을 했습니다. 그쪽에서도 학대가 있다고 판단해서 전남편을 호출했어요. 그 사람은 사람 심리를 조종하는 재주가 있죠. 언제나 자기가 피해자라고 주장해요. 모두가 그 사람 말을 믿으니 제가 무슨 수로 그 가면을 벗길 수 있을지 모르겠어요. 선생님은 이 상황을 어떻게 생각하세요? 제가 면담에서 어떻게 행동해야 할까요? 이 면담이 무슨 효력은 있는 걸까요? 변호사와 함께 가는 게 나을까요? 아동 학대에 정통한 심리전문가가 증언을 하면 어떨까요? 혹시 저에게 소개해주실 분은 없나요? 눈앞이 캄캄합니다. 클로에는 아빠를 무서워해요.

이번에도 내가 받은 수많은 메일 중 한 통을 소개하면서 책의 첫머리를 엽니다. 아이 이름을 가명으로 대체했을 뿐, 토씨 하나 바꾸지 않고 원문 그대로 옮겼음을 여러분에게 알려둡니다. 나 또한 자식을 둔 어미로서, 누구라도 심리조종자 배우자의 지배에서 벗어나지 못하고 있는 상황이라면 이런 메일을 쓸 수 있으리라 생각합니다. 이 어머니, 특히 어린 딸이 처한 상황은 끔찍하리만치 일반적입니다.

친애하는 독자 여러분.

여러분이 많이 이야기하고 글을 보내주셔서 알고 있습니다. 여러분이 이런 책을 몹시 기다렸다는 사실을요. 여러분의 크나큰 기대에 겁이 나기도 합니다. 해야 할 얘기가 굉장히 많잖아요! 여러분이 품고 있는 수많은 질문에 어떻게 답할 수 있을까요? 여러분이 최대한 많은 자물쇠를 열 수 있도록 두루두루 유용한 열쇠들을 내가 잘 넘겨줄 수 있을까요?

나는 또다시 이렇게 백지를 마주하고 지난 20년간 심리조종자들을 매일같이 상대하면서 배운 바를 정리해보려 합니다. 이번 책에서는 부모 자격이 없으면서 자기가 그렇다는 생각조차 못하는 부모 때문에 고통 받는 아이들에게 증인이 되어주려 합니다. 어떻게 해야 여러분에게 사태를 이해시키고 겉으로 잘 드러나지 않는 이 음험한 학대를 저지할 수 있을까요?

나의 최우선 목표는 부모 중 정신적으로 건강한 쪽이 아이를 보호하는 데 필요한 수단을 획득하고 할 수 있는 데까지 손을 쓰게끔 격려하는 것입니다. 그렇지만 이 책이 그 가엾은 아이들의 삶에 개입하는 모든 어른들에게 정보의 보고 노릇을 했으면 좋겠다는 바람도 있습니다. 넓은 의미에서의 가족, 육아도우미, 교사, 의사, 심리상담사와 그 외 심리전문가는 물론이고 사회복지사, 이혼조정위원, 변호사, 판사까지, 아이들의 미래에 관여하는 어른 모두가 아이들이 감당해야 하는 현실을 좀 더 이해해주길 바랍니다. 또한 그런 아이들이 단기적으로나 장기적으로 안고 살아가는 위험을 인식해주길 바랍니다.

이번 책에서는 나도 독자 여러분에게 기대하는 바가 있습니다. 이 책에서 배우게 될 모든 것을 여러분 자신의 자녀를 보호하는 목적으로만 써먹지 말고 한 발짝 더 나아가주세요. 이 책 속 정보가 소용 닿을 곳이 있다면 그곳까지 퍼뜨려주십시오. 행여 학대받는 아이가 있거든 그 주변 사람들이 눈을 뜨도록 여러분이 최선을 다해주세요. 지상에 있는 모든 아이가 우리 아이입니다. 아이들은 내일의 사회요, 우리는 그 사회 속에서 늙어갈 것입니다. 아이들이 파괴적이고 가증스러운 몇몇 종자에게 정신적으로 학살당하는 일을 방관할 권리는 우리에게 없답니다. 그러니 모두 자기 일처럼 소매를 걷어붙이고 나섭시다. 어쩌면 우리 바로 옆에서 일어날지도 모르는 학대에 우리 모두 책임이 있다고 생각하고, 우리 한 사람 한 사람이 사태를 직시하고 파악하고자 노력합시다.

그토록 끔찍한 학대가 현실에 존재한다고 받아들이기란 얼마나 힘든지요. 최근에 나는 기업 대표들을 모아놓고 세미나를 진행했습니다. 기업 내 심리조종자를 파악하고 그들의 수작을 저지하는 방법에 대해서 강연했는데요. 참석자들은 내가 하는 말을 금세 이해하고 잘 따라왔습니다. 그들은 단순히 성격이 좀 까다로운 직원과 음흉하고 악의적인 심리조종자 직원이 어떻게 다른지 구별할 수 있게 되었지요. 기업 대표들은 세미나에 만족했고, 그날 배운 내용을 흥미로워하면서 실생활에 적용해보겠다는 의욕을 품었습니다. 나도 슬슬 이만하면 만족스럽다 싶었고요. 이제 저 사장님 열여섯 명은 선량한 직원을 직장 내 괴롭힘으로부터 보호하고, 음흉한 직원은 철저하게 관리할 수 있겠구나 생각했지요. 하지만 웬걸요, 마지막으로 돌아가면서 한 마디씩 하는 자리에서 한 분이 자신만만하게 말하더군요. "선생님 말씀에도 일리가 있을 겁니다. 우리 회사에도 진짜 딱 그런 직원들이 몇 명 있습니다. 하지만 저는 사람에 대한 믿음을 간직하고 싶네요. 구제할 수 없는 악인들이 있다고 믿으면서 살고 싶지 않아요." 그렇게 나의 낙관론은 찬물을 호되게 뒤집어썼답니다!

아마도 여러분은 그 사람이 바보 같다고 생각할 겁니다. 아뇨, 그렇지 않습니다. 그 기업 대표는 객관적으로 아주 똑똑하고 선량하며 개방적이고 너그러운 사람이었어요. 역설적이지만 아마 그래서 내 말을 곧이곧대로 받아들일 수 없었을 겁니다. 쓸데없는 악의는 어리석음의 '극치'이니까요. 그런 마음은 말도 안 되게 비생산적이기 때문에 정신이 똑바로 박힌 사람은 도저히 이해할 수 없을 정도예요. 지성은 어리석음이 만든 장벽에 부딪쳐 그 너머를 보지 못합니다. 그렇지만 현실을 직시하지 않는 태도는 위험합니다. 이 아무 쓸 데 없는 잔인성이 널리 퍼진다면 인류는 멸망으로 치닫겠지요.

뉴스가 이 극악한 폭력성을 우리 눈앞에 들이밀 때 우리는 가해자가 잠깐 정신이 나갔을 거라고, 그 사람도 나중에는 가슴을 치고 후회할 거라고 믿고 싶어 합니다. 여러분도 이런 식으로 난색을 표하는 말을 많이 들어봤겠지요. "판단하지 맙시다. 누구라도 머리끝까지 화가 나거나 확 돌아버리면 못할 짓이 없잖아요."

그래요, 그럴지도 모릅니다. 하지만 심리조종자들은 '머리끝까지 화가 나서' 그런 짓을 하는 게 아니에요. 일시적으로 머리가 어떻게 된 게 아니라 보이지 않는 만성 정신질환을 앓고 있지요. 입으로는 좋아한다고 말하면서 차갑고 명철한 증오를 품습니다. 그들은 냉혈한이고, 자기네들도 그 사실을 알아요. 이런 메시지는 전달하기가 힘들지요. 심지어 심리조종 피해자들에게조차 말하기가 꺼려져요. 정상적인 사람이라면 오로지 자신의 전능함을 과시하거나 좌절을 분풀이할 심산으로 누군가를 말려 죽일 작정을 할까요? 냉정하고 집요하게 계획을 세워 누군가를 괴롭히고 아무 후회도 하지 않을 수 있다는 걸 상상이나 하겠어요? 이게 영화라면 스릴이 넘치겠지만 실생활이란 말입니다!

그 기업 대표는 눈앞에 널려 있는 증거들을 보면서도 이러한 생각을 거부했습니다. 이게 회사 사람들 얘기면 그래도 낫습니다만, 만약 자기 자식이 겪는 고통이라면 그래도 되는 걸까요? 우리는 부모라면 누구나 자식을 사랑한다고 믿습니다. 안됐지만 그렇지 않은 경우도 분명히 있답니다. 미숙하고 자기중심적인 일부 부모는 자식을 이용하고, 가학적으로 월권하거나, 자식마저 배우자에게 타격을 입히기 위한 도구로 삼습니다. 여러분이 이 책을 통해서 그러한 현실을 분명히 인식하길 바랍니다.

심술궂은 아빠, 못된 엄마?

싹수를 자르고 상황을 자기에게 유리하게 몰고 가는 재주가 뛰어난 심리조종자들은 곧잘 거울 속 타자를 비난합니다. 그야말로 제 얼굴에 침 뱉기랄까요! 부모가 똑같은 문제점을 들먹이면서 서로 흉을 본다면 누가 거짓말을 하고 누가 참말을 하는지 알 수 있을까요? 애 엄마가 '아버지를 부정해서' 자식을 빼앗겼다고 성토하는 딱한 아버지 편에 서야 할까요? 아버지가 자식을 학대한다고 고발하는 어머니 편을 들어야 할까요?

이전에도 몇 번 언급할 기회가 있었습니다만, 나는 남녀 중 심리조종자 비율은 비슷하다고 생각합니다. 부모·자식 관계라고 해서 그 점에 차이가 있을까요? 심리조종자 어머니도 심리조종자 아버지와 마찬가지로 자식에게 해로울까요? 아이들에게 미치는 후유증에도 별 차이가 없을까요?

나는 전작 『심리조종자와 이혼하기』*에서 심리조종자 아내에게 휘둘리는 남성 수가 실제로는 더 많을 것이라고 말했습니다. 요즘에 좀 늘었다고 해도 나에게 상담을 받으러 오는 사람들 가운데 남성은 2~4퍼센트밖에 되지 않지요. 남자들은 문제가 있어도 좀체 상담을 받으러 오지 않습니다. 그래서 '심리전문가'는 으레 여성들 입장에서 생각하게 됩니다. 그 때문에 정신적 폭력 통계에서도 남성이 당하는 폭력은 오랫동안 간과되어왔지요.

심리조종자의 손아귀에 꽉 잡혀 사는 건전한 남성들은 나의 전작을

---

* *Divorcer d'un manipulateur*, 국내에 출간되지 않은 작가의 전작으로, 심리조종자와의 이혼을 부부관계에 초점을 맞추어 다뤘다.

읽으면서 매번 남녀 입장을 바꾸어 생각해야 하는 수고에 넌더리를 냈습니다. 또한 내 책에 남편이 심리조종자이고 아내가 피해자인 사례가 압도적으로 많다고 불만을 표하기도 했습니다. 그분들이 이 책에서도 비슷한 유감을 겪게 될 것 같아 미리 양해를 구합니다. 심리조종자에게 당하고 사는 남자들이 엄연히 존재함을 부정할 뜻은 없습니다. 다만, 내가 임상적으로 접하는 상황이나 증언의 96퍼센트가 여성들에게서 나오기 때문에 나로서도 어쩔 수 없다고나 할까요.

게다가 매번 '심리조종자'라는 단어를 남성형manipulateur과 여성형manipulatrice으로 함께 표기하려면 여간 번거로운 게 아니라서요. 내가 심리조종자 남편과 그 처자식의 관계를 낱낱이 파헤친다면 성별이 바뀐 경우에도 동일한 병리학적 메커니즘이 작용한다고 보는 것이 당연합니다. 예외가 작용하는 경우가 아니라면 똑같은 설명을 두 번 할 필요가 있을까요? 하지만 남성 독자들이 던진 불만을 참고해서 이 책에서는 남성 피해자 사례도 수시로 소개하려고 노력했습니다.

여성에 비해 남성의 증언은 많이 접하지 못하기 때문에 심리조종자 어머니의 수법들을 연구할 기회도 그만큼 부족했습니다. 그래서 이 책에서도 아버지가 행한 학대 사례, 심리조종 사례가 훨씬 더 많기는 합니다. 하지만 내가 상담실에서 직접 듣고 이 책에 소개한 몇몇 심리조종자 어머니 사례만으로도 시사하는 바는 충분할 겁니다!

게다가 나는 전작 『나는 왜 그에게 휘둘리는가』에서나 『심리조종자와 이혼하기』에서나 항상 내가 인용하는 사례들에 대해 이렇게 명

시했습니다. '초고를 읽은 몇몇 사람이 이 책에 실린 예화들이 전부 다 실화라는 점을 분명히 했으면 좋겠다고 나에게 조언했다. 그들은 그 예화들이 만화 뺨치게 기가 막히고 우스꽝스러워서 처음에는 내가 좀 과장한 것이려니 생각하곤 했다. 절대 그렇지 않다. 여러분에게 분명히 말하지만 난 어떤 얘기도 지어내지 않았고, 이 책에 실린 예화는 전부 내게 상담을 받는 이들이 실제로 경험한 일이다. 그들의 익명성을 보장하기 위해서 가명을 썼을 뿐, 그 외에는 아무것도 더하거나 빼지 않았다. 이러한 상황을 일상적으로 겪고 사는 사람들은 어디 가서 말할 수도 없는 황당하고 기막힌 얘기가 저마다 한 보따리는 될 테니 내가 과장하지 않았다는 사실을 알고도 남을 것이다.'

이 책도 마찬가지입니다. 내가 점점 더 극적인 상황들을 끌고 들어오고 점점 더 어이없는 사례들을 인용하는 것처럼 보일지 모르지만 전부 실제로 있었던 일입니다. 원만하게 돌아가지 못하는 가정들에 숨은 비밀을 매일매일 조금씩 더 깊이 파헤치면서 나는 심리조종자들의 어두운 영혼, 가학성, 나아가 아둔함까지 잘 알게 되었습니다. 나는 그들이 어떤 일까지 할 수 있는지 압니다. 또 여러분도 알기를 바랍니다. 확실히 말하건대, 나는 조금도 과장하지 않았습니다. 차라리 과장이었으면 좋겠네요.

일례로 어떤 아빠는 자기 상황을 다음과 같이 설명했습니다. 이혼남인 그는 모처럼 황금 휴일을 맞아 두 살짜리, 네 살짜리 아들 둘을 데려오려고 전처에게 갔다지요. 그런데 전처가 아이들에게 자그마한

하트 모양 쿠션을 하나씩 주면서 다 죽어가는 목소리로 이러더랍니다. "이건 엄마의 심장이야. 너희가 엄마에게 돌아올 때까지 엄마 심장은 피를 흘리고 있을 거야. 그러니까 잘 간직해줘. 절대로 잃어버리면 안 된다?" 오랜만에 아빠 집에 가는 아이들 심정이 어땠을까요? 이런 게 바로 쓸데없는 사디즘과 어리석음의 극치 아니겠어요? 자기가 애들에게 얼마나 가혹한 짓을 하는지, 그 엄마가 정말로 몰랐을 거라고 생각합니까? 그냥 그…… 전남편이 미운 마음에, 모르고 그랬을 것 같아요? 여러분이 아빠 입장이라면 어떻게 하겠습니까? 이 가공할 파괴력을 지닌 심리적 미사일을 어떻게 피할 수 있을까요?

그런데요, 생각보다 간단합니다. 침착하게 반反조종 기법을 구사하면 돼요. 차분한 태도를 지키면서 사실에만 입각해 말하세요. 아이들에게 이렇게 말하는 겁니다. "엄마 심장이 진짜로 피를 흘리는 건 아니야. 심장에 피가 난다면 빨리 병원에 가야지. 엄마는 그냥 너희와 주말을 함께 보내지 못해서 슬프다는 뜻으로 그렇게 말씀하신 거란다. 하지만 엄마가 연휴 내내 슬퍼하고만 있으란 법은 없어. 엄마는 모처럼 푹 쉬기도 하고, 집 정리도 하고, 산책도 나가고, 친구들도 만나면서 엄마 나름대로 보람 있는 시간을 보낼 수 있단다. 너희도 울적해하지 마. 엄마랑 헤어져서 슬프다, 아빠랑 헤어져서 슬프다, 그러는 것보다는 아빠를 오랜만에 봐서 좋다, 엄마한테 돌아와서 좋다, 라고 생각하렴. 엄마 심장(쿠션)은 슬퍼하지 말라고 우리가 잘 달래주자. 일단 그건 가방에 집어넣고, 이제 놀러갈까?" 짜잔, 이걸로 됐습니다. 아이들은 즐겁게 잘 지내고 싶다는 생각밖에 없거든요. 일단 가방에 하트 쿠션을 집어넣으면 까맣게 잊어버리고 잘 놀 거예요! 이렇게 트라우마를 남길 수도 있는 가슴 아픈 장면들이 매번 연출되지 못하게 하는 방법도 간단합니다. 아이들을 데리러 갈 때는 항상 증인 노릇을 할 수 있는 제삼자를 대동하세요. 심리조종자들은 자기 이미지에 집착합니다. 다른 사람이 있는 자리에서는 눈물 바람, 다 죽어가는 목소리, 오열과 절규가 신통하게도 쏙 들어가지요. 심리조종자가 아빠 쪽이든 엄마 쪽이든 그 점은 마찬가지입니다. 정말 희한하지 않나요?

나는 딱히 엄마 편도 아니고 아빠 편도 아닙니다. 하지만 변태적인 심성을 가진 배우자나 전 배우자가 자식을 망가뜨리는 꼴을 보면서도 손을 쓰지 못한 채 절망하고만 있는 아빠·엄마들을 하루가 멀다 하고 만나는 입장에서, 그들이 겪는 고통을 절대로 부정하거나 간과할 수는 없습니다. 그러나 "아이를 잃었다"는 고통은 그래도 어른인 아빠·엄마들에게 닥친 것이지요. 내가 가장 마음 아픈 것은 아이들에게 닥칠 고통입니다.

아동 인권에 특화된 일부 단체들을 제외하면 — 가령 내가 높이 평가하는 랑팡 다보르* 라든가 — '아이를 가장 우선시한다'는 개념을 남용하고 악용하는 이 사회에서 아무도 이 아이들이 겪은 참담한 경

---

* L'Enfant d'abord, '아이가 먼저'.

험에 귀 기울이지 않는 것 같습니다. 그래서 나는 이 책 안에서, 가장 기본적인 상식에 호소하며 최대한 중립적이고 객관적인 자세로 철저하게 아이 편에 서고자 합니다.

부모 가면을 쓴 심술쟁이들

Enfants de manipulateurs

번지르르한 가면 뒤에 숨은 못된 코흘리개

일단 심리조종자라는 불길한 종자들을 제대로 아는 데서부터 시작해야 한다. 그들은 까마득한 옛날 옛적에도 있었다. 수 세기가 흐르는 동안에도 그들의 목표는 그대로다. 남을 희생시켜 자기 급한 것을 해결하고, 남의 활력을 빨아먹고, 고질적인 욕구불만을 남에게 푼다는 그 목표는 변함이 없다. 간단하면서도 정교한 그들의 수법은 언제나 기막힌 효과를 발휘한다. 심리조종자들에 대한 논의가 점점 활발해지는 추세이긴 하지만 우리는 아직도 그들을 너무 모른다. 하지만 그들의 인물상은 기분 나쁠 정도로 딱 정해져 있고 피해자들이 하는 말도 늘 어슷비슷하다. 심리조종자가 하는 짓이 비록 음흉할지라도 충분히 식별 가능한 이유는, 그들의 행동이 매우 상투적이고 성격에도 희화戲畫

를 방불케 할 만큼 확실한 특징이 있기 때문이다. 그들의 행동을 상세히 기술해보겠다. 내가 너무 단호한 게 아니라, 정말로 희한하리만치 규격화되어 있다. 내가 독자들에게 자주 듣는 말이 있다. 내 책을 읽으면서 마음에 와 닿는 문장에 형광펜으로 줄을 긋는다면 책 한 권을 다 형광펜으로 칠해야 할 거라고, 그만큼 일상 속에서 자기를 조종하는 그 인간을 내가 개인적으로 이미 아는 것 같은 느낌이 든다고. 나는 누구나 심리조종자를 쉽게 알아보고 그자의 수작질을 간파할 수 있다고 생각한다. 일단 기본을 파악하면 그다음부터는 본능적으로 그들의 그릇된 행동을 눈치챌 수 있다. 그들의 악의를 미리 내다보고 예방할 수도 있다. 아무도 그들에게 속지 않는 날이 오기를!

자, 그렇다면 심리조종자란 어떤 인간인가? 그들은 어떻게 행동하는가? 또 왜 그렇게 생겨먹었나?

남들 앞에서만 달라지는 그 인간

일단, 심리조종자는 얼굴이 두 개다. 대외적으로는 호감형 얼굴이다. 침울하고 잔인한 다른 얼굴은 피해자밖에 모른다. 심리조종자는 대개 '꽤 괜찮아 보이는' 사람이다. 적당히 알고 지내는 사람들에게는 심리조종자만큼 괜찮은 사람도 없다. 심리조종자가 대외적 평판이 좋기 때문에 피해자는 더욱더 남들이 자기 얘기를 믿어줄 거라는 자신이 없어진다. "모두들 그렇게 훌륭한 남편과 갈라서고 싶어 하는 내가 이상한 여자라고 했어요." "아내는 동네에서 거의 성녀 수준으로 존경받아요. 굉장히 헌신적인 여자라고들 하는데……. 젠장, 나한테는 정말 그렇지 않거든요?"

심리조종자는 늘 말과 행동이 따로 논다. 말로는 더 이상 완벽할 수가 없다. 그 사람은 당신을 사랑하고, 당신을 위해서라면 무슨 일이든 할 수 있다고 한다. 그런데 어떻게 해도 만족할 줄 모르는 당신이 문제란다. 그리고 어쨌거나 당신하고는 대화가 안 된다나! 그런데 그들이 실제로 하는 일을 주의 깊게 살펴보면 말과 행동이 하나도 안 맞는다. 그들은 스스로 마음에서 우러나 너그럽게 구는 법이 없다. 이기적이고, 무심하고, 잔인하고, 심보가 못됐다. 그래도 워낙 엉큼하게 굴기 때문에 그들에게 당하는 사람조차 그들이 일부러 자기를 괴롭힌다는 현실을 믿지 못한다. 피해자들이 상담실에서 자주 하는 말이 있다. "혹시 ……인 게 아닐까, 라는 생각이 잠깐 들긴 했어요." 충고 하나 할까. 번지르르한 말에 귀 기울이지 말고, 실제로 하는 짓을 보면 틀림이 없다!

심리조종자는 겉 다르고 속 다른 인간, 심보가 글러먹은 인간이지만 그들의 행동을 해독할 줄 모르는 사람들에게서는 전혀 의심을 사지 않는다. 남들이 알아보고 단속하지 않는 한, 심리조종자는 뭔 짓을 해도 대가를 치르지 않고 그 덕분에 자기가 전능하다는 착각이 더욱 더 심해진다. 사회적·법적 그물망을 요리조리 빠져나가면서 점점 더 자기 힘에 취하고 점점 더 삐뚤어진 짓을 하는 것이다. 자식을 두고 이혼한 심리조종자는 사람들의 시선이 미치지 않는 곳에서, 그러나 전 배우자는 자기 소행을 알고 괴로워할 것을 완전히 의식하고 그 사실을 즐기면서, 아이들을 가학적으로 지배한다. 그런데도 상대편은 자기나 아이들이 하는 말을 누가 믿어줄지 자신이 없기 때문에 섣불리 고발하지 못한다.

능수능란한 꼭두각시 조종자

심리조종자들은 유혹, 피해자 행세, 위협, 죄의식 조장이라는 네 가닥 *끄*나풀을 능숙하게 다룬다.

- **유혹:** 그들의 첫째 무기다. 그들은 상대를 손아귀에 넣기 전까지는 매력적으로 친절하게 굴 줄 안다. 그러다가 상대가 드디어 걸려들었구나 싶으면 이제 필요 없어진 근사한 가면을 벗어 던진다. 그들은 사람에게 친절히 대하는 것이 귀찮고 짜증나고 피곤하다고 생각한다. 그래서 가능하면 보는 눈들이 있을 때에만, 혹은 당신이 지배에서 벗어나려 할 때에만 다정하고 친절하게 굴 것이다. 그들은 필요하다 싶으면 갑자기 썩 괜찮은 사람으로 돌변한다. 어디까지나 일시적으로만, '가급적 최소한으로', 당신 마음을 가라앉힐 동안만 말이다!

- **피해자 행세**: 심리조종자들은 피해자 행세하는 데 전문가들이다. 그들은 울부짖는 것도, 흐느끼는 것도 자유자재다. 고통을 온갖 울음으로 토해내고, 천연덕스럽게 불쌍한 척을 한다. 그래서 사람들은 그가 연약하고 상처 받기 쉬운 줄 알지만, 사실 이 인간은 찔러도 피 한 방울 안 나올 독종이고 언제나 상황을 잘 모면한다. 심리조종자가 워낙 동정심을 잘 자극하기 때문에 주위 사람들은 진짜 피해자가 누구인지 깜박 잊곤 한다.

- **위협**: 고통으로 일그러진 표정이 자기 생각만큼 연민을 자아내지 못한다면 그들은 기꺼이 당신을 압박하고 직접적으로든 잠재의식적으로든 위협을 가할 것이다. 위협과 협박은 그들의 특기다. 여러분이 그들의 전능함에 대한 환상을 깨뜨리면 그들은 '두고 봐, 가만두지 않겠어!'라고 생각한다. 사람을 고역스럽게 하든, 잔인하게 대하든, 보복은 각양각색이다. 피해자는 보복을 겁내기 시작하면서부터 본능적으로 골치 아픈 일을 피하는 방향으로 행동한다.

- **죄의식 조장**: 심리조종자들은 상황 뒤집기의 귀재들이다. 뻔뻔하게도 자기들이 일으킨 일을 두고 당신을 비난할 것이다. 다 당신 잘못이다. 대화가 안 통하고 문제를 일으키는 쪽은 언제나 당신이다. 어쨌거나 당신은 절대로 그들의 까다로운 요구를 다 만족시킬 수 없다. 당신은 최악의 _____이기 때문이다(아내, 남편, 엄마, 아빠, 주부, 요리사, 살림

꾼…… 이 빈칸은 여러분이 알아서 채우기를). 심리조종 피해자는 항상 욕을 먹고 비판에 시달리기 때문에 말도 안 되는 죄의식에 찌들어 산다.

심리조종자는 이렇게 네 가닥 끄나풀만으로 여러분을 꼭두각시 다루듯 할 것이다.

사람을 홀리는 못된 짓거리

누군가에게 조종당하는 건 굉장히 불쾌하다. 너무 쉽게 넘어갔다는 자책감에, 내가 어쩌다 이러고 살게 됐는가, 라는 정신적 혼란에다 한바탕 난리를 겪고 나면 어떻게 살까, 라는 두려움까지 따라온다. 그렇게 모든 요소들이 하나둘 자리 잡으면서 피해자는 점점 더 조종당하기 쉬운 사람이 된다. 심리조종을 좌우하는 열쇠 세 개가 바로 의심, 두려움, 죄의식이기 때문이다. 이 열쇠 세 개 중 하나만 먹혀도 악순환이 시작되고 피해자는 거기서 빠져나오지 못한다. 악순환에 갇힌 피해자는 서서히 갑갑함을 느낀다. 철저하게 잘못된 믿음에 사로잡히기 시작하고, 때로는 자기가 미쳤다고 생각한다. 의심은 정신적 혼란이 되고, 두려움은 고질적인 불안이 되며, 간간이 공황발작 비슷한 상태에 빠진다. 죄의식은 '스톡홀름 증후군'으로 변질된다. 지친 나머지 그 상황이 얼마나 부조리한지 깨닫기를 포기하고 심리조종자의 왜곡된 사고방식을 따르게 되는 것이다.

내가 감히 벗어나려 해도 될까?

피해자는 처음에 상대가 풍기는 매력에 홀리고 감동받았다가 나중에는 죄의식과 두려움에 찌들어 산다. 이게 도대체 무슨 일인지 이해하고 싶고 자기가 어떻게 해야 하는지 알고 싶어서 오랫동안 노력하다가 결국 포기해버린다. 상대가 말이 안 되는 짓을 해도 그러려니 한다. 이쯤 되면 피해자는 스스로 생각할 줄 모르는 인형과 비슷해진다. 상대가 또 멀쩡한 사람 붙들고 생난리를 치는 상황만 피하고 싶어서, 좀비처럼 아무 생각 없이 복종하기 때문이다. 그런데 절대 그런 식으로는 문제가 해결되지 않는다. 정신적 폭력이란 일단 시작되면 절대로 멈추지 않고 갈수록 더 심해지기만 하는 과정이기 때문이다. 가해자는 자신의 전능함에 취하고 자신의 미움을 주체 못 해 날뛰다가 제못된 짓거리에 중독된다. 심리조종자에게는 피해자가 '마약'인 셈이다. 그러니 늘 더 센 약이 필요하다. 어느 시점에 이르면 피해자가 자기 생존을 위해서 뭐라도 하지 않을 수 없다. 얼마나 두렵고 떨리는 순간인지 모른다. 지난 20여 년간 나에게 상담을 받으러 온 사람들은 하나같이 이런 말을 하곤 했다. "난 이제 죽었어요!"

겉은 어른, 속은 잔인하고 제멋대로인 어린아이

이전에 발표한 책들에서도 자세하게 말했지만 나는 '나르시시즘에 빠진 변태들'과 '파괴적인 심리조종자들'이 무엇보다 정신적 성숙에 문제가 있는 병자들이라고 확신한다. 그렇다. 그들은 변태, 심리조종자, 나르시시스트, 편집증 환자다. 전문가들도 대부분 이들의 미성숙을 — 부수적으로 언급하는 수준이나마 — 지적하고 있다. 그런데 내가 보기에 미성숙은 나르시시스트 변태들에게 있어 결코 주변적인 문제가 아니라, 여타의 온갖 골칫거리를 낳는 핵심 문제다. 이 사람들은 정서적인 이유에서든 신경학적 이유에서든 어느 연령대에서 정신세계가 마비되고 굳어버렸다. 그들은 몸만 계속 자라고 정신은 자라지 못한다. 요컨대, 심리조종자는 미성숙한 사람이다. 피해자는 수시로 그들의 유치한 반응에 당혹하면서 그 점을 뼈저리게 느낀다. 심리조종자를 대할 때 여러분은 상대가 이성적 추론이 가능한 어른이라고 생각하겠지만 천만의 말씀, 그 사람은 정신연령이 일고여덟 살, 기껏해야 열 살일 것이다(심하게는 다섯 살짜리를 상대해야 할지도 모른다!). 그냥 엉큼하고, 심보가 못됐고, 버릇없고, 제대로 생각도 할 줄 모르는 애새끼가 내 말을 지지리 안 듣는구나, 생각해야 한다. 그들이 가진 자기중심성, 잔인함, 제멋대로인 태도, 충동과 변덕은 전부 미성숙으로 설명이 된다. 심리조종자들은 나이만 먹은 어린애, 편협하고 질투심과 소유욕이 유난한 어린애들이다. 그 어린애들이 당신 옷자락에 매달려 오로지 자기만 봐달라고, 언제 어디서나 자기만 어르고 달래달라고 떼를 쓴다. 심리조종자들은 자기가 뭐든지 할 수 있다는 치기 어린 환상에서 결코 벗어나지 못한다.

나는 전에 하지 못했던 얘기를 이 책에서 많이 하고 싶다. 그래서 다른 책들에서 다 했던 설명을 반복하느라 굳이 지면을 할애할 마음이 없다. 심리적 지배와 괴롭힘의 메커니즘, 심리조종자의 미성숙함에 대해서 좀 더 자세히 알고 싶은 독자들에게는 내가 앞서 발표한『나는 왜 그에게 휘둘리는가』와『심리조종자와 이혼하기』를 추천한다. 여기서는 심리조종자들을 다음 그림처럼 바라보는 습관을 들이라는 말만 하겠다.

한번은 상담을 받으러 온 사람이 무심결에 심리조종자를 '코훌리개'라고 불렀다. 그들에게 이보다 더 어울리는 별명이 있을까! 여러분도 그들의 한참 낮은 정신연령을 감안해 대화하는 법을 익히길 바란다. 심리조종자들은 이성적으로 설득할 수가 없다. 걔들은 그저 단속하는 수밖에 없고, 가급적 확실하게 잡고 살아야 한다. 자, 요컨대 심리조종자 부모란 어떤 사람인가? 그들은 자기 자식들보다 정신연령이 낮은 사람, 정상적인 다른 쪽 부모(배우자)를 말려 죽이기로 작정한 사람이다.

우주 만물은
나를 중심으로 돌지

• • •

겉으로만 어른인, 엉큼하고 심보 고약한 어린애는 어떤 식으로 사회 생활을 할까? 그런 사람은 남들 인생을 골치 아프게 만든다!

이 사람을 잘 모르거나 아주 피상적으로만 아는 이들은 제법 호감을 느낀다. 하지만 사적으로 친해진 사람들이나 직장 동료들은 오래지 않아 피곤해한다! 가족들은 심리조종자의 '만만찮은 성질'에 익숙하기 때문에 그 변덕, 욕심, 이기심, 미친년 널뛰듯 달라지는 기분을 다 참고 받아준다. 모두 그 사람 때문에 골치 아픈 일이 많은 줄 알면서도 그 인간이 일부러 갈등을 일으킬 만큼 혼란과 불화에 환장하리라고는 상상을 못 한다.

그래서 이 장에서는 심리조종자의 인간관계를 살펴봄으로써 그들의 의식구조를 이해하고 이 혼란스러운 상황들을 풀이해보겠다.

어머니, 우리가 맺는 최초의 인간관계

우리 모두에게 최초의 인간관계는 어머니와의 관계다. 도대체 무슨 일을 겪었기에 심리조종자는 그 모양 그 꼴이 되었을까?

참 별나고 별난 한 쌍

심리조종자는 성별이 다른 부모와 불건전하고 병적인 관계를 맺는 다. 묘하게 근친상간적인 한 쌍을 이룬다고나 할까. 겉으로는 사랑이 드러나지만 속으로는 미움을 키우는 관계, 외적으로는 복종하지만 사나운 반항이 도사리고 있는 관계다. 심리조종자의 부모는 대개 그 자신도 심리조종자다. 시어머니가 '참 별나다'고 말하는 여자들, 자기 어머니가 아내를 심하게 괴롭히는데도 못 본 체하고 수동적인 자세로 일관하는 남편들이 있다. 심리조종자 남편은 아내가 어머니로부터 학대를 당해도 찍 소리 못 하고 방관만 한다. 자기 어머니의 공격성을 부정하거나 축소하고 되레 아내 때문에 일이 이렇게 됐다고 비난한다. 심리조종자 아내와 장인이 이렇게 같잖은 한 쌍을 이루기도 한다. 『애증』*의 저자 모리스 위르니Maurice Hurni와 조반니 스톨Giovanni Stoll

---

* La Haine de l'amour, 참고 문헌을 보라.

은 근친상간이 도착증을 설명하는 핵심이라고 했다. 뭐라고 증명하기는 어렵지만, 나 또한 그들의 직관에 동의한다. 심리조종자 남성은 어릴 때부터 어머니와 뭔가 부담스럽고 건강하지 못한 관계를 맺는다. 심리조종자 여성과 아버지와의 관계도 마찬가지다. 때로는 이성 부모가 아니라 동성 부모와 이렇게 근친상간적이고 융합적인 관계를 맺기도 한다. 나는 누나나 오빠와 부담스러운 관계를 맺고 있는 심리조종자들도 더러 보았다. 특히 다사다난한 이혼 과정에서 남편은 그저 시누이가 시키는 대로 움직였다고 말하는 여자들이 꽤 있었다. 심지어 아이들을 데리러 올 때에도 남편 대신 애들 고모가 온다나. 어떤 여성은 이렇게 고백했다. "그 사람이 저를 통해서 자기 여동생에게 아이를 안겨줬다는 생각이 들 정도예요. 양육권을 가져가려는 것도 저에게서 아이를 빼앗아 여동생에게 주려는 것 같아요." 실제로 심리조종자 남성이 상징적으로 자기 어머니에게 아기를 안겨주는 경우는 많다. 이혼을 하면서 양육권을 남자가 가져가면 으레 할머니가 실질적인 양육자가 되기 때문이다. 또 어떤 심리조종자 아내는 어릴 때 아버지가 자꾸 몸을 만져서 싫었다고 남편에게 고백해놓고선 어린 딸을 버젓이 자기 아버지에게 맡기곤 했다.

당신은 왜 애만 예뻐해? 나는?

자기 엄마와 언제나 전쟁 중인 곁늙은 어린애가 일반적인 여자와 건전하고 보람찬 관계를 맺을 수 있을 리 만무하다. 특히 상대가 자기 아내라면, 게다가 자기 자식을 낳아준 애들 엄마라면 그 관계는 더 어렵다. 심리조종자 남성들은 자기 어머니와 청산하지 못한 문제를 아내와 청산한다. 그들은 자기가 확실하게 지배할 수 있는 아내, 자기를 잘 챙겨줄 아내를 원하기 때문에 정 많고 어머니 같은 여성을 선택하지만 역설적으로 바로 그 이유 때문에 불만을 품기도 한다. 아내가 보이는 상냥함, 헌신, 인내, 이해심을 참을 수가 없다. 어쩌면 그런 애정이 너무 늦게 찾아와 돌이킬 수 없는 어린 시절의 결핍을 자극하기 때문인지도 모른다. 게다가 심리조종자에게 상냥함이란 잠시 꿍꿍이가 있어서 보이는 모습, 혹은 약한 모습에 불과하다. 그렇기 때문에 아내가 잘해줄수록 심리조종자 남편의 피해망상은 커진다. 아무 이유 없이 상냥하게 대해주는 일 자체를 이해 못 하기 때문이다. 자녀가 없는 동안 뻔뻔하게 아내의 모성적 본능을 이용해먹고, 그러면서도 그토록 자기를 극진히 보살펴주는 아내를 경멸할 것이다. 그러다가 아내가 드디어 밉살스럽고 꺼림칙한 위치, 다시 말해 어머니 위치에 오르면 부부관계는 끝장이다. 그때부터 아내는 쓰러뜨려야 할 원수가 된다. 통계적으로도 부부 간 불화는 아내의 임신 기간에 시작되는 경우가 많다. 이 남자들은 자기가 '어머니'라는 존재를 두려워하고 미워한다는 이유로, 아내가 아이를 가지면 그때부터 못되게 군다.

이 심리조종자 남편들이 자기 어머니와의 근친상간적인 문제에 빠져 아내와 거리를 두는 정도에서 그친다면 그나마 낫다. 이들은 아내가 임신을 해도 무심하기 짝이 없다. 상담실에서 남편의 상스러운 언동에 받은 상처를 고백하는 아내들이 있다. 남편에게서 다정함을 느낄 수 없단다. 신체적으로든 정신적으로든 도움이나 응원을 전혀 받을 수 없단다. 가령, 무거운 가방을 들어준다든가 힘든 일이 있을 때 하소연을 들어준다든가 하는 일도 없다는 것이다. 어떤 남편들은 아내가 임신했을 때 감당하기 힘든 과중한 업무, 예를 들면 이사 같은 중요한 집안일을 알아서 혼자 척척 해내길 바란다. 사실, 아이가 태어날 것 같으면 집을 조금 늘려 이사를 가는 경우가 많다. 산모가 적극적이고 활력이 넘친다 한들, 새로운 보금자리 생각에 들뜬다 한들, 혼자 짐을 싸고 가구 배치를 정하고 도배나 인테리어도 신경 쓰고 벽에 못 박는 일까지 직접 하면서 남편의 나 몰라라 하는 태도에 화가 나지 않을 수 있을까. 아내는 남편이 어린애 같다고 느끼면서도 이제 아이가 태어나면 달라질 거라고 믿는다. 막상 자기 자식이 나오면 그 사람도 어엿한 아빠로 다시 태어날 거라는 희망 때문이다.

심리조종자 여성들이 임신 기간에 어떻게 행동하는지에 대해서는 별 얘기를 듣지 못했다. 폭군처럼 이래라 저래라 하는 태도나 변덕이 더 심해지리라 예측만 할 뿐이다. 그러나 이런 여성들은 대개 아내를 잘 보살피는 상냥한 남편감을 고른다. 그래서 남편은 아내가 임신 중 호르몬 불균형 때문에 기분이 널뛰는 것이려니 이해하고, 이제 곧 아빠가 된다는 행복감에 좀 무리해서라도 아내에게 맞춰준다. 하지만 어떤 남성들은 이렇게 고백하기도 했다. 아내는 아이를 낳기 위해서 남자가 필요했을 뿐이라고, 자기는 종마種馬로서 소임을 다한 후 쓸모 없는 존재가 된 것 같다고.

반면, 성격이 이상한 부모들은 희한하게 행동한다. 일단 그들은 할아버지·할머니가 된다는 소식에 대개 부적절한 반응을 보인다. 어떤 이는 화를 내고, 어떤 이는 차갑게 돌변하고, 어떤 이는 이 소식을 정말 자기 일로 받아들인다. "시어머니가 꼭 자기 아이가 태어나기라도 하는 것처럼 반응하시더라고요"라고 말하는 며느리들이 있는가 하면, 장인어른에 대해서 비슷한 증언을 하는 사위들도 있다. 근친상간의 역학이 손자 탄생을 계기로 수면에 떠오르는 걸까!

심리조종자 아버지는 출산 현장에 함께하기를 꺼린다. 산부인과나 조리원에서도 보는 눈이 있을 때에는 아내와 아기를 살뜰히 챙기지만 실제로는 무심하기 짝이 없다. 완벽한 남편이자 아빠로 보이려는 이미지 관리는 증인들이 등장할 때 시작된다! 아주 드물게는 심리조종자 남편이 가급적 아내에게는 부엌일이나 다른 가사 노동을 전담시키고 아기를 자기 장난감처럼 독차지하려 드는 경우도 있다.

이런 남편들은 나중에 아내가 엄마로서 행복을 만끽하는 모습도 좋게 보지 않는다. 엄마와 아기가 서로를 끔찍이 사랑한다는 이유로 화를 내고 질투하는 것이다. 게다가 그들은 모든 애정 표현과 애무를 성적으로 받아들이고 근친상간과 결부시키기 때문에 엄마와 아이의 자연스러운 신체 접촉을 불편해한다. "애랑 그런 식으로 뽀뽀하지 마, 왠지 보기가 메스꺼워." 이게 자식을 순수하게 예뻐하는 엄마에게 아빠가 할 말인가? 심지어 어떤 아빠는 네 아이와 함께 부부 침대에서 뒹굴뒹굴하며 동화책을 읽어주는 엄마에게 "왜, 아예 다들 벗고 뒹구시지?"라고 빈정댔다고 한다. 마찬가지로, 심리조종자 엄마들은 남편이 아이들과 자연스럽게 애정을 나누는 꼴을 못 본다. 자상하고 성격 무던하고 가정적인 아빠는 그저 자기 자식을 예뻐할 뿐인데, 그것도 아내 눈치를 봐야 할 노릇이다. 남편과 아내 중 어느 쪽이 심리조종자이든, 그 사람은 아이가 생기면서부터 배우자의 관심을 독점하기 힘들어진다. 게다가 이제 배우자는 어엿한 부모로서 성숙하고 책임 있는 자세를 취해달라는 무언의 압박을 가해올 것이다. 심리조종자는 배우자의 바로 그런 점을 용서할 수가 없다! 그는 배우자가 자기에게 잠시 소홀했던 죄를 물어 그 대가를 매일같이 비싸게 치르도록 할 것이요, 기어이 배우자의 관심을 다시 독차지하려 들 것이다.

흥, 당신이 엄마(아빠)인 게 뭐?

심리조종자는 미성숙한 사람들이라서 어린애 특유의 전능함에 대한 착각과 마법적 사고에 고착되어 있다. 그래서 그들은 끊임없이 거짓말을 하고, 씨알도 안 먹히게 현실을 부정하며, 엄청난 기만을 감행한다. "사실조차 아니거든!" 그들은 변태적인 부모가 뭐든지 허용해주었기 때문에 어릴 때부터 제멋대로 구는 태도가 몸에 배었다. 쉽게 속아 넘어가는 물렁해빠진 다른 어른들도 그들이 착각하는 데 나중에는 한몫했을 것이다. 통찰력 있는 어른들이 버릇을 제대로 가르쳐

줄 수도 있었겠지만 대개는 나서기가 힘들다. 심리조종자들은 기막히리만치 평생 아무 처벌도 받지 않는다. 온갖 미묘한 상황에서 미꾸라지처럼 유유히 빠져나가고, 늘 절묘하게 책임을 모면한다. 그런데 자녀의 탄생은 제멋대로 살아도 괜찮았던 인생을 위협한다. 아내가 엄마가 되면 100퍼센트 남편을 위해 움직여주지도 않을 뿐 아니라 독자적인 힘, 대담성, 자기 능력을 키운다. 그러한 힘이나 자신감은 부모로서의 전능함과 흡사하다. 따라서 심리조종자 남편은 무슨 수를 써서라도 아내가 엄마 역할을 성공적으로 수행하지 못하게 방해한다. 처음에는 음험하게, 나중에는 점점 노골적으로, 아내의 부모 노릇을 훼방 놓는다. 일단 아내는 남편에게 어떤 도움도 기대할 수 없다. 특히 저녁 시간대에는 아기 목욕시키기, 저녁 식사 준비하기, 아기 재우기를 혼자 감당해야 해서 정신이 하나도 없다. 그런데 희한하게도 시어머니는 꼭 그 시간대에 전화를 걸어서 이런저런 얘기를 늘어놓고 며느리가 전화를 빨리 끊으려 하면 심기 상한 티를 팍팍 낸다. 아내를 골탕 먹이는 방법은 아주 쉽다. 그저 퇴근을 늦게 하고, 집에 들어가서는 괜한 소란으로 겨우 잠든 아이들을 깨우면 된다. 아내가 아이들에게 한계를 정해주고 버릇을 가르치려 할 때마다 중간에 끼어들어 아내의 권위에 흠집을 내는 것도 한 방법이다. 아이가 엄마 말을 듣지 않게끔 부추기거나 도발을 해도, 아내는 곤란에 빠질 것이다. 심리조종자 남편은 또한 기회가 닿는 대로 아내 흉을 보고, 아내를 조롱하고, 아이가 있는 자리에서 아내를 조목조목 비판한다. 자신의 치기 어린 절대 권력이 아내가 가진 부모로서의 절대 권력을 이겨먹어야 하니까! 심리조종자는 이렇게 보이지 않는 분노와 미움을 못 이겨 오랫동안 억눌러왔던 처절하고 지긋지긋한 싸움을 자기 배우자를 상대로 펼친다.

어디 보자, 이 사람은 좀 쓸 만하려나

심리조종자가 어른 모양새를 한 나이 든 어린애라는 사실을 알았다면, 그들이 다른 어른들과 맺는 관계가 두려움과 유혹으로 점철되어 있다는 사실까지 유추할 수 있으리라. 선생님에게 잘 보이고 싶어 하는 학생처럼, 심리조종자는 늘 돋보이려고 한다. 또 가면이 벗겨질지 모른다는 두려움 때문에 늘 지나친 통제 상태에 있다. 심리조종자는 흠잡을 데 없는 자기 이미지에 집착하면서 이런저런 정보를 수집하고 주위 사람들을 테스트해서 쓸모 있는 사람과 쓸모없는 사람, (돌봄제공자로서) 쓸모가 있을지도 모르는 사람, 중요한 사람과 위험한 사람 등으로 분류한다.

쓸모없는 사람들은 무시당하고 멸시당한다. 기껏해야 멍청하다고 들들 볶이고, 중상당하고, 괴롭힘당하고, 다른 사람들의 소일거리 비슷한 놀림감이 될 뿐이다. 쓸모없는 사람들 앞에선 유혹자 가면을 쓸 필요조차도 없다! 어쨌든 때가 되어 자신의 쓸모를 입증해야 하는데도 그들은 늘 꾸물거리면서 고양이 털이나 쓰다듬으려 들 것이다. 사람들의 기억은 오래가지 않는 데다 비위 맞추기도 쉽다. 기억을 잠재우거나 조종하는 건 일도 아니다!

쓸모 있거나 쓸모를 꾀할 수 있는 사람들은…… 톡톡히 써먹어야 한다! 노하우만 확실히 꿰고 있다면 그들에게 유통업자 노릇을 맡길 수 있다. 네 가닥 끄나풀, 즉 유혹, 피해자 행세, 위협, 죄의식 조장은 사람들 대부분에게 잘 먹힌다. 심리조종자는 사람 정신을 어지럽히고 그들을 파렴치하게 이용하여 별의별 책임을 다 덮어씌운다. 심리조종자는 늘 자기 대신 아이를 봐줄 사람이 있고, 고장 난 샤워기 수리를 공짜로 해결할 수 있고, 힘들고 표 안 나는 일을 떠넘길 상대가 있다. 그들은 자기에게 유리한 거짓 증언을 쉽게 확보할 뿐 아니라, 때로 증인은 자기가 거짓 증언을 하는 중이라는 의식조차 못 한다. 심리조종자들은 자기를 추궁하는 사람 눈에 잘 보이는 법을 안다. 그들은 경찰, 가사조사관, 이혼중재자, 법률전문가, 심지어 판사에게서도 축복을 얻어낸다. 심리조종자에게 상황을 자기한테 유리하게 역전시키고 주위 사람들을 도구 삼아 피해자를 괴롭히는 것만큼 신나고 즐거운 일은 없다. 많은 여성 피해자들이 이런 식으로 전남편의 새 여자에게 시달리거나, 본인 가족조차도 자기편이 아니라 전남편 편을 드는 상황에 처하곤 한다.

쓸모 있거나 써먹을 구석이 있는 사람들 가운데 빼놓을 수 없는 역할이 바로 '수고제공자'다. 심리조종자가 엄마나 아빠 같은 존재를 찾는 거라고 생각할 수도 있다. 아니, 절대로 그렇지 않다. '아빠'나 '엄마'는 애정이 깃든 개념이다. 그런 개념은 심리조종자의 마음을 약하게 만들고 '나에겐 사랑이 필요하구나'라는 깨달음을 줄지도 모른다. 그런데 심리조종자들에게 사랑이란, 남들에게 받는 것이고 남들에게 책임을 떠안기기 위해 이용해야 하는 것일 뿐이다. 심리조종자들은 수고제공자에게 '모성애적 돌봄maternage' 수준에서 더 나아가는 집중적이고 전적인 '양육nursing'을 기대한다. 그들은 당신을 집사, 비서, 경리, 세탁소, 식당…… 요컨대 뭐든지 공짜로 해결해주는 존재로 여길 것이다.

그 사람의 엄마 혹은 아빠 노릇을 하고 있다고 생각했나? 착각하지 마라! 엄마는 무슨, 기껏해야 태반胎盤 정도겠지! 스위스인 업계 동료는 더 심한 말도 했다. "그 사람한테 당신은 기생충이 들러붙어 살려면 꼭 있어야 하는 창자 같은 겁니다!" 심리조종자는 당신을 떠받들던 처음 그때부터 당신을 어떻게 이용할 수 있을지 계산했다. 내가 이전에 발표한 책들에는 그 사실을 입증하는 예가 아주 많다. 이런 말을 하게 되어 유감스럽지만, 처음부터 당신만 진심이었던 거다.

중요하고 영향력 있는 사람들은 끔찍이 모셔야 한다. 그 사람들 앞에서는 열심히 하는 체하고, 잘 보이려 하고, 매수를 한다……. 심리조종자는 영향력 있는 자들의 인맥을 손바닥 들여다보듯 꿰고 있다.

원래는 말도 안 되게 버릇없이 자랐더라도(그래서 아주 뻔뻔하게 굴 수 있어도) 심리조종자는 일단 필요하다 생각하면 사회적 규칙을 완벽하게 숙지하고 준수할 수 있다. 위선적으로 인간희극을 연기해 어리석은 뭇사람을 속일 때, 한없는 기쁨을 맛본다. 하지만 강자들과 함께 있을 때에는 유혹 레퍼토리를 총동원한다. 칭찬, 약속, 연줄 대기, 합법적이거나 다소간 위험한 일처리 떠맡기……. 그러다 보면 상대는 찍소리 못 하게 된다. 어느새 상대는 갚아야 할 빚이 있다고, 저쪽에서 낙하산을 내려줬으니 나도 한번 힘을 써줘야 한다고 생각하게 된다. 연줄 대기와 유혹은 아주 심한 수준까지 갈 수도 있다. 가령, 내가 일상적으로 상담하면서 듣는 말대로라면 심리조종자 의뢰인이 소송을 진행하면서 변호사와 자는 일도 드물지 않다. 사람에 따라서는 이런 유의 유혹이 굉장히 쉬운 일이리라. 불편하다고? 열렬한 변호를 받으면서 비용 부담을 덜기에는 이보다 더 효과적인 방법이 없는데?

이제 위험한 사람들만 남았다. 심리조종자는 자기 입맛대로 안 되는 사람은 위험하다고 간주한다. 심리조종자는 선견지명이 있는 사람, 자기가 쓴 가면 너머를 꿰뚫어보는 사람을 무엇보다 두려워한다. 그런 사람들은 약점을 찾아서 마음껏 조종할 수가 없다. 자연스럽게 적절한 선을 지키며 사는 사람들, 무조건 누구 편을 들지는 않는 사람들. 피해자의 친구들, 피해자에게 도움을 주거나 증인이 되어줄 만한 사람들은 다 경계 대상이다. '아이들이 잘되기를 바라는' 사람들, 특히 피해자들이 잘되기를 바라는 사람들은 경계 대상이다('아이들의 행복'은 귀에 걸면 귀걸이, 코에 걸면 코걸이로 해석할 수 있으므로 전혀 문제가 안 된다. 심리조종자들은 이 말을 법정에서 효과적으로 써먹을 줄 안다). 무슨 수를 써서라도 이 위험 분자들을 해치워야 한다. 그러한 목적에서라면 어떤 수단을 써도 괜찮다. 그들의 신망을 떨어뜨리고, 중상하고, 괴롭히고, 협박하고, 공격하고, 멀리 떨어뜨려놓고……. 무엇보다도 더 이상 피해자 편을 들지 못하게 해야 한다.

늘 그렇듯 심리조종자는 얼굴이 두 개다. 호감 가는 가면을 뒤집어 쓴 '유혹자의 얼굴'을 대하며 한 점 의심도 품지 않는 사람들이 있는가 하면, 그런 사람들이 상상도 못 할 만큼 파괴적이고 흉포한 얼굴, 즉 심리조종자의 진짜 얼굴을 보고 사는 사람들도 있다.

삐뚤어진 사람끼리는 서로를 알아보는 법

심리조종자끼리 만나면 어떻게 되느냐는 질문을 자주 받는다. 심리조종자는 포식자, 다시 말해 혼자 사냥을 하는 족속이다. 따라서 진정한 친구가 있는 경우는 매우 드물다. 만약 그런 친구가 있다면 그 사람이야말로 진짜 용자다! 심리조종자는 기껏해야 사리사욕을 채워줄 연줄로 엮인 피상적인 인간관계를 유지할 뿐이고, 그러한 관계는 대개 결국엔 파국을 맞는다. 그는 없는 말을 만들어내고, 모두와 복잡한 사정으로 얽힌다. 심리조종자는 늘 알력 관계 속에 있고 자기가 일으키는 갈등에서 힘을 얻기 때문이다. 그는 누구와도 오래 잘 지내지 못한다. 모두들 그가 어떤 사람인지 결국에는 깨닫는다. 그래서 심리조종자는 친하게 지내는 사람들이 자주 바뀌거나, 외톨이가 된다. 죽고 못 살 듯 친하게 지내던 사람들이 있어도 심리조종자에겐 그들에 대한 진짜 애정이 없기 때문에 일단 사정이 꼬이면 주저 없이 노는 물을 바꾼다. 심리조종자는 단서를 남기지 않기 위해서, 자취를 감추기 위해서, 채권자들을 따돌리기 위해서 외국으로 야반도주도 할 수 있다.

맹수들이 그렇듯 심리조종자들은 서로 본능적으로 알아본다. 사냥터가 서로 겹친다 싶을 때, 동일한 먹잇감을 노린다 싶을 때, 그들은 첫눈에 서로를 증오하게 된다. 하지만 경쟁 관계에 있지 않다면 못된 짓에 마음이 착착 맞을 수도 있고, 공동의 적을 골탕 먹이거나 서로 상대의 먹잇감을 손봐주는 식으로 힘을 합치기도 한다.

예를 들어, 심리조종자 시어머니는 처음에는 며느리가 미워서 아들하고도 기 싸움을 해가며 어떻게든 아들 부부를 갈라놓으려 애쓴다. 그러다가 아들이 며느리와 틀어지기 시작하면 희희낙락해서 아들을 더욱 부추긴다.

삐뚤어진 사장, 경찰, 변호사, 판사는 또 다른 삐뚤어진 인간의 손을 들어주고 잘못된 짓거리를 용인해준다.

하지만 심리조종자들이 아무리 알력 관계 속에서 살아가고 포식자 입장에 있다 해도, 이들은 기본적으로 성숙하지 못한, 따라서 속기도 쉽고 지배당하기도 쉬운 사람들이다. 그들이 자기 무리에서 더 힘세고 영악한 자의 손아귀에 걸려드는 경우는 비일비재하다. 이런 경우에 그들이 보이는 복종은 얼마나 굳센지, 좀 무서울 정도다! 피해자들은 곧잘 증언한다. 자기를 고문하다시피 괴롭히던 그 사람이 누구 앞에만 가면 충성스러운 개가 된다고……. 그 '누구'는 어머니가 될 수도 있고 친구, 동업자, 가까이 지내는 이웃일 수도 있다.

심리조종자들끼리 만나서 결혼까지 가면 피차 고역이다. 심리조종자 남편과 아내는 눈만 마주치면 싸우는데도 서로 떨어져서는 못 사는 심술쟁이 아이들 같다. 이 아이들은 힘을 합쳐 누군가를 함께 괴롭힐 때, 딱 그때만 잠시 사이가 좋다. 가령 부부 중 한쪽의 전남편이나 전처를 함께 욕하고 괴롭힐 때, 더 고약하게는 자식들을 들볶고 못살게 굴 때만 마음이 맞는 것이다. 상담을 하러 온 여성들이 자주 하는 얘기가 있다. 전남편이 재혼한 새 아내에게 꼼짝도 못 한다고, 그런데 애들이 아빠 집에 지내러 가면 그 여자가 애들을 그렇게 괴롭힌다고. 어리석고 까다롭고 심보가 고약한 그 여자가 애들을 학대하고, 아빠가 애들을 혼내고 심한 벌을 주게끔 조종한다고. 하지만 엄마들이 그렇게 믿고 싶은 것 아닐까. 실상은 수동적으로 그 상황을 방관하면서 즐기는 아빠도 있다. 아빠는 어찌할 수 없다고, 그런 식으로 아이들에게 메시지를 보내는 거다. 아이들은 엄마에게 돌아가서 쪼르르 다 말한다. "아빠랑 그 아줌마는 만날 싸우기만 해요. 나 혼낼 때만 빼고요!" 심리조종자들끼리 만나서 서로를 못 잡아먹어 안달할 때 그들보다 더 불성실한 변호사나 동업자가 그들에게 빨대를 꽂고 단물을 쪽쪽 빨 수도 있다. 반면, 착하고 너무 순진해빠진 변호사가 영악한 의뢰인에게 영혼까지 탈탈 털리는 수도 있다. 승소율 하나만 보고 달려들었던 변호사가 자기는 절대 수임료를 받을 수 없으리라는 것을 오랜 시간이 지난 후에야 깨닫기도 한다. 그 변태 같은 인간은 소송을 질질 끌어 전처를 말려 죽일 생각밖에 없으니까.

몰라, 몰라! 내 맘대로 할 거야

앞에서 여러분은 심리조종자가 어른의 가면을 쓰고 있지만 실상은 엉큼하고 버릇없고 못돼먹은 어린아이라는 것을 잘 알았으리라. 이제 는 그들이 악의적이고 미성숙하기 때문에 위험한 인간이라는 것을 알 아야 한다. 심리조종자는 법, 기본적인 안전 수칙을 전혀 개의치 않고 명백하게 보이는 위험을 완강하게 부정한다. 대부분, 단순히 생각이 없다든가 위험을 보지 않으려는 태도 정도에서 그치지 않는다. 지젤 아뤼레비디Gisèle Harrus-Révidi는 『미숙한 부모와 애어른』*에서 '위험을 요행에 맡기는' 태도를 지적한다. 이러한 수동 공격적 태도가 마땅히 필요한 보호를 취하지 않는 수준이라면 그나마 다행이고, 최악의 경 우에는 고의로 은근히 위험을 조장하는 수준까지 가기도 한다. 수동 공격적인 부모는 위험이 예견되는 상황에서 아이를 주의 깊게 지켜보 지 않는다. 예를 들어, 차도를 함께 건너면서 어린아이의 손을 잡지 않 는다든가, 바비큐 그릴 옆이나 바닷가에서 어린아이들이 뛰어노는데 도 제대로 지켜보지 않는 태도가 그렇다. 일곱 살짜리를 오토바이에 태운다든가 아이와 자전거를 타고 국도까지 나가는 아빠들이 더러 있 다. 배우자가 이 몰지각한 행동에 반발하면 되레 아이를 너무 과보호 한다고 비난하고 병적 수준 불안증 환자로 몰 것이다. 운전대를 잡은

---

* *Parents immatures et enfants-adultes*, 참고 문헌을 보라.

심리조종자는 '뛰뛰 빵빵' 놀이를 하는 어린애랑 똑같다. 도로 위 난폭 운전자들이 이로써 어느 정도 설명된다. 그들은 성인으로서 운전면허를 땄지만 어린애처럼 반응하고 행동한다. 상담을 하러 와서 배우자의 무모한 행동에 불만을 토로하는 사람들이 있다. 아이에게 안전벨트를 채우지 않거나, 조수석에 아이를 태우거나, 카시트를 사용해야 하는 연령인데도 무시한다는 것이다. 그들은 목숨을 내놓고 운전을 하고 뭔가 수틀리면 트럭이라도 들이받을 듯 행동한다. 내 차에 탄 사람들이 오들오들 떠는 모습이 얼마나 재미있는지! 운전대만 잡으면 뭐든지 마음대로 할 수 있을 것 같은 짜릿한 기분이 든다! 열 살 사내아이가 말했다. 자기는 아빠 차만 타면 무서워 죽겠단다. 그 애 아빠는 속도를 엄청 내는 데다 술을 마시고 운전하기 일쑤였으니까. 한 여성은 전남편이 컨버터블 승용차를 다짜고짜 무서운 속도로 몰고 나가는 모습을 동영상으로 찍어두었다. 그녀는 법정집행관에게 이 동영상 내용을 확인받고 캡처한 화면을 인쇄해서 증거로 제출할 수 있었다. 하지만 판사가 이 남편의 위험성을 충분히 인식하고 그에 합당한 결론을 내렸을까? 판사는 과연 통찰했을까? 그 사람은 애 아빠지만 정신연령은 다섯 살밖에 안 되고 자기가 아직도 유치원생인 줄 안다는 것을, 운동장에서 페달 자동차를 몰고 다니면서 자기보다 어린 여자애들을 위협하는 개구쟁이와 다를 바 없다는 것을? 동영상을 찍은 아내조차 어엿한 성인이 그럴 수도 있다는 생각은 좀체 못 할 것이다.

심리조종자는 자녀에게만 위험한 게 아니다. 『심리조종자와 이혼하기』에서 자세히 설명했듯이 그들은 배우자에게도, 그들을 믿는 모든 사람에게도 위험하기 짝이 없다. 그들은 넘지 말아야 할 선을 모르고 양심도 없다. 사업에서 더 큰 이윤을 남길 수 있다면 유통기한이 지난 음식물도 오케이, 사용 금지된 성분을 첨가하는 것도 오케이, 안전 확인을 생략하는 것도 오케이, 위험 신호를 무시하는 것도 오케이다. 오히려 이렇게 위험을 방임하면서 짜릿한 쾌감을 느끼기도 한다. 그래서 심리조종자는 사회 전체에 유해한 암적 존재다.

지금까지 나는 그들의 청결 의식을 거의 다루지 않았다. 그렇지만 심리조종자는 질서 의식, 위생 관념, 식생활이나 건강관리에서 절제가 희박한 경우가 많다. 그들의 배우자는 그러한 치부를 창피하게 생각하기 때문에 시시콜콜 얘기하고 싶어 하지 않는다. 아내가 집에서는 생리혈이 묻은 옷을 그냥 입고 다닌다거나, 다 쓴 생리대를 쓰레기통에 안 보이게 넣지 않고 아이들도 다 보게 펼쳐놓는다거나, 상담을 하러 와서 기막힌 얘기를 꺼내는 남편들이 있다. 물론 아내들이 털어놓는 속내도 만만치 않다. 남편이 씻지를 않는다, 양치질을 하기 싫어한다, 변기를 너무 더럽게 써서 화장실 청소할 때마다 미칠 것 같다……. 만약 누군가가 심리조종자 뒤에서 부지런히 청소하고 정리하지 않으면 그 집은 당장 거지 소굴로 변할 것이다. 돼지우리에서 더럽게 살면서 정크 푸드로 끼니를 때우는 생활에는 제대로 교육받은 사람들이 이해할 수 없는, 추접스럽고 퇴행적인 쾌감이 있다. 심리조종자 전남편이 주말이나 여름휴가에 애들을 데려가서는 이러한 퇴행적 쾌감을 공유하려는 듯 제대로 씻기지도 않고, 잘 돌보지도 않고, 충분히 재우지도 않고, 과자 아니면 피자만 먹이다가 돌려보낸 사례가 얼마나 많은지.

게다가 심리조종자들은 타자를 존중하는 법이나 예의범절을 배우지 못했고, 가정교육에 문제가 있다. 그들은 "안녕하세요"나 "다음에 또 뵙겠습니다" 같은 기본적인 인사를 성의 있게 할 줄 모른다. "고맙습니다"라든가 "잘 부탁드립니다"라는 말은 거의 하지 않고, "죄송합니다"나 "양해해주십시오" 같은 말은 더욱더 할 일이 없다. 이 사람들은 남에게 폐를 끼칠까 봐 걱정하는 법이 없다. 그들은 되레 당신이 언제든지 시간을 내어주기를, 모든 요청에 즉시 긍정적인 답변을 주기를 기대한다. 심리조종자 부모 밑에서 예의범절을 제대로 배우기란 어렵다! 마지막으로, 그들을 상대하는 고역을 생각해보라. 그들은 모든 주제에 대해 이미 딱 정해져 있는 생각을 갖고 행동하며 자기 의견을 절대적인 것인 양 강요한다. 그들이 자랑스럽게 여기는 가치 체계는 이방인들에 대한 혐오, 불관용, 약자에 대한 멸시를 바탕에 깔고 있다.

이제 심리조종자의 금전 관계만 살펴보면 되겠다. 이 역시 일상 속 다른 부분들 못지않게 병적이고, 쉽게 파악할 수 있다. 그들은 유치원에 구비된 모든 장난감, 모든 구슬이 다 자기 거라고 생각한다. 탐욕스럽고, 치사하고, 불성실하고, 사리사욕을 앞세운다. 대가 없이 뭔가를 내놓는 법이 없고, 당신의 굳은 약속을 뜬구름 같은 기약과 맞바꾸는 데 선수다. 그렇다, 그들은 사기꾼이다. 어떤 남편은 아내가 생활비를 속였다고, 여기서 조금, 저기서 조금 떼어내어 비자금을 조성했다고 분통을 터뜨렸다. 여러분이 그들의 적이 된다면 『단추 전쟁』*에서처럼 팬티 한 장 건지지 못하고 탈탈 털릴 것이다. 이 말인즉슨, 심리조종자와 이혼을 하면 빈털터리가 되기 십상이라는 얘기다. 그들은 상대를 파탄에 몰아넣으면서도 자기는 한 재산 챙길 줄 안다. 돈이 없어 죽겠다고 우는소리를 하면서도 재산을 철통같이 숨긴다!

법도 모르고 규칙도 모른다. 보호 본능도 없고, 위생 관념은 희박하다. 예의 없는 당당함, 혐오스러운 탐욕, 오염된 가치관. 심리조종자가 자식들에게 물려줄 거라곤 그런 것들뿐이다.

뭐가 그리 즐거워? 눈꼴셔 죽겠네

심리조종자의 정신은 어린아이와 같이 자기가 뭐든 할 수 있다는 환상에 고착되어 있다. 그렇기 때문에 그들은 사물들로 둘러싸인 생명 없는 세계에서 살아간다. 가령, 어떤 심리조종자와 당신이 함께 아는 친구들이 있다고 치자. 당신이 친구로 여기는 그들을 심리조종자는 장난감으로 생각한다. 이처럼 주위 사람들을 사물화하기 때문에 그렇게까지 잔인해질 수 있는 것이다. 만약 내가 당신을 도구로 생각한다면 당신 의향 따위는 묻지 않고 내가 필요한 대로 사용하리라. 포

---

* 두 마을 어린아이들의 싸움을 그린 루이 페르고의 소설. 포로를 잡으면 옷의 단추를 떼는 전통이 있어서 이런 제목이 붙었다.

크에게 허락을 받고서 음식에 찔러넣는 사람이 있나? 내가 깨문다고 해서 포크가 아파하겠는가? 심리조종자가 아이를 인형처럼 귀여워하면서도 아이의 필요와 욕구에는 눈 하나 깜짝하지 않는 이유가 여기에 있다. 심리상담사들의 용어로 말해보자면, 이 변태들에게는 정동情動이 없다. 쉽게 말해, 그들은 보통 사람이 느끼는 감정을 느끼지 못한다. 사랑, 정, 감탄, 연민, 공감이 거의 없고 감정이입은 더욱더 힘들다. 살아가는 기쁨에도 무디기만 하다. 심리조종자에게는 그저 세 가지 감정밖에 없다. 현실이 전능성에 대한 환상을 부추길 때 느끼는 사악한 희열감, 반대로 현실이 전능성에 대한 환상을 거스를 때 치미는 분노, 행동으로 부응해야만 할 때 느끼는 자기 연민 말이다. 심리조종자들은 인간적인 감정을 잘 꾸며내는 연기의 귀재들이지만 그들을 자주 보는 사람은 감정 부재에 연루된 비인간성을 관찰할 수 있다. 그래서 대다수는 스치듯 잠깐이라도 심리조종자들의 진짜 얼굴을 의심하곤 한다. 하지만 그들의 진짜 얼굴은 워낙 어마어마하기 때문에 대부분은 진정으로 깨닫지 못하고 넘어간다.

심리조종자가 지닌 비인간성은 가장 인간적인 상황에서 여실히 드러난다. 그들은 반사적으로 얼떨떨한 척, 당황한 척하는 재주가 뛰어나지만 감정이입 능력이 떨어진다는 사실까지는 감추지 못한다. 일례로 어느 기업 대표는 자기네 회사에서 31번째 자살자가 나왔을 때 방송국 카메라 앞에서 이렇게 말했다. "자살 유행은 이제 끝내야 합니다!" 심각한 태풍 피해가 일어난 상황에서 모 여성 정치인이 이런 말을 한 적도 있다. "어쨌거나 이쪽은 워낙 빈곤 지역이라서 크게 잃고 말고 할 것도 없었어요!" 심리조종자는 누군가의 부고에 좀체 눈물을 흘리지 않는다. 심하게는 부모가 죽어도 진심으로 애통해하지 않는다. 그들은 되레 기묘한 희열, 누구는 죽었고 자기는 살아 있다는 희열을 느끼기도 한다. "그 사람에게 잘된 일이야! 그렇게 줄담배를 피워대더니!" 물론 사람들이 보는 앞에서는 이미지 관리를 해야 하니까 슬픈 척도 하지만 대체로 충격적이리만치 초연하다. 심리조종자는 고인을 쓰레기장으로 치워야 할 물건 취급하고 유산에 침을 흘린다. 당신이 병들면 그들은 어떤 도움도 주지 않을 것이다. 그들은 바보처럼 부적절하게 반응하든가, 가학적인 '말실수'를 할지도 모른다. "아, 옆집 아저씨가 그 병으로 죽지 않았나요?" 심리조종자들은 삶의 기쁨을 드러내는 꼴을 못 본다. 그들은 모든 행복한 순간 — 결혼, 출산, 잔치, 생일이나 그 밖의 기념일 — 에 찬물을 끼얹고 싶어 한다. 사람들이 서로 사랑하고, 열광하고, 환하게 웃고, 감탄하는 모습을 보면 그들은 뿔이 난다.

안타깝지만 그 못된 심보는 아이들에 대해서도 예외가 아니다. 심리조종자는 아이들이 신나게 노는 모습도 싫어한다. 그래서 아이들을 신나게 하는 것을 어떻게든 없애고 만다. 아이가 제일 좋아하는 장난감을 희한한 핑계로 압수하고, 한창 즐거워하는 활동을 중단시킨다. 아이는 계속 좌절하고, 저지당하고, 혼이 난다. 아이가 반려동물에게 집착하면 무슨 수를 써서라도 최대한 빨리 그 동물을 다른 곳에 보낸다. 최악의 경우에는 동물을 죽일 수도 있다. 그렇게 극단적인 선택까지는 아니더라도 동물이 도망가거나 길을 잃게끔 방조할 가능성은 얼마든지 있다. 세상이 무너진 것 같은 비극 속에서 부모가 보이는 냉정한 모습은 아이에게 트라우마를 남기기도 한다.

사랑을 눈꼴시어 하는 심리조종자들은 이혼 후에 자녀가 전처나 전 남편을 사랑하는 꼴도 못 본다. 그들이 보내는 메시지는 암묵적이지만 아주 분명하다. '네가 나에게 사랑받고 싶다면 네 엄마(아빠)를 미워해 해.' 이 위협은 사기다. 아이는 '정 없는' 심리조종자 부모에게 진정으로 사랑받지 못할 것이기 때문이다. 그러니 아이가 다른 쪽 부모로부터 받을 사랑마저 포기한다면 제대로 성장하기는 어려울 것이다.

마지막으로, 심리조종자들은 여러분이 신성하게 여기는 것이 무엇인지 본능적으로 알아차리고 짓밟는 데 선수다. 그들은 더럽히고, 모욕하고, 깎아내리고, 웃음거리로 만드는 데서 각별한 기쁨을 느낀다. 아이들을 상대로 그런 짓을 하기란 식은 죽 먹기다. 아이들이 무슨 수로 저항하겠는가?

오, 나만 바라보는
작고 귀여운 인형들!

. . .

당신이랑 애들은 날 보필해야 해

혼인이라는 틀 안에서 심리조종자는 부분적으로나마 배우자에게 견제를 받는다. 그렇기 때문에 가정이 유지되는 동안은 그래도 좀 괜찮다. 하지만 이혼이나 별거를 하지 않더라도, 심리조종자 부모가 혼자 아이들을 돌보는 시간에는 심각한 조짐이 나타나곤 한다. 심리조종자 손에 자라는 아이들이 속에 담아놓은 이야기를 다 털어놓는다면 어른들은 아마 믿지 않을 것이다. 나는 상담실에서 만난 아이들이나 어른들로부터 배우자가 보지 않는 곳에서 심리조종자 부모가 벌이는 치사한 짓에 대한 많은 증언을 들었다. 고함을 지르고, 혼을 낸답시고 아이를 몰아세우거나 조롱하고, 협박하고 창피를 주고, 손찌검을 하고……. 숙제를 봐준다든가, 샤워를 시킨다든가, 그 밖의 온갖 구실로 아이에게 공격성을 드러내고 분풀이할 기회를 만든다. 한 젊은 여성은 어릴 때 어머니가 부엌칼을 들고 고함을 지르면서 자기와 남동생을 쫓아온 적이 한두 번이 아니라고 고백했다. "내가 오늘 너희 둘 다 죽일 거야!" 그런데도 그런 일은 늘 아버지가 없을 때만 일어났고 자기와 남동생은 입도 벙긋하지 않았기 때문에 아버지는 한 집에 살면서도 그 사실을 몰랐단다. 남매가 말을 했어도 누가 믿어주었을까? 지역 자선단체에서 워낙 열심히 일했던 그 어머니는 이웃들에게 '성녀 같은 여자(범접할 수 없는!)'로 통했다고 한다. 또 한번은 여섯 살짜리 여자아이가 엄마가 안 볼 때 아빠가 자기를 죽이겠다고 협박했다고 털어놓았다. 아이는 아빠가 이렇게 했다면서 고사리 같은 손으로 제 목을 긋는 시늉을 했다. 열두 살 소년 쥘리앵은 아빠가 자기를 깔고 앉아 가슴팍을 짓누르는 바람에 숨이 막혀 죽을 뻔했다고 고백했다. 그 아이는 아빠를 물어뜯고서야 겨우 빠져나올 수 있었다. 그러자 아빠는 경찰서에 자기 아들을 신고했다! 쥘리앵이 좀 더 어렸을 때에는 친할머니가 그 아이를 욕조에 빠뜨려 죽이려 한 적이 있었다고 한다. 감이 오는가? 변태적인 어머니와 변태적인 아들이 죽이 척척 맞는 경우를 내가 괜히 말했겠나…….

내가 이런 유의 증언들을 수집한 지도 20년이 됐다. 나는 이 증언들의 진위 여부를 조금도 의심하지 않는다. 그 증인들은 대부분 자기계발 과정에 참여한 성인들로서, 자기 어린 시절에 대해 거짓말을 할 이유가 눈곱만치도 없었기 때문이다. 희한하게도 그들이 과거를 돌아보면서 털어놓는 내용은 눈에 띄지 않는 아동 학대를 경험한 아이들의 고백과 정확히 일치한다. 심리전문가라는 사람들이 어떻게 아이들이 '부부 간 불화의 중심에 있기 때문에' 자기가 학대당하는 것처럼 말을 지어낸다고 주장할 수 있나? 하지만 이렇게 사연들이 몹시 전형적이기 때문에 학대를 일삼는 어른 내면에 있는 못된 아이를 더 쉽게 알아볼 수도 있다. 학교 운동장에서 선생님 눈을 피해 자기보다 어린 아이를 괴롭히는 가학적인 아이 말이다.

교사, 또는 건전한 정신 상태인 부모는 학대를 전혀 눈치채지 못할 수도 있다. 기껏해야 '저 사람은 애들을 볼 줄 몰라' 정도로 생각할 뿐이다. 배우자가 아이와 잘 놀아주지 않는다, 아이를 잘 지켜봐야 하는 상황에서 부주의하다, 참을성이 부족하다, 고함을 많이 지른다, 걸핏하면 손이 먼저 나간다, 아이와 몸으로 놀아줄 때 행동이 너무 과격하다…… 정상적인 부모는 배우자가 아이와 '몸으로 놀아준다', 혹은 '요란하게 놀아준다'고 생각하지만 사실 그 사람은 아이가 노는 데 훼방 놓고 약 올리고 괴롭히고 있을 뿐이다.

정상 부모는 심리조종자가 지닌 뿌리 깊은 악의를 헤아리지 못하기 때문에 학대라고 생각 못 하고 그저 서툰 것이 문제라고 생각한다. 진즉에 배우자의 미성숙한 면을 알아보았을 것이고 왜 저 사람은 자기 자식까지 질투하나 의아하기도 했을 것이다. 정상 부모는 심리조종자 배우자가 자신의 관심을 독점하려고 자식과 악착같이 경쟁하는 모습을 매일같이 볼 수 있다. 예를 들면, 남편이 아내에게 이런 소리를 하고 앉았다. "당신은 애(생후 6개월)만 보느라 정신이 없잖아! 쟤가 우리 사이를 갈라놓을 거야! 이 집에서는 가장인 나보다 쟤가 더 중요해? 집안 꼴 잘 돌아간다!" 배타적이고 소유욕 강한 심리조종자는 배우자가 자기를 금지옥엽 외동아이처럼 돌봐주길 바라고, 이 애정에 제한이나 제약을 두지 못하게 한다. 그는 배우자와 자기 아이가 정겹게 지내는 순간들을 심술궂은 눈으로 바라보고 어떻게 해서든 산통을 깨고 보복하려 든다. 그러다 보니 배우자와 아이는 심리조종자 앞에서 애정 표현을 자제하고 기쁜 티를 내지 않는 습관이 든다. 어린 시절에 좋아하거나 애착을 품을 만한 모든 것, 이를테면 놀이, 인형, 옛날 이야기, 뽀뽀, 장난, 공갈 젖꼭지…… 심리조종자들은 그 모든 것에 화가 치민다. 심리조종자 부모는 아이가 누리는 즐거움을 박탈하고 어린 시절의 흔적 자체를 지워버리려 애쓴다. 그래서 최대한 빨리 젖병을 떼고, 공갈 젖꼭지를 떼고, 유모차에서 끌어내리고, 아이가 좋아하는 인형을 빼앗는다. 이런 사람 앞에서 배우자가 아이를 예뻐하고 애정을 표현하기란 거의 불가능하다. 아이를 재우면서 동화책을 읽어준다든가, 아이가 무서워하거나 아파할 때 달래주거나, 아이가 재잘재잘 이야기하는 그날 하루 일에 귀 기울이는 일조차 심리조종자 부모는 별의별 구실로 훼방 놓을 테니까.

정상적인 부모 쪽은 배우자가 자녀 교육에 의미를 두고 신경 쓰게 끔 유도하려고 최선을 다한다. 하지만 그 노력은 허사다. 심리조종자 내면에 들어앉은 나이만 먹은 어린애는 배우자가 화를 내고 발을 동동 구를 때마다 되레 더 신이 난다. 그는 배우자가 아이에게 가르치는 기본적인 규칙을 자기가 먼저 위반하면서 짜릿한 쾌감을 맛보고, 배우자의 일관된 교육적 지침을 아이가 무시하거나 거스르게끔 꼬드긴다. 더 악질적인 짓거리는, 배우자가 뭔가 실수를 하거나 어리석은 짓을 했을 때 아이를 증인으로 삼아 아이가 보는 앞에서 배우자를 비난하고 조롱하는 것이다. "네 엄마 좀 봐라……." "하여간, 너희 아빠라는 사람은 늘 저 모양이지……."

어떤 엄마에게 들은 얘기가 있다. 그녀 남편이 네 살배기 아들에게 엄마를 때리라고 시켰다. 그래서 엄마가 그러면 안 된다고 아들을 혼냈더니 그 모습을 휴대전화 동영상으로 찍어놓고 그녀를 아이를 학대하는 엄마로 몰아세웠단다.

심리조종자 부모는 제자리를 지키지도 않고 제 역할을 다하지도 않는다. 그는 자기 자식과 동일한 수준에 머물러 있기 때문에 책임을 질 줄 모른다. 그런데 부모 중 어느 한쪽이 사라지면 아이는 본능적으로 그 빈자리를 채우려고 사라진 부모 역할을 자신이 일부 감당한다. 가령 아버지 쪽이 심리조종자라면 그 가정의 장남은 미성숙한 아버지를 대신하느라 동생들을 책임지는 무거운 역할을 떠안곤 한다. 혹은, 장녀가 어머니를 남편처럼 보호하고 지지하는 입장에 설 것이다. 어머니가 미성숙한 심리조종자라면 딸이 본능적으로 아버지를 아내처럼 챙기게 되고 결과적으로 아버지와 가상 부부 비슷한 관계가 된다. 물론 역으로 아들이 어머니와 가상 부부 관계가 될 수도 있다. 심리조종자가 자기 역할을 내팽개치기 때문에 건전한 주위 사람들까지 이상해지는 것이다. 그들은 자기 나름대로 비정상적인 상황에 적응하려고 노력할 뿐이지만 결과적으로 비정상적인 애착 관계에 빠지고 만다.

정상적인 부모 쪽은 이혼 후에야 비로소 자녀들과의 관계가 얼마나 자연스럽지 못했는지 깨닫곤 한다. 심리조종자가 아닌 사람에게는 타고난 이해심이나 호의가 있다. 그래서 배우자가 다소 상식 밖의 행동을 하더라도 어린 시절에서 온 트라우마 때문에 그러려니 헤아려주고 참아주는 편이다. 이런 사람은 집안을 시끄럽게 하지 않으려고 백번 양보하고 한없이 너그럽게 군다. 그러는 동안 자신이 좋은 부모로서 행동할 여력을 배우자에게 빼앗기고 있다는 생각은 미처 하지 못한다. 물론 이 정상적인 부모도 가끔은 화내면서 세게 나가고, 심리조종자를 저지하거나 강력하게 변화를 촉구할 것이다. 하지만 반란은 오래가지 못한다. 심리조종자는 그때마다 진심으로 알아들은 척하겠지만 실상은 상대가 안 보는 데서 더욱더 못된 수작질을 할 것이다. 그런 식으로 몇 달, 몇 년이 흐르면 어느새 심리조종자는 '애새끼들' 위에서 군림하고 있고, 배우자는 보복에 시달리기 바쁘다. 정상적인 부모는 뭘 잘못했는지도 모른 채 허구한 날 트집 잡히고 욕을 먹는다.

이 구역 골목대장은 나야!

아이들이 성장하는 동안에 심리조종자는 자기 정신연령에 맞게 태도 변화를 보인다. 자식들이 젖먹이 아기에 지나지 않을 때는 순전히 기분파다. 어떤 날은 아이들을 애벌레처럼 하찮게 여겼다가 또 어떤 날은 인형처럼 물고 빨고 하는 것이다. 어떤 아빠는 쌍둥이를 달래던 엄마한테서 다짜고짜 한 아이를 낚아채면서 이딴 소리를 했다고 한다. "당신이 둘 다 차지하는 법이 어디 있어! 하나는 내놔!" 또 어떤 아빠는 육아를 전혀 돕지 않으면서 수유만은 자기가 하겠다고 아내와 바락바락 싸웠다. 대개 심리조종자는 이 인형 놀이에 싫증이 나면 배우자나 자기 어머니에게 인형을 떠넘기고 나 몰라라 한다. 애벌레인지 인형인지 모를 그 자식들이 무럭무럭 자라고, 제 발로 걷고, 자기 욕구를 드러내고, 지속적인 관심을 요구하고, 만 2세 무렵부터는 야무지게 "싫어!" 소리를 하면서 성질도 부리기 시작한다. 이때부터 상황은 악화된다. 어린애처럼 자기가 뭐든지 할 수 있다고 착각하는 심리조종자가 부모 역할을 제대로 감당할 리 만무하다. 어떤 아빠는 생후 8개월밖에 안 된 아들이 운다고 "닥쳐! 사내새끼가 어디서 울어!"라고 고함을 질렀다. 좌절 관리 능력이 없는 심리조종자 부모는 걸핏하면 화를 내고 언성을 높인다. 게다가 어른에게 의존해 살아갈 수밖에 없는 아이의 처지를 이용해 심한 정서적 협박을 일삼는다. 고함을 지르고, 손찌검을 하고, 실제로 아이를 버리는 시늉까지 한다. 아이는 점점 더 불안해져서 부모에게서 잠시도 떨어지지 않으려 한다. 그런 식으로 아이는 차차 심리조종자 부모의 기대를 예측하는 법을 배우고, 최대한 그 기대에 부응하려고 안간힘을 쓸 것이다. 대개 아이는 제일 먼저 부모 눈에 거슬리지 않는 법, 자기 욕구를 부정하는 법을 배운다. 하지만 그런다고 해서 아이가 그림처럼 얌전해지지는 않는다. 아이는 부모에게 잘 보여야만 한다. 그런데 앞에서 지적했듯이 심리조종자 부모는 일탈을 부추기는 면이 있다. 이 부모는 아이에게 욕을 가르쳐 주면서 시시덕거리고, 아이의 방종을 은근히 조장하며, 아이를 이용해 모두의 부아를 치밀게 한다. 이를테면 부모라는 인간이 공공장소에서 자기 아이가 민폐를 끼치는 꼴을 보면서 박수를 치고 재미있어 하는 식이다. 나도 그런 끔찍한 광경을 본 적이 있다. 어떤 아이가 사람들에게 부딪치면서 사방을 뛰어다니는데 따끔하게 한 마디 하는 어른은 아무도 없었다. 게다가 그 아이 부모는 그 꼴을 보고 당황하기는 커녕 되레 즐거운 듯했다. 코미디 영화감독이자 배우인 장마리 비가르Jean-Marie Bigard는 병원 대기실에 비치된 신문과 잡지를 찢어발기고 소파에 드러누워 몸부림치는 아이와 그런 아이가 귀여워 죽겠다는 듯이 행동하는 몰지각한 부모를 보여주었다. 유머라기에는 너무나 사실적이지 않은가!

이 조련 과정을 마친 아이는 심리조종자 부모를 우러르고 충성을 바치는 신하와 비슷해진다. 심리조종자 부모는 골목대장처럼 으스대고 아이에게 이래라저래라 한다. 잘난 체하고, 파격적인 행동으로 사람을 놀라게 하고, 아이를 자기 마음대로 휘두르고, 자주 창피를 준다. 아이의 순진함을 비웃고, 자기 월권에 취한다. 부모는 아이가 서툴게 행동할 때마다 "바보야!", "네가 할 줄 아는 게 뭐니?" 하는 말 따위를 퍼붓는다. 자기가 좌절감을 주체 못 하기 때문에 아이의 실수나 잘못도 그냥 넘기지 못하고 화풀이하는 것이다. 하지만 아이는 원래 흥도 많고, 정도 많고, 금세 신이 난다. 심리조종자는 그걸 문제 삼는다. 신성한 것은 죄다 더럽히고, 아이의 애착을 짓밟고(아이를 자기처럼 만들어야 하니까!), 행복한 순간들을 망쳐야 한다. 요컨대, 아무것도 모르는 저 어린것의 맹한 웃음을 박살내야 한다. 아이는 자기가 긍정적인 면모를 드러낼 때마다 뼈아픈 대가가 따라온다고 배운다. 적극적인 모습, 즐거워하는 모습을 부모 앞에서 보이면 안 된다! 사랑하거나 애착을 품어서도 안 된다. 자신이 바라는 바를 표현하거나 간파당하면 어김없이 좌절당하고 말 테니. 주위 사람에게 좌절을 안겨주는 것이야말로 심리조종자가 추구하는 주된 즐거움 중 하나다. 자기계발 과정에서 자기 욕망을 모조리 차단당하고 살아왔음을 뒤늦게 깨닫는 성인 남녀들이 얼마나 많은지 여러분은 잘 모를 것이다. 그들은 뭔가를 원할 때마다 심리조종자 부모에게 거부당했다. 애착이나 기쁨을 드러낼 때마다 바로 그것을 박탈당했다. 간절히 바라던 행복을 잡으려는 바로 그 순간 빼앗기는 고통은 너무나 처참하기에, 아무것도 바라지 않기에 이른다. 심리조종자 부모가 그 정도에서 그치지 않고 사디즘으로 폭주할 수도 있다. 이를테면, 일부러 기대를 심어줌으로써 더 심한 좌절을 안겨주는 수법이 그렇다. "네가 ⋯⋯를 하면 강아지 키우게 해 줄게"라고 꼬드기고는 "안됐지만 할 수 없어. 강아지는 못 키워!"라고 잡아떼는 식이다. 심리조종자가 요리조리 말을 바꿀 뿐 애당초 강아 지를 키우게 해줄 마음은 눈곱만큼도 없었다는 것은 아무도 짐작 못 한다.

아이가 심리조종자 부모의 정신연령과 비슷한 연령대에 도달하면 심각한 위기가 발생한다. 이 시기 심리조종자의 심리를 요약하자면 다음과 같다. '네가 뭔데 나를 앞질러! 골목대장은 나야! 나보다 큰 사 람이 있으면 안 돼! 그러니까 넌 더 이상 자라지 마! 안 그러면 재미없 을 줄 알아!' 실제로 상황은 험악해진다. 심리조종자는 자기 자식을 위험한 라이벌로 보고 냉혹하게 대한다. 성질 나쁜 운전사를 추월하 면 곤란해지는 거다! 비난, 조롱, 괴롭힘은 날로 심해진다. 끝나지 않 는 집중 폭격 속에서 아이는 욕받이로 전락한다. 안타깝게도 다른 쪽 부모는 이 상황을 어이없어하면서도 수동적인 자세를 면치 못한다. 아이가 배우자의 오랜 괴로움을 자극해서 그런 것이니 어쩔 수 없다 고 생각해서 강력하게 나가지 못하는 것이다. 아이가 아니라 심리조 종자가 오히려 동정을 산다. 하지만 정신적으로 건전한 부모가 세게 나가더라도 소용없다. 그 부모는 보복을 당할 것이요, 아이는 보이지 않는 곳에서 더 심한 학대에 시달릴 것이다. 이 상황에서 저항하는 유 일한 방법은 이혼이다. 게다가 이혼을 선택하면 몇 가지는 확실하게 깨닫게 된다. 더는 이렇게 살 수 없다는 깨달음, 자기 배우자가 아이들보다도 정신적으로 미성숙하다는 깨달음. 이혼이나 별거 시점에서 첫 아이나 막내 아이 나이가 심리조종자 배우자의 정신연령과 꽤 정확하게 일치하곤 한다.

감정 쓰레기통이 되는 아이들

아이를 짓누르고 일종의 화초처럼 만들려고 아무리 노력해봤자 심리조종자는 결국 자식에게 추월당한다. 아이는 무럭무럭 자라서 성질 더러운 운전사가 모는 똥차를 추월한다. 비록 자신감을 많이 잃었다지만 아이는 조금씩 성숙해진다. 그러면 이제 심리조종자가 이 상황에 적응을 한다. 아이는 정신적으로 그보다 '연장자'이기 때문에 자기에게 유용하거나 쓸모가 있을 수 있는 사람 범주에 들어간다. 그리고 아이는 자신과 한 집에 살기 때문에 온갖 수고의 제공자로 써먹기 딱 좋다. 이제 부모는 뻔뻔하게도 자식에게 온갖 책임을 떠안긴다. '애어른'으로 통하는 아이들이 더러 있다. 내가 분개하는 것은 '아이가 부모 노릇을 한다'는 말 자체에 어폐가 있기 때문이다. 심리조종자의 태도에 있어서 애정은 고려 대상이 아니다. 그 사람이 배우자를 착취하고 괴롭히는 그 방식 그대로, 둘 사이에서 태어난 아이도 당할 것이다. 그렇기 때문에 심리조종자의 배우자와 자녀는 거의 토씨 하나 다르지 않은 똑같은 불만을 토로한다. 짜고 말하는 게 아니라, 신물이 나도록 겪어보고 검증한 사실이라서 그렇다! 나는 전작에서 일곱 살짜리 아들에게 커피메이커 사용법을 가르쳐주며 "이제 네가 아침마다 아빠에게 커피를 만들어주는 거야"라고 약속을 받아낸 아빠를 예로 든 적이 있다. 다섯 살짜리 여자아이가 아빠가 행하는 폭력이 무서워서 주말 동안 지낼 짐 가방을 군소리 없이 혼자서 싸고 세 살짜리 남동생까지 돌봤다는 사연도 있다. 이혼해서 따로 사는 엄마는 아직 글을 읽을 줄 모르는 딸을 위해 챙겨야 할 물건들을 그림으로 그려서 가방 안에 넣어주었다고 한다.

아이는 부모 노릇을 하는 그 순간부터 심히 조숙해질 수밖에 없다. 걱정 모르던 어린 시절, 아이다운 놀이는 이제 안녕이다. 어른아이와 애어른을 말한 자, 그 누구인가(그런 점에서 지젤 아뤼레비디는 책 제목* 한번 기막히게 잘 지었다). 아이가 본능적으로 부모의 미숙함을 포착하면 저도 모르게 부모를 보호하고 돌보는 습관이 든다. 아이들은 천성적으로 부모를 사랑한다. 충분한 거리를 취하지 않기 때문에 부모를 비판하거나 자기가 받는 교육을 객관적으로 볼 수 없다. 기껏해야 다른 친구들 집은 그렇지 않은 것 같은데 우리 집은 좀 이상하구나, 라고 이따금 생각할 뿐이다. 하지만 부모가 제대로 된 부모가 아니어도 아이들은 자기 부모에게 맞춰 산다. 부모 노릇 하는 아이는 돼먹지 못한 자기 부모를 사랑한다. 그 부모를 두려워하고 불만도 있지만 그래도 자기 부모라고 감싸고 보호한다. 그런 아이는 이 관계가 달라질 수도 있겠다

---

* 앞에서 말한 『미숙한 부모와 애어른』을 가리킨다.

는 생각, 달라져야만 한다는 생각조차 못한다. 이 아이가 적절한 치료를 받지 못한 채 어른이 된다면 계속 현실을 부정하면서 성질 나쁜 부모를 보살피리라. 그 부모는 피해자가 아니라 가증스러운 어른일 뿐이라는 명백한 현실을 자식은 깨닫지 못한다.

이러한 사정의 물리적 측면을 보자.

심리조종자 부모는 게을러빠져서 자기가 해야 할 일을 가급적 일찍부터 자식에게 시키려든다. 가끔, 아직은 어려도 너무 어린 아이들이 학교에서 혼자 귀가하고, 혼자 열쇠로 문을 열고 집에 들어가고, 아무도 없는 집에서 스스로 간식을 챙겨 먹고, 저녁 늦은 시간까지 혼자서 숙제를 한다. 어떤 할머니가 이런 사연을 들려주었다. 그 할머니의 딸은 이혼을 했는데, 사위가 대단한 수완가였던 탓에 양육권을 가져갔다. 하지만 사위는 열다섯 살밖에 안 된 손녀를 거의 혼자 살게 내버려두면서도 외출 금지니 뭐니 간섭이 심했다. 그는 아이의 외할머니, 즉 예전 장모를 원수처럼 생각해서 만나지도 못하게 했다. 당시에는 지금과 같은 휴대전화 요금제가 없었고 전화 요금이 무척 비쌌다. 가엾은 이 할머니는 손녀가 마음 놓고 자기에게 전화를 걸 수 있게 해주려고 몰래 전화 요금을 내주었다. 손녀는 학교 끝나고 혼자 집으로 올 때, 어둡고 무서운 곳을 지나칠 때마다 할머니에게 전화를 걸었다. 달리 아무것도 해줄 수 없었던 할머니는 24시간 내내 전화기 앞에서 대기하느라 개인 생활을 포기하다시피 했다!

심리조종자 부모는 자식을 제대로 돌보지 않을 뿐 아니라 이런저런 잡일을 어린아이에게 맡긴다. 여섯 살밖에 안 된 딸아이에게 "아빠 밥을 차려줘야 착한 딸이지", "네 생일을 기념해서 다림질하는 법을 가르쳐줄게"라고 말하는 인간이 실제로 존재한다. 리오넬은 심리조종자 아내가 하라는 일은 뭐든지 다 하면서 살다가 우여곡절 끝에 이혼을 했다. 하루는 아내가 없는 동안 딸들을 만나러 잠시 옛날 살던 집에 들렀다. 그는 눈썹이 휘날리게 청소기를 돌리고, 욕조를 닦고, 쓰레기통을 비웠다. 나는 그 이야기를 듣고 깜짝 놀랐다. "이혼까지 한 마당에 그렇게 전처의 비위를 맞추고 싶던가요?" 리오넬은 코웃음을 쳤다. "천만에요. 하지만 내가 하지 않았으면 큰딸이 공부할 시간을 쪼개가면서 집안일을 다 했을 겁니다. 내가 그 집에서 나온 이후로 큰딸이 나 대신 가사 노동을 도맡고 있거든요."

한편, 정신적 측면도 살펴볼 필요가 있다.

심리조종자들은 자식을 속내를 털어놓을 수 있는 친구, 나아가 온갖 '불행'을 토로할 수 있는 심리상담사 취급한다. 다시 말해 자신의 못난 짓거리, 심각한 좌절, 피해망상적인 투사를 자식 앞에서 자제하지 않는다는 얘기다. 그들은 허구한 날 불평하고 원한을 쏟아놓는다. 주위 사람들, 특히 배우자 때문에 자기가 이 모양 이 꼴로 살게 됐다는 얘기가 단골 레퍼토리다. 그들은 부부 간 추잡한 싸움에 아이들을 끌어들이고, 아이들을 도구 삼아 상대편에 타격을 입힌다. 아이를 조종해서 이웃집 여자에게 모욕을 주고, 상황을 자기에게 유리하게 만들거나 자기에게 '못되게' 군 사람에게 본때를 보여준답시고 아이가 직접 전화를 걸게 한다. 아이는 부모에 대한 연민 때문에 구원자 노릇을 하면서 한 치 물러섬 없이 부모를 감싸고 보호한다. 무방비 상태에 놓인 아이가 어른을 보호하는 격이다. 어떤 여자는 남자 친구의 '폭력'을 입증한답시고 자기 아이들과 전남편을 앞세웠다. 남자 친구는 그 여자 때문에 미치기 일보 직전까지 갔다가 되레 봉변을 당했다. 그는 아이들이 자기를 욕하고 비난하는 동안에도 어떻게 저 어린아이들이 자기 엄마 연애 사정에 대해서 저렇게 자세히 알 수 있을까 싶어 당황스러웠다고 고백했다.

부모 노릇 하는 아이들은 어른들의 시시콜콜한 연애에 노출되기 십상이다. 심리조종자 부모는 아이들을 앞에 두고 종종 부적절한 고백을 하기 때문이다. 부부관계, 심하게는 분별없는 애정 행각마저도 아이에게 부주의하게 노출하는 부모들이 더러 있다. 상담을 하다 보면 어릴 때 부모의 불륜을 목격했거나 밀회의 핑곗거리로 이용당한 경험이 있다는 고백을 종종 듣는다. 아빠가 집에 없을 때 웬 아저씨가 엄마를 찾아왔다든가, 아빠가 재미있는 곳에 데려가준다고 해놓고서는 어느 집 앞에 차를 세워놓고 몇 시간이나 혼자 기다리게 했다든가……. 하지만 엄마에게는 아빠와 놀이공원에 다녀왔다고 거짓말을 해야 했다. 부모가 즐기는 애정생활의 구경꾼이 된 것도 모자라 다른 쪽 부모에게 거짓말을 하고 비밀을 지켜야 했으니 얼마나 마음이 무겁고 죄책감이 들었을까. 급기야 아이는 '엄마는 왜 저렇게 눈치가 없을까? 엄마가 이 괴로운 상황을 알아차리고 뭔가 결판을 내주면 좋을 텐데⋯⋯'라는 원망마저 품게 된다.

아이가 성장할수록 부모의 결함은 뚜렷해진다. 심리조종자 부모는 아이를 비방하고 실컷 이용하면서 정작 아이가 도움을 필요로 할 때에는 손가락 하나 까딱하지 않는다. 이제 어엿한 의사가 된 오드리는 이렇게 회상한다. "엄마는 나를 학교에 데려다준 적이 한 번도 없었죠. 학교에 나를 데리러 온 적도 없고요. 다른 친구들은 늘 엄마가 데려다주고 데리러 왔어요. 그 친구들이 얼마나 부러웠는지 몰라요. 나는 늘 통학 버스를 신청해서 비가 오나 눈이 오나 바람이 부나 항상 혼자 버스를 타고 다녔죠. 학교 다니는 내내 간식은 집에서 먹는 게 아니라 학교 매점에서 사 먹는 거라고 배웠어요. 엄마가 전업주부였는데도 말이에요. 엄마는 한 번도 내 숙제를 봐준 적이 없어요. 그러면서 나보고 바보 같다는 둥, 공부머리가 없다는 둥 심한 말을 했어요. 사람들 앞에서는 자식들 때문에 자기가 희생하고 산다는 식으로 떠벌리기는 또 얼마나 잘 떠벌렸는지 몰라요."

잘 훈련된 '부모 돌보미'가 맞는 미래

부모 노릇을 떠안은 아이들은 자기를 잊게끔 훈련받는다. 자기를 부정하면서까지 남들을(특히 못된 사람들을!) 챙기기에 여념이 없는 이 아이들은 카프만의 드라마 삼각형*에 빠져든다. 이 삼각형에는 피해자, 가해자, 구원자라는 세 역할이 있다. 피해자 역할은 심리조종자 부모가 독점한다. 아이는 가해자 역할을 맡기에는 죄책감이 너무 심하기 때문에 자기 존재를 인정받기 위해서 구원자 역할을 맡을 수밖에 없다. 그래서 어린 시절에 부모 노릇을 해야만 했던 아이는 심리상담사나 사회복지사를 직업으로 택하는 경우가 많다. 자크 살로메는 '돌보미soignant'를 '자기를 부정하는 사람soi-niant'이라고 말한다.

바로 그 점에서 비극이 시작된다. 나는 사회복지사들이 여러 가정을 방문하면서 자기 경험과 비슷한 상황들에 곧잘 직면한다고 생각한다. 그들은 무의식적으로 자기가 어릴 때 보호해야만 했던 부모, 다시 말해 미성숙하고 삐뚤어진 부모 편을 들기 쉽다. 그 때문일까, 심리조종자 부모에 대해 심리전문가나 가사조사관들이 쓴 보고서는 대개 상당히 호의적이다. 때로는 호의적이다 못해 명백한 사실들을 부인할 정도다. 나는 오랫동안 그런 보고서들을 읽을 때마다 교묘하고 영악한 심리조종자들이 선량한 사람들을 구워삶았을 거라고 생각했다. 하지만 지금은 단순히 그게 다가 아니라고, 분명히 다른 심리 기제들도 작용하리라고 생각한다.

드물게도 나는 조금도 에두르지 않고 심리조종자는 파렴치한이라고, 알면서도 못된 짓을 하는 인간이라고 딱 잘라 말하는 입장이다. 지

---

* 저자의 다른 책 『나는 왜 네가 힘들까』를 보라.

금까지 발표한 책들에서 그 증거는 이미 다 제시했다. 또한 나는 심리조종자는 구제불능이라고 본다. 첫째, 본인들이 변화를 바라지 않기 때문이다. 심리조종자는 스스로에게 대단히 만족하고 같잖은 자부심마저 있다. 자기는 인생을 안다고 자부하고, 자기 빼고는 세상 사람이 다 머저리라고 생각한다! 둘째, 그들의 사고 체계에는 자기비판이 들어설 자리가 없다. 자기는 완벽한데 늘 남들이 잘못해서 문제니까! 마지막으로, 그들은 심리전문가를 자기를 엿 먹이는 사람 혹은 머저리로 여기기 때문에 치료가 불가능하다. 그들은 사람 하나 바보 만들어 재미를 보려고 거짓 상담도 주저하지 않는다. 그들이 하는 말을 잘 들어보기만 해도 알 수 있다. 자기가 심리상담사보다 똑똑하다는 둥, 정신분석이나 심리상담은 정신병자들이나 받는 거라는 둥, 그딴 소리를 얼마나 자랑스럽게 지껄이는지! 굳이 나서서 주장하지는 않는다만, 나는 심리조종자는 인간성 퓨즈가 돌이킬 수 없이 끊어져버린 사람이라고 믿어 의심치 않는다.

심리조종자는 전체 인구의 2~4퍼센트를 차지한다. 나는 치료가 불가능한 2~4퍼센트가 있다는 생각이 그렇게 충격적이지 않으며, 100퍼센트 모두가 치료 가능하다는 전망보다 훨씬 현실적으로 느껴진다. 그렇지만 내가 강연에서 이런 말을 하면 상당히 충격 받는 사람들이 있다. 그들은 심리조종자들이 자기가 무슨 짓을 하는지 잘 몰라서 그렇지, 구제불능은 아니라고 항변한다. 따라서 그들을 비난하는 내가 나쁜 사람이다(사악한 가해자!). 그들(불쌍한 피해자!)은 변할 수 없다고 아예 못 박는 내가 그들보다 더 잔인한 사람인지도 모른다. 그렇지만 이건 확고한 사실, 그들을 살펴보기만 해도 알 수 있는 사실이다. 나는 왜 어떤 사람들은 세상에 악의가 엄연히 존재한다고 믿지 못하는지, 의도적으로 계산에 따라 움직이는 사람들이 있다고 인정하지 못하는지 오랫동안 의아했다. 어째서 세상 모두를 치유할 수 있는 가능성이 그들에게는 그토록 중요한 걸까?

한번은 사회복지 전문가들을 대상으로 가정 폭력 세미나를 진행한 적이 있다. 내가 강연을 마무리할 즈음에 매 맞는 아내들의 쉼터 소장이라는 분이 꽤 강도 높게 따지고 나왔다. 그 사람은 심리조종자는 갱생의 여지가 없고 폭력을 쓰는 남편은 더욱더 구제불능이니 갈라서는 수밖에 없다는 내 주장에 이의를 제기했다. 자신은 '아이들을 생각해서' 부부관계를 바로 세우는 방향으로 피해자와 가해자 모두의 변화에 힘써왔단다. 그 사람이 너무나 길길이 날뛰었기 때문에 내 속에 있는 말을 다 할 수 없었다. 나는 그 사람이 부부관계를 바로 세운다면서 더욱더 기형적인 부부관계를 재생산하는 셈이라고 말하고 싶었다. 폭력에 호소하는 남자들은 잠시 버릇을 고친 것처럼 보일지 몰라도 언젠가는 그 버릇이 또 도진다. 그런 남자들을 믿는 여자들은 엄청난 위험을 무릅쓰는 셈이다. 약아빠진 남편들은 신체적 폭력을 쓰지 않는 대신에 높은 정신적 폭력을 가한다. 이 폭력은 겉으로 표가 잘 나지 않지만 신체적 폭력 못지않게 아내와 아이들을 망가뜨린다. 이 경우, 아내는 남편 손에 맞아죽진 않겠지만 스스로 목숨을 끊고 싶어질 것이다(프랑스에서 자살자는 매년 1만 1,000명에 달한다!).

부분적으로는 그 공격적인 소장 때문에 깨달을 수 있었다. 그녀는 부부 간 폭력 문제를 해결하려고 힘썼다지만 아이들이 얻은 상처를 치료하는 데는 무슨 노력을 했을까? 그녀는 앞에서 예로 들었던, '사람에 대한 믿음을 지키고 싶다'는 어느 기업 대표와 비슷하다. 그녀는 자기가 일상적으로 하는 일에서 충분히 진실을 확인할 수 있었을 텐데도 내 말을 받아들이지 못했다. 나는 그 분노가 차마 생각할 수 없는 일에 대한 심리적 방어였으리라 생각한다.

부모 노릇을 하던 아이가, 가엾은 피해자라고만 생각했던 부모가 사실은 계산적이고 이기적인 파렴치한이었음을 뒤늦게 깨달았을 때 얼마나 충격을 받는지! '정 없는 인간'이라는 개념은 자기 새끼조차 사랑할 줄 모르는 인간을 의미한다니, 얼마나 끔찍한가! 자신이 어린 시절 내내 부모에게 의도적으로 이용당하고 속았다 생각하면 굴욕적이다 못해 치가 떨린다. 부모가 스스로 달라질 생각을 하지 않아서 자기가 그 모진 괴로움을 겪었을 뿐, 다른 이유는 없었다. 기막히고 불쾌한 사기가 따로 없다. 이러한 무의식적 이유들 때문에 부모 노릇 하는 아이에게 심리조종자 부모는 차라리 '피해자'로 영원히 남아야 한다. 그 부모를 보호하는 것이 자식의 영원한 '사명'이어야 하고, 심리조종자 부모에게 똑바로 행동할 것을 요구하는 사람은 모두 '가해자'라야 한다. 자기 사연을 그렇게 순화하지 않으면 더럽고 비참해서 견딜 수 없으므로.

이 계획은 실패했다! 심리조종에 한해서 말하자면, 사람들의 의식 변화가 아주 서서히 이루어지고 있다. 가정 문제 전문가들조차 이 상황에 객관적이고 명철하게 접근하는 경우가 드물다. 일단, 심리조종 상황을 겪어보지 못했고 생각조차 못하는 전문가들은 여러분을 이해할 수 없고 여러분이 하는 말을 믿어주지도 않는다. 반면, 풀지 못한 과거의 숙제가 있는 전문가들은 본인의 심리적 방어기제 때문에 여러분을 제대로 돕지 못한다. 어느 쪽이든 여러분의 이야기를 객관적으로 해석할 만한 틀이 없는 건 마찬가지다. 게다가 이런 경우도 있다. 가정 문제를 중재하는 전문가라는 그 사람이 사악한 변태인 경우다. 그 변태는 자기가 대신 가해자 역할을 맡게 되었다고 좋아서 펄쩍펄쩍 뛴다…….

이혼하면 애는 내 꺼야!

하지만 지금은 심리조종자와 그 자녀들의 관계에만 집중하자. 배우자가 너무 자주 집을 비우거나 심하게 눈치가 없지 않는 한, 가정이 유지되는 동안은 심리조종자도 대놓고 아이들을 학대하지 못한다. 이때는 그 사람도 부분적으로나마 자녀를 보호하는 역할을 감당하고 자녀를 힘들게 할지언정 선을 지킨다. 정상적인 부모 쪽에서 순진하게도 아이들을 기만하는 역할을 하곤 한다. 아이들을 이해시킨답시고 잘못된 것을 참고 받아들이게끔 달래는 것이다. "너희 아빠(엄마)도 나름대로 너희를 무척 사랑한단다. 아빠(엄마)가 어릴 때 너무 고생을 해서 그래. 표현 방법을 잘 몰라서 그렇지, 너희를 사랑하는 마음은 누구에게도 뒤지지 않아……." 어떤 사람은 만약 이혼을 하면 저 사람이 선을 넘겠구나, 아이들을 저 사람하고만 두면 위험하겠구나, 라는 걸 직감적으로 안다. 그래서 주위 사람들이 왜 그러고 사느냐고 뜯어말리는데도 배우자의 더러운 성질을 받아주고 학대나 폭력을 참으면서 버틸 수 있을 때까지 버틴다. 그러나 결국 더는 버틸 수 없는 때가 온다. 정말로 벼랑 끝까지 왔다는 기분이 든다. 이 사람들이 이혼을 결심하면서 입을 모아 하는 말이 있다. "살아도 사는 게 아니었어요."

별거 기간은 위험도가 높은 때다. 사회면 기사에서 '가정의 비극'이라는 완곡한 표현이 소름 끼치는 사건을 점잖게 포장하고 있는 경우가 얼마나 많은가. 전능성의 환상을 박탈당하고 미움에 미쳐 날뛰는 사내는 자기가 아내와 자식을 죽여도 되는 줄 안다. 그런 짓을 해도 으레 그 사내에게는 그만큼 괴로운 상황이었다는 식의 해명이 따라붙곤 한다. 심리전문가들조차 심리조종자는 버림받은 상처 때문에 이별을 받아들이지 못하고 폭력적으로 반응하고 상대를 괴롭힌다고 말한다. 그 사람도 알고 보면 불쌍한 사람이라나. 내 생각에, 이런 설명은 심리조종자에게도 인간적인 정이 있다고 잘못 생각하게 한다는 점에서 문제가 있다. 소유욕이나 집착을 상처 받은 사랑이나 절망과 혼동하지말자. 정말로 고통이 쌓이고 쌓여 폭발한 경우라면 세월이 흐르면서 진정되는 기미가 보인다. 그런데 심리조종자는 이혼이나 별거 후에도 아주 오랫동안 끈질기게 전처 혹은 전남편을 못살게 굴고 상대를 망가뜨리겠다는 집념을 드러낸다.

신체적 폭력 가해 행위는 통계적으로 아내보다 남편 쪽이 훨씬 두드러진다. 어떤 남자들은 이혼을 요구하는 아내를 벌준답시고 가족 전체를 살해하기도 한다. 반면에 심리조종자 어머니 밑에서 자라는 아이들이 감내하는 위험은 주로 심리적인 것으로, 그렇게 과격하거나 즉각적이지는 않지만 결코 덜한 위험은 아니다.

배우자와의 결별은 일단 심리조종자의 전능성 환상을 침범한다. 심리조종자는 먹잇감을 빼앗긴 맹수처럼, 약을 도둑맞은 마약중독자처럼 반응한다. 무엇보다 용서할 수 없는 부분은 자신이 가꿔온 완벽한 이미지, 이상적 가정이라는 쇼윈도가 이혼으로 박살났다는 것이다. 게다가 배우자가 그동안은 입을 다물고 살아왔지만 일단 지배를 벗어나면 주위 사람들에게 자신의 진짜 언행, 가면을 벗어던진 맨얼굴을 까발릴 소지가 다분하다. 그건 용서할 수 없는 죄다! 어떤 변태들은 가족을 살해한 후 자살을 택한다. 증인들의 입을 막기 위해서라면, 자기 맨얼굴을 무덤까지 가져가기 위해서라면 극단적인 방법도 문제되지 않는다. 심리조종자는 한편으로 시험에서 빵점을 받은 열등생과 비슷한 기분도 든다. 이제 숙제를 해야만 한다(지금까지 배우자가 맡아주었던 일을 스스로 해야 한다!). 버림받은 상처? 웃기지 마라! 심리조종자는 대개 자기를 돌봐줄 새로운 먹잇감을 찾아낸다. 그런 와중에도 전 배우자를 말려 죽일 궁리는 결코 그만두지 않는다.

이혼을 하면 심리조종자는 자기보다 어리고 힘없는 아이들하고만 학교 운동장에 덩그러니 나와 있는 셈이 된다. 감시하는 어른도 없고, 성가신 목격자도 없다. 게다가 이제 막 엄청난 좌절을 경험했기 때문에 분풀이가 절실하다. 자기가 당한 모욕을 복수하지 않고는 견딜 수 없다. 심리조종자는 아이들이 아무 말 하지 않으리라는 것, 말해봤자 전 배우자 귀에나 들어가고 끝이라는 것을 안다. 요컨대, 전권이 자기 손에 있다. 재수 좋으면 아빠 집에서 방종하게 주말을 보내고 오는 정도로 그칠 것이다. 한 침대에 몇 명이 붙어 자고, 건강에 좋지 않은 음식을 먹고, 어린이가 시청하면 안 되는 TV 프로그램을 보고, 밤늦게까지 놀다가 새벽이 다 되어 눈을 붙이고……. 아빠가 적극적으로 어떤 활동을 준비한다면 그건 어디까지나 자기가 하고 싶어서다. 이런 사람은 아이들과 운동을 한다면서, 아이들 나이나 신체적 역량을 고려하지 않고 안전은 안중에도 없다(오히려 자기 실력을 뽐낼 기회를 놓치지 않으려 든다). 한 예로, 어떤 아빠는 세 살짜리 남자아이를 라이플 사격장에 데려갔다. 그렇지만 심리조종자 아버지들은 대개 게으른 태도로 일관한다. 그래서 아이들이 불만스러워한다. "아빠 집에 가면 아무것도 안 해요. 하루 종일 텔레비전만 보니까 심심해요." 반대로 아주 좋아할 수도 있다. "아빠는 내가 주구장창 게임만 해도 신경 안 써요!" 이런 아빠는 자기가 애를 돌볼 마음이 없기 때문에 주말 내내 아이들 친할머니에게 신세를 진다. 심하게는 친구들과의 모임이나 술집에까지 아이들을 끌고 가서 누구 하나 보모 역할로 얻어걸리기를 기대한다. 어떤 아빠는 이혼중재위원 앞에서 자기가 애를 얼마나 잘 보는지 자랑한답시고 주말 내내 다섯 살짜리 아이가 친할머니, 고모, 이 아저씨, 저 아저씨 등등을 만난 사연을 늘어놓았다. 퍽이나 즐거운 주말이었겠다! 아이 엄마는 당황해서 부연 설명을 했다. 그 주말 동안에 이동한 거리는 500킬로미터에 달했고, 아이는 수두를 앓는 중이었다.

심리조종자의 사디즘, 기대를 좌절시키고 싶은 욕구는 이혼 이후에 더 맹렬해진다. 열한 살 소년 앙토냉은 아빠가 자기를 잘 돌봐주지 않고 자기가 정말 좋아하는 낚시에도 데려가주지 않는다고 불만을 터뜨렸다. 그날 밤, 앙토냉이 막 잠들려는 순간에 아빠가 웬일로 침대로 다가와 살가운 짓을 했다. 앙토냉은 너무 피곤하고 잠이 와서 짜증을 냈다. 아빠는 그것 보라는 식으로 쏘아붙였다. "아빠가 너랑 놀아주지 않는 게 아니라 네가 아빠를 거부하는 거야." 앙토냉이 아빠의 행동을 이해할 수 있도록 제대로 된 해석의 틀을 제시하는 어른이 있었다면 좋았을 것이다. 아무도 그 상황을 설명해주지 않았기 때문에 앙토냉은 엄마에게 돌아와 펑펑 울었다. "내가 뭘 잘못해서 아빠가 날 봐주지도 않고 낚시에도 데려가주지 않는 걸까요?" 가엾은 앙토냉, 넌 아무 잘못도 없단다. 네가 낚시를 너무너무 좋아하니까 네 아빠는 네가 신나게 노는 꼴을 보기가 싫었을 뿐……. 즐거워하고 기뻐할 줄 아는 아이의 힘을 못 견뎌 하는 사람이거든.

심리조종자 엄마들도 미성숙하고 게으르기는 마찬가지다. 이 엄마들은 어린아이가 인형 껴안고 자듯 아이들과 함께 자기를 좋아한다. 또한 힘들고 표 안 나는 잡일을 남들에게, 특히 자기 엄마에게 맡기는 경향이 있다. 그렇지만 사회의 시선은 엄마보다 아빠에게 훨씬 너그럽다. 다시 말해, 좋은 엄마로서의 이미지를 유지하고 체면을 지키려면 아무래도 노력이 필요하기 때문에 마냥 게으름을 부릴 수가 없다. 따라서 심리조종자 아빠보다는 기본적인 양육 면에서 낫다. 일탈 행위나 폭력성도 덜 두드러지지만 훨씬 더 교묘하다.

두 경우 모두, 심리조종자 부모는 이혼으로 나르시시즘에 상처를 입었기 때문에 전 배우자를 몹시 미워한다. 유치한 전능성 환상에 젖어 있는 이 사람은 전 배우자에게 부모로서의 전권이 있다고 생각하고 그 권한을 망가뜨리려 한다. 그런데 상대에게 치명타를 입히는 방법 중 최고는 아이들을 못살게 구는 일이다. 심리조종자는 시기와 상대를 가리지 않는다. 그러니 전 배우자를 괴롭힐 수만 있다면 자기 자식인들 조종 못 하랴. 그들은 아이를 도구화하고, 못살게 굴고, 가능하면 법을 동원해 상대에게서 빼앗아올 것이다.

결국 심리조종 피해자가 이혼을 하면서 바랄 수 있는 최선은 상대가 하루빨리 과거의 자신과 같은 헌신적인 돌봄제공자를 찾아내는 것이다. 그러면 아이들도 부분적으로나마 양육과 기본 상식의 혜택을 입을 수 있다. 심리조종자의 새로운 연인은 보호막garde-fou, 혹은 (이 단어의 문자적 의미 그대로) 미친 인간fou 감시인garde이 될 것이다. 게다가 이 새로운 관계 초기에 심리조종자는 전 배우자를 잘못 만나 고생했을 뿐, 인간성도 좋고 부모로서도 완벽한 사람을 연기하느라 바쁘다!

엉큼한 꼬맹이들이
벌이는 나쁜 놀이

· · ·

이제 민감한 주제를 다룰 때가 됐다. 나는 이전 책에서도 이 주제에 상당한 분량을 할애했다. 바로 미성숙하고 건강하지 못한 성생활이다. 심리조종자들은 엉큼한 병원 놀이나 '쉬야 나오는 곳'을 만지작대는 수준에서 못 벗어난다. 그들은 성정체성이 잘 확립되어 있지 않다. 흔히 동성애를 격렬하게 혐오하는 발언으로 위장하지만 실상은 억압된 동성애를 의심할 만한 행동을 많이 한다. 그들은 상대를 지배하거나 낮추려는 목적으로 성을 이용한다. 혹은 상대가 변태적인 성행위에 '중독되게끔' 몰아간다. 심리중독자들은 상대가 원치 않는 성관계를 강행하면서 정작 상대가 원할 때에는 거절한다. 그들이 벌이는 행위에는 애정이 깃들어 있지 않고, 상대가 가장 싫어하는 행위를 우연인 양 가장하며 밀어붙인다. 상대도 쾌감을 느낄 수 있다지만 그렇다고 불편함이 사라지지는 않는다. 심리조종자가 벌이는 섹스에는 타인의 불편한 감정을 즐기는 못된 아이가 도사리고 있다.

어떤 심리조종자들은 항문, 배설물, '똥 방귀' 같은 유의 농담에 관심이 많다. 이 분뇨 강박은 그들이 항문기에 고착되어 있음을 보여준다. 그래서 그들은 유독 위험하고 가학적이다. 그들의 배우자는 항문 위주의 성행위 때문에 겪어야 했던 굴욕을 곧잘 토로한다. 쥘리에트는 이렇게 말했다. "그 사람은 늘 자기 항문을 빨고 남근 모형을 삽입해달라고 요구했어요. 저는 몇 년이나 그런 행위를 해줘야 했죠." 상담을 진행하면서 그동안 겪었던 부부 간 성관계를 수치스러워하고 말하기 꺼리는 사람들을 많이 보았다. 내가 들은 얘기를 여기서 다 할 수는 없지만, 그 얘기조차도 실제로 그들이 겪어야 했던 강간이나 성고문에 비하면 빙산의 일각이리라 짐작한다.

심리조종자들은 자라다 만 아이들이기 때문에 세월에 대한 심리적 관계가 흐리멍덩하다. 그래서 가계家系 내에서 자기 위치를 파악하는 데 문제가 있다. 나이 많은 어른들을 자기 또래 취급하면서, 배우자는 자기를 돌봐주어야 할 부모처럼 여긴다. 좀 더 심각한 문제는, 어린 시절의 특수성을 부정한다는 것이다. 심리조종자들은 배우자를 부모처럼 생각하기 때문에 자기 자식과 눈높이가 똑같다. 그래서 배우자의 관심을 독점하려 할 때는 아이를 경쟁자로 생각하고, 배우자를 화나게 할 때는 아이를 공범으로 끌어들이며, 어른다운 어른이 없는 상황에서 혼자 아이와 있을 때는 나쁜 놀이친구 노릇을 한다. 배우자가 더 이상 심리조종자의 좌절이나 일탈을 받아주지 않고 도망가면 아이는 분풀이 대상이 되기 쉽다.

본인도 아이 수준을 못 면한 채 어린아이의 특수성을 인정하지 않고 주위에 감시하는 어른도 없다면 아이를 존중할 확률은 제로에 가깝다. 그렇기 때문에 심리조종자들은 이혼이라는 상황에서 주저 없이 아이를 이용한다. 그들이 달리 어떻게 할 수 있겠는가? 어린 딸을 아내 겸 하녀 겸 엄마처럼 부려먹는다면, 무슨 심리적 방어선이라도 있으면 모를까, 나중에 성적 대상으로 삼지 말라는 법도 없다.

못된 성적 습관이 간접적인 선에서 그칠 수도 있다. 포르노 영화, 추잡한 상상이나 농담, 기분 나쁜 시선……. 어떤 아빠는 아직 그리 도드라지지도 않은 딸의 가슴을 보고 이 따위 소리를 지껄였다. "너 찌찌가 크구나!"('찌찌'라는 단어 자체가 그의 정신연령을 드러낸다!) 딸아이는 자기를 지키기 위해서 엄마에게 울고불고 떼를 썼다. 다음 주 주말에 아빠네 집에 또 가야 하는데 그 전에 브래지어를 사야 한다고 졸라댔다. 심리조종자 남성은 집에서 벌거벗고 돌아다니기도 한다. 아홉 살짜리 여자아이는 가사도우미 아줌마가 아빠에게 자기 앞에서 팬티만 입고 다니지 말라고 항의했다는 얘기를 했다. "그럼 너는? 너는 아빠가 그러고 다니면 싫지 않니?" "당연하죠! 하지만 내가 말해봤자 아빠는 안 듣는데요, 뭐." 어떤 엄마들은 다 큰 아들이 보거나 말거나 속옷을 함부로 벗어놓는다. 위생이나 건강과 관련해서 직접적이지 않은 성추행이 개입할 수도 있다. 부모가 아이 몸을 씻겨준답시고 자기 마음대로 주무를 수도 있다. 팬티가 깨끗한지 확인하는 거라면서 매일 아침 딸의 팬티에 코를 대고 킁킁 냄새를 맡는 아빠가 있었다. 아이 엄마가 그런 짓을 못 하게 했더니 그 아빠는 매일 아침 딸이 자기가 보는 앞에서 팬티를 갈아입게 했다. 또 어떤 남자는 아들이 태어나자마자 고추가 너무 작은 것 같다고 걱정을 했다. 그는 아내와 아기를 이 병원 저 병원 끌고 다니며 고추를 보여줬지만 의사들은 이상 소견이 없다고 했다. 아기에게 호르몬 주사를 처방하고 고추가 제대로 크는지 지켜보겠다는 의사가 한 명 나올 때까지 그 가족은 병원 순례를 계속해야만 했다. 직업이 간호사였던 한 엄마는 변을 잘 보게 하는 방법이라면서 매일 저녁 온도계로 아들의 항문을 자극했다(희한하게도 아들의 변비는 날이 갈수록 더 심해졌다). 내가 알기로 프랑스는 항문 온도계와 좌약이 아직도 통용되는 유일한 나라다. 아이들의 존엄을 생각해서라도 그런 물건들은 빨리 치워버렸으면 한다.

만지고, 빨고, 뭔가를 삽입하는 더 직접적인 추행도 있다. 그런 것들은 노골적인 성추행이다. 신체에 있는 구멍에 성기는 물론, 손가락이나 어떤 물건을 집어넣는 행위는 강간이다. 나는 우리 사회에서 남성들이 어린아이들에게 저지르는 성추행은 — 비록 간과되는 감은 있지만 — 비교적 뚜렷이 인식되고 있다고 생각한다.

반면에, 여자 어른이 저지르는 소아성애나 변태 짓거리는 아예 고려 대상조차 안 될 때가 많다. 그러나 그런 여자들이 분명히 있다. 나는 어린 나이에 심리조종자 어머니 손에 이끌려 꼭 필요하지도 않은 산부인과 검진을 남자 의사에게 받았던 경험 때문에 트라우마가 생겼다는 여성들을 여러 명 보았다. 일요일마다 미사를 드리는 점잖고 깔끔한 할머니가 수요일마다 손주들을 봐주면서 성기나 항문에 이상한 물건을 쑤셔 넣곤 했다는 기막힌 얘기도 들어봤다. 겉모습만 늙은 그 못된 계집애는 일주일 중 수요일을 제일 좋아했으리라! 그 손주들은 시간이 갈수록 더 괴로워했지만 아주 뒤늦게야 그 사실을 털어놓았다.

사례를 든답시고 추잡한 얘기를 해서 독자들에게 미안하다. 여러분이 구역질을 할까 봐 그 할머니가 뭘 집어넣었는지까지는 말할 수 없다. 내가 그동안 상담실에서 들은 사연들에 비하면 이 정도는 새 발의 피다. 아동 성추행은 현재 우리 사회가 납득할 수 있는 수준 이상으로 빈번하게 일어난다. 과거 가톨릭 사제들이 저지른 아동 성추행이 이제야 수면 위로 떠오르면서 대중에게 충격을 주고 있다. 나는 가정에서 일어나는 아동 성추행도 절대 그 못지않은 수준이리라 생각한다. (프랑스에는 마땅한 통계 자료가 없으므로) 캐나다 통계 자료를 인용하자면 여성은 2명 중 1명, 남성은 5명 중 1명이 어릴 때 적어도 한 번 이상 '어른과 성적으로 접촉한 적이 있다'고 답했다. 근친상간 비율도 10가구 중 1가구에 달했다. 언제까지 눈 가리고 아옹 할 건가?

여기까지 읽은 독자는 다음 상황을 제대로 해석할 수 있으리라 생각한다. 이 얘기는 100퍼센트 실화다. 알프스 지방에서 2012년 2월에 있었던 일이다. 그해 겨울은 유독 추웠다. 오전 열 시에 아빠가 세 살짜리 딸을 이혼한 아내에게 데려다주었다. 그날 기온은 영하 15도였다. 아이는 외투도, 모자도, 목도리도 없이 원피스 한 장만 달랑 입고 있었다. 엄마는 얼굴이 새파래졌다. "외투를 왜 안 입혔어?" 전남편은 어깨를 으쓱하더니 당당하게 대꾸했다. "애가 입기 싫대." 그러고는 있는 대로 성질을 내기 시작했다. 아이가 외할머니에게 맞았다는 얘기를 했던 모양이다. 전남편은 아이 외할머니를 고소하겠다고 했다. 전에는 외할아버지가 마음대로 아이를 만졌다고 노발대발한 적도 있었다. 엄마는 그럭저럭 변명을 하고 그 자리를 넘겼다. 전남편이 구직자 신세인 데다가 집세도 못 낼 만큼 쪼들리고 있어서 더 성질이 난 것 같다고 생각했다. 아니, 문제는 그게 아니었다! 엄마는 전남편이 돌아간 후에야 겨우 딸을 품에 안았다. 전남편이 보는 앞에서 그랬다가는 또 한바탕 성질을 받아줘야 했을 것이다. 딸아이의 옷은 축축하고 얼어 있었다. 아이에게서는 오줌 냄새도 났다. "어젯밤에 오줌 쌌어요." "아빠가 옷을 갈아입혀주지 않았니?" "옷 안 갈아입었어요." 그제야 엄마는 깨달았다. "아예 잠옷으로 갈아입지도 않았던 거야?" 그랬다, 아이는 주말 내내 한 번도 씻지 않았고, 한 번도 옷을 갈아입지 않았다. "오늘 아침에는 뭐 먹었어?" 아침? 어제저녁부터 오늘 아침까지 먹거나 마신 것이 하나도 없었다. 거의 열다섯 시간을 쫄쫄 굶은 것이다. 엄마는 부리나케 딸을 씻기고, 따뜻한 옷을 입히고, 먹을 것을 준비했다. 딸아이는 그제야 미소를 지으면서 아주 자랑스럽다는 듯 말했다. "아빠가요, 이제 내가 아빠 고추를 만져도 된대요!"

전남편은 조부모가 아이를 추행하고 학대한다며 자기가 먼저 고발함으로써 나중에 아이 엄마가 자기를 고소할 경우를 대비해 상황을 자기에게 유리하게 만들 속셈이었다. 아이 엄마는 나와 상담을 하고 나서 신중한 태도를 취했기 때문에 함정에 빠지지 않았다. 만약 그녀가 — 정상적인 엄마라면 이런 경우에 당연히 그러겠지만 — 곧장 전남편을 고소했다면 증거 불충분으로 면소 판결을 받았을 것이다. 면소 판결을 한 번 받고 나면 정작 나중에 아이가 더 심각한 성추행을 당했을 때 싸우기가 힘들어진다. 엄마는 상습적으로 '근거 없는 주장'을 일삼는, 정신이 좀 이상한 여자 취급을 받을 테고, 판사가 일명 PAS, 즉 부모소외증후군*에 대해서 뭘 좀 안다면 엄마의 친권, 양육권, 심지어 면접권까지 박탈할지도 모른다. 그 경우, 딸아이는 '강권으로' 친아빠 손에 맡겨질 것이다. 이 엄마는 이혼 이후 과정이 제대로 진행되고 있는지 알아볼 겸 조심스럽게 PMI**에 심리상담을 신청했다. 엄마는 가정법원 심리상담사, 전남편, 딸아이가 함께 있는 자리에서 전남편의 성추행 얘기를 처음으로 꺼냈다. 불시에 허를 찔린 전남편은 자기가 한 짓을 인정했다. 그는 딸내미 교육상 그랬을 뿐이라고 변명했다. 심리상담사는 전남편을 따끔하게 혼내고 다시는 그러지 말라고 했다. 전남편은 후회하는 척하며 다시는 그러지 않겠노라 다짐했다. 사태는

---

* Parental Alienation Syndrome. 전 배우자의 가정에서 아이가 행복해하는 모습을 볼 때 소외감을 느끼며 불안해하는 증상.
** Protection Maternelle Infantile, 프랑스의 국립모자보호기관.

그쯤에서 일단락될 것이다. 아빠가 다시는 그러지 않겠다는데 엄마가 더 세게 나가면 심리상담사도 좋게 보지 않는다. 그런 엄마는 불안도가 높고, 아이를 과잉보호하며, '아버지를 부정한다'고 비난받는다. 심리상담사가 보는 앞에서 아이가 아빠 품에 스스럼없이 안기면 그걸로 다 괜찮은 거니까! 심리상담 보고서에는 그런 내용이 올라간다. 아이 몸을 만진다고? 그게 뭐? 그런 언급은 한 줄도 없을 것이다. 심리상담사가 법규를 너무 무시하는 것 아니냐고 할지도 모르겠다. 원래 누구나 아동 학대에 대한 의심이 들면 반드시 신고를 해야 하지 않는가. 그게 법이다. 다만…….

2003년에 제네바 인권위원회는 아동 근친상간 피해자들에 대한 프랑스의 법적 처사가 심히 부당하다고 꼬집었다. 후안 미구엘 프티Juan Miguel Petit가 내놓은 유엔 보고서에 따르면 프랑스에서 아동 인권을 보호할 책임이 있는 사람들, 특히 법조계는 그러한 현상의 존재나 심각성을 여전히 부정하고 있다. 그는 덧붙여 이렇게 말했다. "아동 성폭력을 의심하거나 고발하는 사람은 되레 무고죄로 고소당하거나 아이들을 조종했다고 비난받을 위험에 처한다. 성폭력 용의자가 제대로 처벌을 받지 못할 경우, 그를 고소한 사람은 골치 아픈 법적 절차나 명예훼손에 따른 행정 처분을 감당해야 한다."

나는 후안 미구엘 프티 씨가 정말 옳은 말을 했다고 볼 수밖에 없다. 나도 그런 일을 당했으니까. 그러니까 더 강력한 조치를 취하지 않은 그 심리상담사가 현명했는지도 모른다. 더 세게 나갔다면 윗사람들과 마찰을 빚었을 것이고, 결국 그 엄마와 아이에게도 좋은 일이 되지는 않았을 것이다. 낙관적으로 생각하자. 어쨌든 아빠가 파놓은 함정은 먹히지 않았다. 자기가 한 짓이 있으니 아이의 외조부모를 고발할 수 없었고, 전처를 부모소외증후군으로 몰아갈 수도 없었다. 게다가 어쨌든 심리상담사에게 찍혔기 때문에 그 후로는 행실을 조심해야만 했다. 아이가 권위 있는 어른에게 "그런 일은 두 번 다시 있어서는 안 된다"는 말을 들은 것도 큰 수확이었다. 나중에 무슨 일이 닥칠지는 모르지만, 적어도 아이 머릿속에 아빠와 그래서는 안 된다는 개념은 확실하게 박힌 것이다.

심리조종자들은 이중적으로 행동하지만 그 본모습을 사람들이 파악할 수 없기 때문에 의심을 사지 않는다. 변태적인 생각은 사이코패스가 아닌 보통 사람의 이해를 초월하기 때문이다. 일단, 보통은 그런 인간들이 존재한다는 것조차 생각 못 한다. 그리고 그들은 심리 구조 자체가 다르기 때문에 보통 사람들은 그들의 정신 나간 추론에 접근할 수 없다. '정 없이' 산다는 건 어떤 걸까? 어떻게 사람이 파렴치하고 가학적이고 악의로 똘똘 뭉쳤는데 조금도 표가 나지 않을 수 있을까? 원래 악당은 악당처럼 생겨먹었고, 미친놈은 눈빛부터 맛이 가 있지 않나? 사실, 사람들 생각은 그렇다.

심리조종자를 배우자로 둔 사람들이 상황을 제대로 파악하지 못하는 데에는 몇 가지 이유가 있다.

- 그들은 한때 그 사람에게 사랑받는다고 믿었다. 그러니 상대가 정 없는 사람이라고 인정하기 어렵다. 게다가 심리조종자는 배우자를 달래기 위해 가끔 일시적으로 사랑스러운 가면을 쓰고, 흐느껴 울고, 애원하고, 사탕발림을 한다. 내 임상 경험으로 보자면, 배우자가 자신을 계산적으로 선택했을 뿐 진심으로 사랑한 적은 없다는 사실을 아내들보다는 남편들이 인정하기 힘들어한다.

- 주위 사람들은 심리조종자가 뒤집어쓴 가면에 속아 칭송하기 바쁘다. 민낯을 아는 사람은 피해자밖에 없다. 피해자는 아무도 자기 말을 믿어주지 않을 거라고 체념하게 되고, 자기가 보고 느낀 것조차 의심하며 죄책감을 느낀다. '내가 비정상인가 봐.' 진실은 얼기설기하고 날아가기 쉬운 인상처럼 저 뒤로 밀려나 있다. 피해자들이 자주 하는 말이 있다. "그런 생각을 스치듯이 하긴 했어요."

- 아이가 있다. 부모는 아이를 사랑한다. 그걸로 끝이다. 우리 사회에서 그 반대를 주장해보라. 상대의 모든 행동이 증거가 될지라도…… 심리조종자가 부모로서 정 없고 사악하다고 말하면 당신만 이상한 사람이 된다. 특히 아내가 심리조종자라면 남편은 더 외롭고 대책 없는 입장에 놓인다. 에르베 바쟁Hervé Bazin이 자전적 소설 『손아귀에 든 독사』에서 잘 보여주긴 했지만, 아이를 키우는 엄마가 미친년이라는 말은 입이 찢어져도 할 수 없는 거다!

- '나의 전 배우자는 나를 해코지하기 위해서라면 자기 자식한테도 못되게 굴 수 있는 미친놈(미친년)이다.' 이 깨달음은 비극적이다. 피해자는 상대가 내비치는 파괴적인 광기에서 아이들을 보호할 뾰족한 방법이 없다. 그렇기 때문에 이 무서운 깨달음을 가급적 빨리 뇌리에서 밀어낸다.

사람을 믿고 싶다는 이상주의자 기업 대표와는 반대로, 나는 여러분에게 내가 지금까지 기술한 이 현실을 직시해달라고 간곡히 호소한다. 심리조종자를 부모로 둔 아이들은 심각한 위험에 처해 있다. 사회가 그 아이들을 보호하기 위해 마땅히 해야 할 바를 하지 않기 때문이다. 그리고 이 '사회'는 바로 나와 여러분이다.

함정에 빠지는 착한 엄마
혹은 순진한 아빠들

• • •

우리 사회는 약자를 좋아하지 않는다. 피해자는 금세 낙인이 찍힌다. '바보 같으니까 그런 일을 당하는 거야!' 자기를 괴롭히는 변태와 헤어지지 않는 사람은 마조히스트로 치부된다. "……하기만 하면 되잖아!" "고민할 게 뭐 있어?" "나라면 ……하지, 그러고는 안 산다." 다들 자기는 똑똑하니까 그런 함정에 빠질 리 없다고, 맹한 사람들이나 그렇게 남의 손에 꽉 쥐여 사는 거라고 굳게 믿는다.

피해자는 심리적 지배로 인해 피폐해진 현재 모습으로 평가당한다. 그 사람이 심리조종자 변태를 만나기 전에 어땠는가는 고려 대상이 아니다. 그렇지만 심리조종자는 양질의 돌봄을 제공할 사람을 구하기 때문에, 상대가 정말로 어리석고 침울하고 약해빠졌다 싶으면 절대

공략하지 않는다! 오히려 활발하고 에너지가 넘치면서 반듯하고 영리하고 너그러운 사람이 필요하다. 자신의 잔인한 성격을 짐작도 못 할 만큼 인간적이고 공감 능력이 뛰어난 사람. 인간에 대한 믿음이 확고해서, 이유 없는 악의가 존재할 수 있다고는 상상도 못 하는 사람. 나는 이러한 피해자상을 『나는 왜 그에게 휘둘리는가』, 『심리조종자와 이혼하기』는 물론, 주제를 전혀 달리하는 책 『나는 생각이 너무 많아』에서도 기술한 바 있으니 더 자세히 알고 싶은 독자들은 참고하기 바란다. 여기서는 전형적인 피해자상을 부모 역할에 초점을 맞추어 기술해보겠다.

이 사실을 인정하려면 치가 떨리겠지만 피해자는 심리조종자의 철저한 계산에 따라 부모가 되었다. 이기적인 심리조종자 본인은 자식을 원치 않는다. 자식도 싫고, 부모도 싫고, 배우자가 엄마처럼(혹은 아빠처럼) 자기만 애지중지하기를 바란다. 배우자가 아이 때문에 나를 돌볼 겨를이 없어? 있을 수 없는 일이다! 다른 한편으로, 앞 장에서 보았듯이 심리조종자는 이성 부모와 근본적인 문제가 있다. 그래서 자신의 돌봄제공자가 어머니 혹은 아버지라는 부끄러운 위치에 서는 것을 원치 않는다. 심리조종자는 배우자를 장기적으로 함정에 빠뜨리기 위해서 아이가 필요할 때 또는 슬슬 마음이 급할 때, 그때야 비로소 아이를 만든다. 그들에게 자식은 포로를 꼼짝달싹 못 하게 하려고 다리에 매다는 쇠공 비슷한 거다. 피해자들은 가끔 지난 일을 돌아보다가 헤어지느냐 마느냐 할 만큼 크게 싸우고 난 직후에 덜컥 임신했음을 기억해낸다. 피해자가 제 발로 호랑이굴에 뛰어들었을 수도 있다. 실비는 엄마가 되고 싶은 평범한 여자였다. "내가 아이 가질 거 아니면 헤어지자고 했어요!" 하지만 아이가 태어난 후로 남편은 실비에게 점점 더 못되게 굴었다. "피임을 깜박했는데 하필이면 그때 아이가 생긴 거 있지……"라는 함정에 빠진 남자들은 또 얼마나 많은가? 나는 이 함정을 써먹는 타이밍을 감지하곤 한다. 그래서 심리조종자 아내와 헤어져야겠다고 결심한 남편에게는 아내의 임신 가능성에 주의하라고 일러둔다. 내가 그런 말을 하면 남편 눈이 휘둥그레진다. 설마요, 아내는 늘 아이를 절대 낳지 않겠다고 했는데요? 무슨 말씀, 그녀는 충분히 그럴 수 있다.

심리조종자들이 입양에 눈을 돌리는 경우도 많이 보았다. 그들에게 입양은 꽤 솔깃한 방법이 될 수 있다. 일단 임신 기간에 들이는 수고와 출산의 고통을 피할 수 있다. 게다가 지구 반대편에서 피 한 방울 섞이지 않은 아이를 데려온다면, 그 아이는 세상천지에 양부모밖에 없고, 오로지 양부모가 베푸는 은혜로 살게 된다. 게다가 이미 친부모에게 한 번 버림받은 아이에게 양부모의 이혼이라는 또 다른 상처를 줄 수 없기 때문에 배우자는 심리조종자의 함정에 더 깊이 빠진다. 설상가상으로, 입양은 우리 사회에서 좋은 평판의 동의어로 통한다. 너그러운 성품과 흠잡을 데 없는 신망의 보증수표랄까.

피해자는 아이가 생기고 나서 몇 년간은 육아와 가사 노동으로 초죽음이 된다. 배우자가 마지못해서라도 일을 분담하면 다행이지만,

일부러 사람을 더 힘들게 하는 최악의 경우도 있다. 수동 공격적인 심리조종자는 '일이 서툴러서 차라리 가만히 있는 게 도와주는 셈인 사람' 연기를 즐긴다. 아예 생각을 못 하든가, 무슨 말인지 알아듣지 못하든가, 깜박하기 일쑤다. 가스 불 끄기, 아이의 축구 교실, 빵 사러 가기, 문단속, 보험료 납부는 전혀 안중에 없다. 열쇠, 서류, 신용카드, 청구서…… 별의별 것을 다 잃어버린다. 또 어지르고, 더럽히고, 망가뜨리는 데 선수지만 절대 일부러 그런 건 아니란다. 피해자는 모든 것을 자기 혼자 관리하고 하루 종일 심리조종자가 싼 똥을 치우느라 쉴 틈이 없다. 과로가 일상이다 보니 잠시 쉬면서 생각을 정리하거나 비판적인 거리 두기를 할 수도 없다.

사회복지나 법적 체계가 개입할 즈음에 피해자들은 이미 진이 다 빠지고 껍데기만 남아 있다. 혼란스러운 정신 상태로 자기를 지배하는 심리조종자의 사고방식을 그대로 따르고 있기 일쑤다. 그때그때 급한 일을 면하기 바쁠 뿐, 이제 뭐가 사실이고 뭐가 기만인지 구분도 못 하겠고 자기가 겪은 일을 자기 입장에서 설명하는 것조차 힘들다. 심리조종자가 별다른 수작을 부리지 않아도 피해자 스스로 제 함정을 판다. 피해자는 자기한테 문제가 있다고 생각하면서 죄책감에 시달리기 때문에, 별로 중요하지도 않은 일들을 변명하느라 스스로 불리한 위치에 선다. 피해자는 스트레스가 심하고 정신이 산만해서 말을 두서없이 한다. 또한 뒤끝이 심한 사람처럼 보이기 십상이다. 요컨대, 가해자가 아니라 피해자가 정신 나간 사람처럼 보인다는 얘기다! 피해자가 남편 쪽이든 아내 쪽이든 그 점은 마찬가지다. 어떤 아내들은 전형적인 히스테리 환자처럼 보일 수도 있다! 이 여성들은 남편의 이미지를 지키는 훈련이 되어 있기 때문에 자기가 당한 학대를 차마 까발리지 못하고 지엽적이고 일화적인 문제들만 얘기한다. 이런 아내들을 상담하다 보면 가끔 나도 헷갈린다.

"전남편이 알코올중독에다가 폭력까지 썼다고요? 아니, 왜 그런 얘기를 이혼 담당 변호사에게조차 하지 않았어요?"

"아, 너무 창피해서 말을 못 하겠더라고요!"

피해자의 두서없는 말과 행동에 깔려 있는 감정은 공포다. 그러나 피해자 본인이 그러한 공포를 늘 자각하고 있는 것은 아니다. 피해자는 가해자가 쏘아대는 증오를 뚜렷이 의식은 못 한 채 막연히 감지한다. 배우자의 눈빛에서 정말로 순수한 미움을, 순간적이지만 확연한 살의를 느꼈다고 상담에서 고백하는 사람들이 있다. 피해자는 자기가 반항하면 심각한 일이 생길 거라 예감한다. 조금이라도 섣불리 행동하면 핵전쟁이 벌어지리라는 걸 직관적으로 알 수 있다. 그런데도 피해자들은 대부분 공포감을 회피하고 부정한다. 난 아직도 그 사람을 사랑해, 그 사람이 불쌍해, 그 사람 없이 살기가 겁나, 라고 스스로를 속인다. 하지만 이 표면적인 이유들을 걷어내고 더 깊이 들어가면 결국 억압된 공포가 나온다. 만약 이혼을 하면 상대가 자기를 가만두지 않을 것을 피해자는 본능적으로 안다.

심리조종자는 자기가 전능해야만 하는 사람이기 때문에 각자 덮어두는 부분, 개인의 비밀 정원을 용납하지 않는다. 언제나 모든 것을 알아야 하고, 배우자의 생각까지 자기 손아귀에 있어야 한다. 심리조종 피해자가 되기 쉬운 사람들은 원래 성품이 솔직하고 투명한 편이다. 그들은 아무것도 숨길 필요가 없는 이 떳떳함에 자부심마저 느낀다. 심리조종자들이 이용해먹기에는 안성맞춤이다. 피해자들은 차츰 물리적으로나 정신적으로 자기만의 은밀한 영역이 전무한 삶에 숨이 막힌다. 완전히 투명하게, 간수에게 자신의 일거수일투족을 다 보고해야만 하는 죄수처럼 산다고 생각해보라! 뭔가를 숨기면 큰 죄가 된다! 나는 피해자들에게 모든 것을 말하지 않을 권리, 내밀하기에 개인적인 것으로 남을 수 있는 영역을 누릴 권리를 일깨워주느라 애를 먹곤 한다. 그들은 뭐든 숨기면 안 된다는 생각에 시달리고, 전부 다 말하지 않으면 배우자를 배신하는 줄 안다. 나에게 상담을 하러 오거나 심리조종 관련 서적을 찾아보는 일조차 불안해할 만큼. 어떤 면에서 그 불안은 일리가 있다. 심리조종자는 상대가 깜박 잊었다든가 시간이 없어서 어쩌다 보니 말하지 못한 일조차도 '나한테 숨겼단 말이지'라고 받아들이고 피해망상에 찌들어 한바탕 난리를 칠 테니까.

아이를 학대하는 부모는 아이가 따귀를 맞지 않으려고 반사적으로 얼굴을 가리는 행동조차 용납 못 한다. "손 내려! 당장 내리지 못해!"

부모가 그렇게 고함을 지르면 아이는 자기를 보호하는 당연한 행동조차 포기하고 폭력을 고스란히 받아낼 수밖에 없다. 마찬가지로, 심리 조종자는 피해자의 자연스러운 자기방어를 허락하지 않는다. 피해자는 상황이 더 나빠질까 봐 찍 소리도 못하고 성적·신체적·정신적 폭력을 다 받아낸다. 가정 폭력의 가장 비극적인 면이 여기에 있다. 남편에게 살해당한 아내들은 대개 언젠가 자기가 그렇게 될지도 모른다는 예감을 느꼈다. 하지만 자기를 보호할 방법을 몰랐고, 감히 대책을 취할 수도 없었다. 이 집단적인 '가정의 비극' 속에서 아이들 역시 보호와 돌봄을 받지 못한다. 집단적이라고 하지만 이 피해자들이 각각 얼마나 고립되어 있는지! 그들의 공포를 진지하게 생각해주는 주위 사람은 거의 없다.

"내가 어디로 도망가든 자기가 반드시 찾아내서 죽이고 말 거래!"

"너무 마음 쓰지 마, 사람이 화가 나면 무슨 말을 못 하니."

이건 우리 모두의 일이다. 도움을 필요로 하는 피해자들은 곧잘 주변 사람들이 얼마나 자기편이 되어줄 수 있을까를 소극적으로 시험해본다. 그리고 현실 부정, 미적지근한 관심, 비겁한 회피에 부딪힌다. 우리는 그들 때문에 귀찮은 일이 생기는 걸 원치 않는다. 이렇게 말해주는 용감하고 선량한 사람은 드물고도 드물다.

"혹시 뭔가 심각한 일이 생기거든 망설이지 말고 당장 우리 집으로 와. 아무 때나 괜찮아. 한밤중이라도 상관없어."

가정 폭력의 위험을 직시하지 않고 피해자들이 간절히 필요로 하는 도움을 거절함으로써 우리 사회 전체가 이러한 폭력을 지지하고 있다.

하지만 피해자들도 참 헷갈리게 군다. 그들이 전부 다 털어놓지 않는다는 것은 느낌으로 알 수 있다. 어떤 아내들은 남편 욕을 하다가 또 남편을 두둔한다. 집을 나왔다가 결국은 남편에게로 돌아간다. 이혼을 한 뒤 전남편이 아이들을 학대하는 것 같다고 길길이 뛰는데, 그러면서도 주말에는 꼬박꼬박 아이들을 전남편에게 보낸다……. 이렇게 모순적인 행동들에서 뭔가를 짚어낼 사람이 있을까? 그 여자는 전남편과 타협이 불가능하고 주말에 아이를 보내지 않으면 더 끔찍하게 사달이 날 거라 생각하기 때문에 어쩔 수 없지 않았을까? 심리 지배의 메커니즘을 아는 사람이라면 모를까, 그 여자도 좋아서 남편에게 돌아간 게 아니라고, 자기가 사자 굴로 되돌아간다는 것을 빤히 알면서도 돌아간 거라고 이해해주지 않는다. 그리고 피해자들도 천사 같기만 한 사람들은 아니다. 그들도 세상 모두와 마찬가지로 결점이 있고 어두운 면이 있다. 그런데 집단 무의식은 피해자를 100퍼센트 피해자로만 보는 경향이 있다. 피해자가 피해자라는 위치를 확인받으려면 백합처럼 희고 흠이 없어야 한다. 조금이라도 쩨쩨하거나, 이해관계를 따지거나, 어리석거나, 비열해서는 안 된다(게다가 겁에 질려서도 안 된다)……. 바보 같은 짓이나 실수를 했다면 피해자로 인정받기 힘들다. 요컨대, 인간적인 불완전함이 허용되지 않는다. 정색하고 말하자면, 성인聖人의 후광이 필요하다.

대부분의 사람들과 마찬가지로 피해자들은 명백한 증거들을 매일

보면서도 그런 현실에 의문을 품지 않는다.

"아뇨, 제가 바보 같은 소리를 했네요. (혹은, 심리상담사가 바보 같은 소리를 한 거다!) 그런 생각을 했다니, 스스로가 부끄럽네요. 그 사람이 일부러 그런 것도 아닌데요. 어떻게 아빠(엄마)가 자기 자식을 사랑하지 않을 수 있겠어요!"

앞에서도 말했지만 심리조종자는 개방적이고 자기 생각을 재고할 수 있는 사람, 친절하고 호의 넘치는 사람을 먹잇감으로 점찍는다. 피해자는 휴머니스트인 자기 가치관에 충실하게도 늘 대화를 통해 합의를 도출하고 싶어 하고, 이게 잘되지 않으면 자기가 죄책감을 느낀다. 피해자는 늘 비방당하고 욕을 먹었기 때문에 자신감과 자존감을 상당 부분 잃어버렸다. 피해자에게는 그럭저럭 화목한 가정이라는 환상을 유지하는 것이 가장 중요하다. 그러한 환상으로 아이들을 기만하는 게 보호하는 길이라고 생각한다. 가끔은 이 방법이 먹힌다. 이혼을 하기 전까지, 혹은 아이들이 사춘기가 되기 전까지는 그들 가정이 평범하다는 착각을 끌어나갈 수도 있을 것이다. 그러나 가끔은 피해자 본인만 빼고 모두가 현실을 안다. 한쪽 부모가 다른 쪽 부모에게 이상하게 잡혀 사는 모습을 보면서 아이들이 먼저 기가 막혀 고개를 절레절레 흔들기도 한다.

피해자는 아이들과 마찬가지로 자기를 보호하는 데 큰 어려움을 겪기는 하지만 대체로 부모로서 괜찮은 사람이다. 하지만 그들은 자기 자식보다 배우자를 먼저 챙기게끔 조건화되었다. 겉으로만 나이를 먹은 못된 아이는 일종의 특별 대우를 누린다. "네가 아빠를 이해해드려야지!" "엄마 화나게 하지 말고 무조건 '알았습니다'라고 해. 너희 엄마가 감수성이 예민한 거 너도 알잖아!" 자녀가 성장해서 독립하면(자기 새끼를 품을 줄 모르는 뻐꾸기가 쫓아냈을 수도 있다!) 피해자가 배우자를 자식처럼 챙기는 태도는 더 강화된다. 심리조종자는 돌봄제공자를 다시 독점한 기쁨에 조금 잠잠해지고 숨통을 약간 틔워주기도 한다. 피해자는 돌봐줄 자식들이 품을 떠났고 어쨌든 일은 좀 줄었기 때문에 배우자에게 더 살뜰하게 신경을 쓴다. 이제 피해자는 심리조종자의 풀타임 홍보대사가 된다. "너희 아빠가 어떤 사람인지 모르니?" "네 엄마를 잘 알잖니!"

폴은 문득 자기 부모가 딱 이런 식으로 살고 있다는 것을 깨달았다. 그는 나에게 이렇게 말했다. "부모님 댁에 다녀왔어요. 주말에 저랑 아들(14세)이랑 둘이서만 파리에서 열리는 자동차 엑스포를 보러 가기로 했다고 말씀드렸죠. 어머니가 아버지 눈치를 보시더라고요. 아버지는 샘이 나셨는지 표정이 좋지 않았어요. 어머니가 당장 그러시더군요. '얘, 너희 아버지도 모시고 가라!'" 내가 한마디 했다. "아버지가 역정 내시기 전에 어머니가 선수를 치셨군요. 아버지가 아니라 어머니가 시켜서 한 일이 되게끔 말이에요." 폴이 외쳤다. "맞아요, 그거예요!" 나는 폴에게 경고해두었다. 그 아버지는 아들과 손자가 살갑게 부자의 정을 나누는 꼴이 보기 싫어서 주말 나들이에 찬물을 끼얹을 게 뻔했다. 폴은 나의 경고를 염두에 두고 조심스럽게 행동했다. 그가 아무것도 허투루 넘기지 않았기 때문에 그 주말은 잘 넘어갔다. 할아버지 탈을 쓴 어린애가 섣부른 짓을 못 했으니까.

심리조종자들에게는 특별한 더듬이가 있다. 섣불리 행동하면 안 되는 순간을 감지하고 그때만큼은 희한하리만치 얌전해진다. 말하자면, 어디까지 막 나가도 되는지 그 선을 빠삭하게 안다. 따라서 피해자는 심리조종자를 항상 감시해야 하고, 그가 엉뚱한 짓을 할 때마다 버릇을 바로잡으려는 노력을 보여주는 것이 자신에게도 이롭다. 내 조언을 받아들여 이러한 입장을 꾸준히 표명한 피해자들은 심리조종자를 어느 정도 다스릴 수 있었다. 하지만 그런다고 진짜 어른이 되지는 않는다! 못된 말썽꾸러기가 좀 차분해지고 아주 가끔 착한 짓도 할 수 있게 됐을 뿐! 버릇 들이기에는 한계가 있다. 쉽거나 기분 좋은 일도 아니고, 무엇 하나 편하게 넘길 수 없는 일이다. 호시탐탐 빈틈을 노리고 사람의 한계를 시험하는 녀석을 늘 주의 깊게 지켜보고 하나하나 가르쳐야 하니 오죽 피곤할까. 게다가 애초에 버릇이 잘못 든 어른을 가르치기에는 너무 늦었고, 뭔가 몰상식한 일이기도 하다. 남편이나 아내를 철들지 않은 미성년자 취급하는 게 배우자의 도리는 아니지 않은가.

어쨌든 피해자는 미성년자가 아니라 어엿한 어른이다. 그들에게는 심리조종자가 벌이는 행동을 이해할 수 있는 해석의 틀이 없다. 그들은 상대가 자기와 같은 어른이라고 생각할 뿐 아니라, 그 사람이 자기를 사랑한다고 믿는다. 상대의 진심을 부정할 수는 없으니 표현이 서툴러서 그러려니 생각한다. 상대의 미성숙한 모습에 깜짝 놀라고 나서는,

어린 시절에 상처가 많아서 그러려니 납득한다. 그런 이유로 피해자의 연민은 더욱 깊어지고, 가해자의 심리적 지배는 더욱 강력해진다.

피해자 입장에 놓인 부모는 적절한 자기방어 없이 잘못을 시인하는 자세로 변명하기 바쁘기 때문에 자녀들에게 심리 지배에서 스스로를 보호하는 법을 가르쳐주지 못한다. 아이들은 학대를 목격하고 함께 학대당한다. 이런 가정환경에서 자기존중이란 있을 수 없다. 당하고 사는 부모보다, 아이들이 먼저 현실을 깨닫곤 한다. 아이들은 부모가 바보 같다고, 비겁하다고, 심지어 자기가 좋으니까 그러고 사는 거라고 비난하게 된다. 그러다가 이쪽 아니면 저쪽을 택해야 하는 순간이 왔을 때 약해빠진 부모와 자기를 동일시하기 싫어서 센 쪽에 붙을지도 모른다.

지배가 막장으로 치달아 급히 도망가야 할 순간이 와도 피해자는 이미 스트레스를 못 이겨 폐인이 되어 있기 일쑤다. 생각을 오래하기가 힘들고 머릿속은 들쑥날쑥 혼란스럽다. 머리통 대신 구멍이 숭숭 뚫린 체를 달고 다니는지 경찰, 변호사, 판사에게 꼭 전달해야 하는 중요한 정보를 자꾸 깜박한다. 그런 이유에서 나는 법에 호소할 때 아무것도 빼놓지 않도록 그동안 겪은 일들을 꼼꼼히 기록해두라고 충고하곤 한다.

다음은 나와 상담한 어느 여성이 보낸 이메일이다. 이 여성은 남편에게 심한 모욕과 폭행을 당했다. 이메일 전문은 굉장히 길기 때문에 몇 대목만 추려서 소개한다. 익명성을 보장하기 위해서 실명과 거주하는 도시 이름도 지웠다. 원문에는 쉼표와 마침표가 거의 없었기 때문에 그런 부분도 조금 교정을 봤다. 그렇지만 이 여성의 혼란스럽고 두서없는 정신 상태를 그대로 보여주기 위해서 구두점 외에는 일절 손대지 않았다. 그녀는 이 이메일에서조차 상담 시간에 나에게 격렬하게 울분을 토했던 중요한 사항들을 잊고 있다. 이제 여러분은 이 이메일의 행간을 읽을 수 있으리라. 또한 한쪽에는 폭력과 악착같은 증오가 있고, 다른 쪽에는 타협하려는 시도와 자식들을 편히 살게 하려는 마음이 있음을 확인하리라……. 피해자들은 사실 비범한 사람들이다. 솔직히 나는 그들이 당한 일을 생각하면 어떻게 아직까지도 저런 힘과 용기가 남아 있을까, 그게 더 신기하다. 이 아내도 그런 인간 말종과 살면서 어떻게 아직도 두 발로 설 힘이 남아 있는지, 어떻게 엄마로서 자식들을 챙기며 살아갈 수 있는지 모르겠다.

안녕하세요.

저는 제 차로 아이들을 학교에 데려다주고 데려오는 일조차 못하고 있어요.

팽팽한 심리적 긴장은 6월 17일부터 시작된 게 아니에요. 지난 겨울부터(아니면 결혼 직후부터) 긴장은 일상이 되었습니다. 제가 가족이나 친구 하나 없는 ……(도시 이름)에서, 알고 지내는 동네 엄마들조차 없이 완전히 고립된 후로 남편은 마음대로 저를 못살게 굴고 욕보일 수 있게 됐지요.

남편은 늘 저에게 "쌍년, 덜 떨어진 년"이라고 욕을 했습니다. 한번은 "네 어미도 똑같이 덜 떨어진 년이지"라고 했지요(이 말 때문에 신고를 한 날이 세계 여성의 날이네요). 그 사람의 폭력 행위를 어쩌다 목격하게 된 사람들이 몇 명 있습니다. 한번은 친구와 통화 중이었는데 남편이 다짜고짜 욕을 퍼부으면서 집에 들어오는 바람에 친구가 그 사람 본모습을 알았죠. 그리고 제가 작정하고 증인으로 삼은 사람들도 있어요. 친구들이 사정을 다 듣고 일이 나쁘게 흘러가면(다시 말해 그 사람이 폭력을 쓰기 시작하면) 바로 알 수 있도록 제 쪽에서 전화를 건 적도 있거든요.

남편은 자기가 잘못한 일을 다 저에게 덮어씌워요(사실은 제가 엄마 노릇을 제대로 할 수 없게 방해하는 거예요).

저는 그 사람에게 애정도 있고 보복이 두렵기도 해서 직접적으로 고소를 하고 싶진 않았어요. 그래서 제가 지금 이 모양 이 꼴로 사는가 봐요!

저는 끔찍한 공포 속에서 겪은 일들을 녹음해두었어요. 지난 12월부터 각방을 썼는데 잠자리에 들 때도 녹음기와 휴대전화는 꼭 챙겼어요. 휴대전화에 경찰서 번호를 단축 번호로 저장해두었죠. 남편은 밤낮을 가리지 않고 저를 괴롭혀요……. 애들이 보든지 말든지 신경도 안 써요.

아이들은 나쁜 추억이 없는 새 집으로 이사 와서 뭔가 새 출발하는 기분이 드는지 좋아해요. 널찍한 정원에 놀이기구와 작은 별채, 닭장이 있고 새끼 고양이 두 마리도 키워요. 친절한 이웃 아저씨가 아침마다 갓 짠 우유를 주시고 또 다른 이웃집 아주머니는 직접 기른 당근과 상추를 주시곤 하죠……. 애들은 벌써 친구도 몇 명 사귀었어요.

저는 심리조종자 남편이 휘두르는 폭력에 시달렸고 그 때문에 회사 일에도 지장이 있었어요. 지난 1월에 상사가 제 업무 성과가 좋지 않다면서 좌천될지도 모른다고 귀띔하더군요. 남편에게도 그 얘기를 했어요.

그러고 나서 얼마 안 되어 저는 병원에서 진단서를 받아 한 달 병가를 썼어요. 7월에 직장에 복귀했는데 좌천 통보를 받았죠. 여름휴가를 다녀오고 9월부터는 다른 부서에서 근무하라고 하더군요. 저는 이러한 사정을 남편에게 잘 전달했어요.

남편은 자기가 잘못해놓고 저를 욕하죠. 그 사람 주장은 사실과 달라요.

그 사람은 아이들을 잘 키워야겠다는 생각이 없어요. 여름휴가와 1월 주말에 애들을 데리고 자기 본가에 갔다 왔는데 애들이 다 병이 나서 앓아누웠죠. 기저귀조차 갈아주지 않았더군요(증인이 두 명 있어요). 애들을 난방도 안 되는 방에서 재웠고요. 의사 진단서도 있어요. 고속도로에서 다른 차를 받아버리겠다고 협박하기도 했죠. "쌍년아, 당장 잘못했다고 빌지 않으면 저 차를 받아버릴 거야! 그래, 다 죽자!" 이때도 제가 경찰 신고를 했어요. 그때 차에는 아이들도 타고 있었는데 그 사람은 개의치 않았죠.

남편이 애들에게 관심을 보이는 건 제가 이혼 얘기를 꺼낸 다음부터예요. 그 전에는 주말마다 자기 혼자 외출하고 저만 아이들과 시간을 보냈어요. 이 부분도 증인이 있어요. 집안일 도와주시던 아주머니도 다 알아요.

제 주치의가 명예훼손으로 그 사람을 고소할 거예요. 그분이 제 진단서도 끊어줬어요. 남편은 경찰과 접촉한 적이 없어요. 제가 고소를 한 번 했어요. 남편은 조사를 받았고 앞으로 다시 조사를 받을 거예요. 저도 전문가의 조사를 받았어요. 그 사람은 실형을 걱정해야 할 거예요.

경찰은 저를 보호하기 위해 남편을 집에서 내보냈어요.

그렇지만 아이들이 아빠와 연을 끊기를 원치는 않아요. 그 사람이 아이들을 보러 와서 저녁을 먹고 가곤 했죠. 그는 9월 둘째 주에 집 열쇠를 돌려줬어요.

애초에 남편은 여름휴가를 한바탕 난리칠 핑곗거리로 생각한 거예요.

저는 7월에 근무를 했고 증명도 가능해요. 그 사람이 매일 저녁 집으로 왔고, 이혼 이후를 위해서 각자의 휴가를 조정하자는 내 제안을 곧이곧대로 수락하진 않더군요!

그 후에 그 사람은 휴가를 받았고 내가 따로 휴가를 쓴다는 것도 알고 있었어요(저는 12월부터 그야말로 죽지 못해 살고 있었기 때문에 휴가가 절실했어요). 그 사람은 8월 중순에 따로 한 주 휴가를 썼죠. 제가 예정대로 여행을 떠나려는데 남편이 자기도 아이들을 보고 싶다면서 경찰에 전화를 했더군요!

저는 심지어 그 사람에게 그렇게 애들이 보고 싶으면 제 휴가 기간에 와서 보고 가라고 했어요(경찰에 얘기해놓았으니 증거도 댈 수 있어요).

저는 그 사람이 아이들과 휴가를 보낼 때 절대로 방해하지 않았는데 말이에요.

전화 얘기도 그 사람이 사실을 왜곡한 거예요. 아이들이 정말로 아빠와 있는지 확인하려면 가끔씩 전화를 걸지 않을 수 없어요.

아이들 어린이집 문제로 말하자면, 분명히 험악한 상황이었어요.

아이들을 어린이집에 보내고 싶어 한 사람은 남편이었지만 어린이집 1도 그렇고 어린이집 2도 그렇고 제가 혼자서 알아보고 등록했어요. 그 사람은 어린이집 원장님을 협박하기까지 했어요. 자기는 아이들 행복에 정말로 마음을 많이 쓰고 있다나요.

다행히도 일이 다 잘 풀렸고 아이들은 다시 어린이집에 잘 다녀요.

(남편은 제가 어디 있는지 알고 있었어요. 인터넷에 제 이름과 도시 이름을 검색해서 아이들의 이동 경로를 추적했죠.)

남편이 아이들을 양육하겠다고 나서는 진짜 저의는 저에게 양육비를 지급하지 않으려는 데 있을까요?

그저 놀랍고 어이가 없을 뿐입니다.

자, 이 이야기에는 변태에게 잡혀 사는 피해자의 모습과 생활상이 나타나 있다. 이 여자가 겪는 일은 내가 매일 상담실에서 접하는 사연의 전형이다. 여러분도 느끼겠지만 이 여자는 정신이 이상하거나 약해빠진 사람이 아니다. 오히려 굉장히 좋은 엄마라고 할 수 있다. 하지만 동시에 그녀가 얼마나 지치고 정신적으로 혼란스러운지 엿볼 수 있다. 그녀는 차마 입에 담지 못할 욕설을 듣고 두들겨 맞으면서도 어떻게 해서든 앞으로 나아가려 애쓴다. 그녀가 털어놓았던 수차례 일어난 치욕적인 부부 강간은 이 이메일에서 언급되지도 않았다. 그녀가 아무 이유도 없이 경찰서 전화번호를 단축 번호로 저장해놓은 휴대전화를 손에 꼭 쥐고 잠자리에 들었을까?

이혼을 결심하더라도 피해자는 전 배우자의 권모술수에 부딪혀 아주 오랜 시간을 날려버린다. 피해자는 자기변호에 서툴거니와 법에 정면으로 호소하지도 않는다. 특히 가해자가 먼저 소송을 거는 경우, 피해자는 아이들에게 자기를 변명해야 할 것 같은 기분을 느끼고 자칫 아이들과 무관한 일에 아이들을 끌어들이게 된다. 또한 아이들 앞에서 가해자의 악행을 감추고 괜찮은 부모 이미지로 포장까지 해주게 된다. 피해자는 분위기를 진정시키느라 그런다지만 결국 그만큼 싸움에서 밀린다. 피해자는 오랫동안 잠에서 깨어나지 못한다. 단지 사태가 잠잠해지기만을 원한다. 그래서 왜 상대가 자기를 계속 미워하는지, 괜찮은 것 같더니 왜 또 사람 피를 말리는지 이해를 못 한다. 명심하라, 새로운 장으로 넘어가야만 한다. 그저 잠잠해지기를 바라는 정도로는 안 된다!

그뿐인 줄 아는가. 피해자들은 되레 내가 너무 비관적이라고 항의
하곤 한다.

"뭐예요! 선생님이 저를 위로하고 안심시켜줘야 하는 거 아닌가요?
선생님이 하는 말을 듣고 있으려니 더 불안해지네요!"

그러면 나는 이렇게 대답할 수밖에 없다. "저한테 뭘 기대하세요?
희망적인 말로 어르고 달래서 다시 잠재워주기를 바라세요? 그럼, 앞
으로 다 잘될 거라고 거짓 약속하는 심리조종자와 제가 무슨 차이가
있겠어요? 현실적으로 문제를 직시해보려고 저에게 도움을 청하신
거 맞아요?"

안됐지만 내가 비관적인 사람이라서 피해자들에게 위험을 경고하
는 게 아니다. 우리는 다음 장에서 심리조종자가 확실한 계획에 따라
이혼 절차를 밟는 모습을 보게 될 것이다. 피해자를 인정사정없이 망
가뜨리고 벗겨먹을 계획 말이다. 그렇지만 희소식도 하나 있다. 변태
들이 늘 그렇긴 하지만 그들의 계획에는 딱 정해진 틀이 있다! 그 틀
을 파악하고 상대가 무엇을 노리는지 간파할 수 있다면 그들의 계획
을 저지하는 것도 어렵지 않다.

시작하는 것도,
끝내는 것도 나야!

• • •

힘들면 나가든가! 붙잡는 사람 없거든?

심리조종자가 이혼이나 별거를 주도하는 경우는 드물다. 말로는 이혼하자고 허구한 날 으르렁대지만 절대로 자기가 나서서 절차를 밟지는 않는다. 그들이 수시로 이혼하겠다고 협박하는 데에는 이런저런 목적이 있다.

• 이혼은 두렵고 끔찍한 일이라는 생각을 심어주기 위해서. 심리조종자는 자기랑 헤어지면 세상이 무너지기라도 하는 것처럼 자신만만하게 군다. 이혼을 하면 당신 인생만 망하는 것처럼 말한다. 자신이 베푸는 특별한 가호가 없으면 당신 혼자 이 각박하고 차가운 세

1부 부모 가면을 쓴 심술쟁이들 **115**

상에서 돈도 없고 힘도 없이 버틸 수 있겠느냐고 빈정댄다. 그래서 역설적이게도 피해자들은 자신을 구원할 이 결별을 되레 더 두려워한다. 그들은 자기 다리에 찬 쇠공을 풀어버리면 자유롭게 날아오르기는커녕 바닥으로 곤두박질칠 거라고 착각한다. 이렇게 피해자들은 겁에 질린 나머지 초장부터 지고 들어간다.

• 다른 목적도 있다. 당신이 설설 기고 사죄하고 애원하기를 바라기 때문에, 그로써 당신의 복종을 확인하기 위해서 그런 협박을 하는 거다. 상대가 당신에게 뭘 원하는지 몰랐는가? 조심하기 바란다!

• 그와 동시에, 역설적이게도, 당신은 가해자 입에서 이혼 소리가 나오면 저 사람도 한계까지 온 거라고 믿어버린다. 상대도 힘들 거라고, 이제 정말로 떠날 거라고 믿기 때문에 당신은 실질적인 절차를 밟을 생각을 하지 않게 된다. 심리조종자는 이런 식으로 피해자에게 '악몽이 곧 끝난다'는 생각을 심어주고 자기 쪽에서 필요한 시간을 번다. 피해자는 자기가 아니라 가해자가 떠날 거라고 순진하게 믿는다. 게다가 자기가 먼저 나서면 또 무슨 욕을 먹을지 몰라서 저쪽에서 이혼 절차를 밟기만 마냥 기다린다. 이만저만한 착각이 아니다. 첫째, 그는 절대로 먼저 손쓰지 않는다. 둘째, 당신이 이렇게 하나 저렇게 하나 그 사람이 지랄하기는 마찬가지다. 그는 미움으로 똘똘 뭉친 사람이기 때문이다.

- 심리조종자의 협박에는 이혼에 대한 당신 생각이 어떻게 달라졌는지 떠보려는 목적도 있다. 당신 입에서도 이혼하고 싶다는 말이 이미 여러 번 나왔을 것이다. 따라서 그 사람은 그 말에 진심이 담겼는지 알고 싶어 한다. 이따금 심리조종자는 연극적으로 문을 확 열어젖히고 고함을 지른다. "이 집에서 나가! 당신 붙잡는 사람 없어!" 이 상황에서 피해자가 집을 나가지 않는다면 그는 내심 안도감과 승리감을 느낄 것이다.

극히 드물지만 심리조종자가 먼저 이혼 절차를 밟기도 한다. 그동안 만만했던 피해자가 완전히 환골탈태해서 자기가 더 이상 조종할 수 없게 된 경우가 그렇다. 피해자가 이제 자기 기대만큼 돌봄을 제공하지 않고 자기를 외동아이처럼 애지중지하지도 않으니 — 자기는 마땅히 그런 대접을 받아야 하는데 — 같이 살기가 녹록치 않다. 그런 상황에서 새로운 먹잇감, 그것도 꽤 괜찮은 먹잇감을 찾아냈다면 떠날 수 있다! 자기 어머니에게 기댈 수 있다면 모를까, 심리조종자는 절대로 플랜 B 없이 이혼에 나서지 않는다. 그에게 플랜 B가 없다면 당신이 계속 돌봄을 제공하고 가정을 지켜야 한다. 그는 분명히 착취를 그만둘 마음이 없을 테니까! 게다가 미움의 끈은 질기다. 자신의 욕구불만이나 좌절을 당신에게 풀고 싶어 한다. 그는 당신에게 퍼붓는 심술에 중독되었다. 당신을 막 대하면서 자신의 전능함에 취하고, 당신의 고통을 마약 삼아 자기에게 주사 놓는다. 해독 치료는 그의 계획에 없다. 당신이 정말로 해방되고 싶다면 주도적으로 나서서 이혼 절차를 밟아야만 한다.

복수는 차갑게 먹는 요리

대부분의 경우, 피해자가 떠난다. 이러다 죽을 수도 있겠다 싶어서, 일종의 생존 본능으로 떠나는 것이다. 그즈음이면 "살아도 사는 게 아니다" 하는 소리가 절로 나온다. 다시 말하자면, 피해자들은 너무 뒤늦게, 될 대로 되라는 식으로, 아무 계획 없이 즉흥적으로 도망친다. 그래서 이 과정에서 나중에 만회하기 힘든 실수를 저지르곤 한다. 아이들을 두고 나간다든가, 자금 없이 나간다든가, 중요한 서류를 챙기지 않는다든가, 상대가 가한 폭행을 증명할 진단서를 받아두지 않는다든가……. 게다가 피해자가 심리적으로는 아직 지배당하고 있으면서 몸만 빠져나갔다면 어차피 심리조종자의 손바닥 안에 남게 된다. 이혼이 되레 피해자의 피를 말리는 함정이 되는 것이다.

심리조종자는 오랫동안 복수를 계획하고 그 계획을 끝까지 단호하게 밀고 나간다. 심리조종자가 하는 짓은 아주 전형적이다. 따라서 그의 계획도 전형적이고 예측 가능하다. 이 사례에서 저 사례로 그대로 옮겨다 써도 될 정도라서 다소 우스꽝스럽기까지 하다. 그렇기 때문에 이제부터 그 누구도, 피해자든 사회복지사든 재판 관계자든, 속지 않기를 바란다! 주느비에브 레셰르파냐르Geneviève Reichert-Pagnard 박사는『독이 되는 관계Les relations toxiques』에서 이 계획이 항상 동일한 다섯 문장으로 요약된다고 했다. "미친 사람은 당신이야. 당신은 아이들을 키울 능력이 없어. 당신은 아이들을 돌보지 않을 거야. 당신은 양육비를 받을 수 없어. 당신이 싸워보겠다고 하니, 전쟁이 뭔지 보여주지." 허공에 주먹을 날리는 협박이 아니다. 심리조종자는 정말로 이 문장들을 현실로 만들 작정이니까! 당신이 떠났으니까 그 벌로 이 각박하고 차가운 세상에서 당신 혼자 돈도 없고 힘도 없이 고생해야 한다! 반드시!

부부 중 한쪽이 변태성격자라면 이혼도 보통 사람들의 이혼과는 다르게 진행된다. 처음에는 그냥 그렇게 이혼이 성립될 것처럼 보인다. 어차피 이혼은 대개 서로 물어뜯고 싸우는 과정이다. 많은 부부들이 이혼 절차를 밟으면서 서로 쌍욕을 하고 소동을 피운다. 이혼 당사자들이 서로 불같이 화내고 미친 듯이 싸운다 해도 별스러운 일은 아니다. 그동안 쌓인 원한, 불만, 분노가 오죽 많겠는가! 재산 분할도 냉정하고 침착하게 진행되기 힘들다. 그런 과정은 회한과 만감이 어린 추억, 그리고 재산을 빼앗길지 모른다는 두려움을 자극한다. 그래도 정상적인 부모라면 애들을 생각해서 차츰 사태를 진정시키고 합의점을 찾으려고 노력한다. 그런데 변태성격자 부모는 그렇지가 않다. 오히려 그 반대다.

부모 중 한 명이 심리조종자라면 시간이 흐를수록 상황이 진정되기는커녕 더욱 악화된다. 이혼이라는 절차는 평소보다 갈등이 깊은 상황, 폭력적이고 고약한 상황에서 출발한다. 그런데 이 폭력은 일방적이다. 양쪽이 대등하게 폭력을 행사하는 상황이 아니다. 피해자가 자기를 방어하느라 우발적으로 완력을 쓸 수는 있지만, 이 사람이 공격을 한 건 아니다. 심리조종자가 연루된 이혼은 끝이 보이지 않는 과정이다. 상대를 망가뜨리고 완전히 벗겨먹겠다는 속셈은 오랫동안 잠재되어 있다가 서서히 드러난다. 처음에 피해자는 시간이 지나면 저 사람도 좀 나아지겠지 생각한다. 피해자는 상대를 달래려고 많은 것을, 심하게 많은 것을 양보한다. 예를 들어, 아내들은 내키지 않는데도 교대 양육*에 합의하는 경우가 많다. 그들은 교대 양육이 민감한 문제이고 자기들이 양보하지 않으면 피 말리는 싸움이 일어난다는 것을 잘 안다. 문제는 이거다. 피해자가 양보할수록 심리조종자는 더 많은 것을 원한다. 일단, 작은 승리 하나하나가 그의 정복욕을 자극하기 때문이다. 그리고 그는 피해자가 땡전 한 푼 없는 외톨이가 되기 전까지 한 발짝도 물러설 마음이 없다. 그날이 오면 비로소 그도 멈추리라…….하지만 그 후에도 피해자가 계속 비참하게 지내는지 감시는 할 것이다. 잉그리드는 나에게 이런 말을 털어놓았다. "제가 직장을 구하려 할 때마다 전남편이 방해했어요."

나는 가끔 브리지트 라에Brigitte Lahaie가 진행하는 「라에, 사랑과 당신」이라는 라디오 프로그램에 출연한다. 다음은 그 프로그램의 청취

---

* 유럽에서는 이혼 부부가 합의에 따라서 몇 달씩, 짧게는 몇 주씩 교대로 양육을 맡는 경우가 많다.

자가 보내준 사연이다. 그녀는 피해자들 대부분과 마찬가지로 자기를 망가뜨리려는 함정에 깊숙이 들어온 후에야 전남편의 속셈을 깨달았다고 한다. 수많은 피해자들에게 의미심장하게 다가갈 만한 사연을 제보해준 그녀에게 진심으로 고마운 마음을 전한다!

오늘 RMC 채널에서 선생님이 패널로 참석하셨던 브리지트 라에의 방송을 보고 연락드립니다. 제가 전하고 싶은 사연은 다음과 같습니다.

저는 심리조종자 남편과 14년을 함께 살았습니다. 지금은 세 딸(6세, 5세, 2세)의 양육권을 두고 소송 중입니다. 남편과 결별할 당시, 제 상황은 처참했습니다. 그 사람이 예전에 제 명의로 회사를 차렸거든요(저를 기쁘게 해주려고 그랬다지만, 사실 그 사람이 자기 이름을 올릴 수 없는 사정이 있었습니다). 그러고 나서 전남편은 현재의 동거녀와 새로 회사를 차렸습니다. 그 여자는 그때 이미 그 사람과 깊은 관계였고 굉장한 부잣집 딸입니다. 전남편은 제가 제 이름으로 되어 있는 회사를 정리할 동안만 딸아이들을 자기가 맡겠다고 했습니다. 교대 양육이 원만하게 이루어지도록 자기 집과 멀지 않은 곳에 제 집도 구해주겠다고 약속했습니다. 하지만 그는 딸들과 그 애들 앞으로 나오는 가족수당을 차지하고는 저를 버렸습니다. 저는 제가 운영하지도 않은 회사 때문에 빚만 떠안았고요. 저는 오랫동안 말도 안 되게 그 사람 편을 들면서 사느라 가족과 친구도 등지다시피 했고, 이제 철저히 외톨이입니다. 전남편은 그 후로 줄곧 현 동거녀가 저보다 살림도 잘하고 애들한테도 잘한다면서 엄마로서의 죄책감을 자극했어요. 저는 애들을 빼앗긴 데다가 돈 문제로 너무 힘들어서 자살까지 생각했습니다. 저는 애들을 격주로 수요일, 역시 격주로 주말에만 만날 수 있어요. 전남편은 제가 보낸 문자들을 악의적으로 부분 발췌해서 재판 증거로 제출하기도 했습니다. 이혼소송은 아직도 진행 중입니다. 저는 정말로 전남편이 쓴 가면을 사랑했고, 지금도 그게 가면이었다고 받아들이기가 너무 힘듭니다. 심리치료를 받으면서 저 개인적으로 점차 옳은 길로 가고 있어요. 그렇지만 딸아이들이 걱정되어 미칠 것 같습니다. 전남편은 아이들에게 자기가 지어낸 동화 같은 소리를 지껄이고 있어요. 제가 딴 남자가 생겨서 집을 나갔고 착한 새엄마가 그들을 받아준 거라나요. 제가 전남편에게 애들도 데리고 가라고 했다나요. 저는 14년간 집안의 모든 서류를 관리해왔기 때문에 잠시 틈을 내어 상황을 파악해보았습니다. 전남편은 이혼 시점에서 적어도 2년 전부터 작정하고 주도면밀하게 저를 속였던 거예요.

- 각종 책임과 채무를 제 명의로 돌리고,
- 새로운 사업을 준비하고,
- 저를 가족과 친구에게서 떼어놓고,

- 제 죄의식을 자극하고 제 이미지를 망가뜨렸습니다(섹시하지 않다, 여자가 너무 기가 세다, 여자가 돈에 대해서 흐리멍덩하니까 남편 사업이 잘 안 풀리는 거다……).

저는 완전히 함정에 빠졌던 겁니다. 제가 그저 거짓 없이 반듯하게만 살아왔기 때문에, 애들 아빠에게 전략적으로 대처하지 않았기 때문에 이 꼴이 되고 말았어요.

이혼의 함정은 이처럼 가차 없고 냉혹한 논리를 따른다. 이 피해자가 말했듯이 상대는 함정을 오래전부터, 심한 경우에는 교제를 시작할 때부터 파기 시작한다. 처음부터 재산은 각자 관리하기로 합의한다든지, 아니면 공동재산제를 빙자해 당신 재산을 꿀꺽하기 위해서 명의를 가지고 장난을 친다든지. 모든 것에 계산이 깔려 있다. 이혼을 하면서 당신이 채무를 떠안게 됐다면 전 배우자는 그 상황도 예측하고 계획했을 것이다. 그 사람은 당신의 사회생활을 방해하고, 자기 일을 무보수로 당신에게 맡기고, 자기가 친 사고를 수습하는 일에 끌어들이고, 일부러 빚을 진 다음에 당신이 갚게 할 것이다…….

나만 빼고 즐겁게 살겠다고?

판은 오래전에 짜였지만 심리조종자도 처음에는 이혼이라는 현실을 믿고 싶어 하지 않는다. 여기서 그들의 특기인 현실 부정, 혹은 마법적 사고가 나온다. '내가 그런 일 없다고 믿으면 없는 일이 되는 거야. 애들 엄마가 단단히 화가 났으니 진정될 때까지 기다리는 수밖에.' 보통 사람들은 현실 부정의 힘을 간과한다. '뭔 소리야, 자기도 알면서! 우리는 이미 갈라섰다고!' 아니다, 그는 모른다. 자기가 알고 싶지 않은 일은 모르는 거다. 당신은 평생 그의 것이다(내가 「나는 왜 그에게 휘둘리는가」에서 말한 '엄지동자와의 계약'을 참조하라). 어떤 심리조종자는 몇 년이 지날 때까지도 이 현실 부정에 의지할 것이다. '아내와는 완전히 끝난 게 아니야. 결국 우리 부부는 재결합하게 될 거야.' 심지어 새로운 먹잇감을 찾아낸 후에도 가끔씩 전 배우자가 아직도 자기에게 치를 떠는지, 혹시 자기가 돌아갈 여지는 없는지 간을 본다……. 그때마다 그는 결별이라는 현실에 부딪힐 것이고, 그때마다 분노발작을 일으키며 새로운 보복을 꾀할 것이다. 이 때문에 이혼 후에도 전 배우자의 괴롭힘은 예기치 못한 방향으로 계속되곤 한다. 자기가 전능하다는 환상이 없는 보통 사람은 이러한 현실 부정 기제를 이해하지 못한다. 원래 심리조종자는 자기 마음에 안 드는 현실은 전부 다 일시적으로 무효화할 수 있는 인간이다. 피해자는 저쪽에서 갑자기 으르렁대면 어리둥절하다. '왜 저러지? 요즘 계속 괜찮았는데? 저렇게 난리칠 만한 일이 뭐 있었나?' 아니, 별일 아니다. 아이 수첩의 보호자 연락처에 자기 이름과 번호만 있었는데 당신이 그 옆에 당신 이름과 번호도 썼다거나! 사소한 일이지만 당신이 이제 그의 아내로서가 아니라 당신 자신으로서 부모 노릇을 한다는 현실을 일깨워주니까 싫은 거다. 게다가 그는 아이가 자기 거라고 생각한다. 그래서 자기 장난감 박스에 당신 이름을 써놓은 것처럼 받아들이는 거다!

심리조종자가 제일 못 견디는 일은, 피해자가 자기를 만나기 전으로 돌아가는 거다. 활기차고, 즐겁고, 친절하고, 적극적인 모습으로……. 당신과 함께 살았을 때와 마찬가지로, 그의 분노발작은 주로 당신이 기분 좋을 때 일어난다. 그 분노의 목적은 당신의 맹한 미소를 무참히 짓밟는 것이다! 따로 사는 전 배우자가 여전히 당신의 즐거운 모임이나 여행을 망칠 가능성이 있는가? 앞으로도 그럴 것이다. 그 사람은 무엇보다도 당신에게 새로운 사랑이 찾아와 자기가 돌아갈 가능성이 완전히 막힐까 봐 두렵다. 당신이 간덩이가 부어서 새로 누군가를 사귄다면, 나아가 살림을 차리거나 재혼을 한다면, 아예 애까지 생긴다면, 그 사람은 당신과 당신의 새로운 배우자를 죽도록 괴롭힐 것이다. 거긴 내 자리야, 너는 꺼져! 당신을 벌준답시고 괴롭히려는 그 심보는 결코 완전히 사라지지 않을 테니 헛된 희망은 품지 말라. 그는 여지가 보인다 싶으면 다시 당신을 공략할 것이다. 그러니 손톱만 한 여지도 주면 안 된다.

무슨 수를 써서라도 돌아오게 하겠어

피해자가 가해자와 헤어지고 이혼 절차가 시작되는 시점으로 돌아가보자. 앞으로 달라지겠다는 거짓 약속도 먹히지 않으면 이제 심리조종자는 자기가 가진 심리조종술을 총동원해서 상대에 대한 지배를 회복하려 든다. 첫 번째 기술은 유혹이다. 쓸모없이 밥만 축낸다, 늙고 못났다, 덜 떨어졌다, 그렇게 수년 동안 구박을 하더니 이제는 아름다운 여왕님이라며, 자기가 평생 사랑한 유일한 여자란다. 그런 말을 어떻게 의심할 수 있는가? 아내는 떨리는 사랑 고백과 숱한 약속을 받을 자격이 있다. 심리조종자는 자기 행동을 단속하고 드디어 배우자가 오랫동안 바랐던 모습대로 살아가는 척한다. 특히 아이들에게 훨씬 더 잘하는 모습을 보인다. 피해자는 아무것도 모르고 기뻐한다. 심리조종자는 피해자를 확실히 잡아채기 위해서 갑자기 (속전속결로!) 집을 사든가, 차를 바꾸든가, 해외여행을 가자면서 항공권을 구입하거나, 아이를 하나 더 낳기로 하거나, 피해자 편에 설 가족과 친구가 없는 도시로 이사를 추진한다. 그는 이런 식으로 압박을 가해서 피해자가 점점 더 자기와 헤어지기 힘들게 몰아간다. 자기는 다시 한 번 잘 살아보려고 최선을 다했는데 피해자가 따라주지 않은 것처럼 상황을 연출하는 것이다. 피해자가 주위에 사람이 많거나 적절한 코칭을 받는다면 모를까, 그렇지 않다면 10년 안에 유혹에 넘어가 심리조종자에게로 돌아갈 확률이 높다! 그 이유는 심리조종자가 다른 방향으로도 손을 쓰기 때문이다. 피해자화victimisation, 죄의식 조장, 위협, 그 밖에도 온갖 압박과 공갈이 난무할 테고, 피해자 주위 사람들을 자기편으로 끌어들일 것이다. 심리조종자는 폭력과 괴롭힘에 거리낌이 없고 상대가 거의 죽을 지경까지 명령, 비난, 위협을 지치지도 않고 퍼붓는다. 끊임없이 상대를 염탐하고 감시하다가 조금이라도 빈틈이 보이면 달려든다. 꼴도 보기 싫은 못된 꼬마가 자기가 이 바닥에서 밀려날까 봐 당신 치맛자락을 악착같이 붙들고 있다고 상상해보라. 그렇기 때문에 여러분은 항상 분명하고 침착하게 행동해야 한다. 하지만 집중적으로 괴롭힘을 당하는 시기에 이미 지쳐버린 피해자들이 그러기란 극도로 어렵다. 무슨 일이 닥치든 뒷걸음질은 안 된다. 이게 가장 중요하다. 당신이 헤어질 마음을 먹었다는 것 자체를 그 사람은 죄로 간주한다. 심리조종자는 이미 당신을 죽도록 미워하고 있고, 일단 자기에게 돌아오면 기필코 죗값을 받아낼 것이다. 그렇기 때문에 절대 그 사람에게 돌아가면 안 된다. 돌아가면 그때부터 분위기가 험악해지고 당신은 처절하게 응징당한다. 그의 지배와 통제는 전보다 더 심해질 것이다. 제대로 탈출 준비를 하려고 잠시 돌아가는 척하는거라면 모를까.

남은 거라도 건져야지

그렇지만 심리조종자는 눈치가 빠르다! 그래서 그는 모든 경우에 대비한다. 그는 이혼 법정에 필요한 자료를 빠짐없이 제출하고 이메일, 진단서, 청구서 등을 완벽하게 구비해둘 것이다. 동시에 '쓸모 있는' 사람들을 포섭한다. 친구, 친척, 의사, 교사, 가사도우미…… 등등. 필요하다면 일요일마다 빵을 사러 가는 빵집 주인까지 증인으로 동원하리라. 그는 이미 만나는 사람마다 붙잡고 아내가 우울증이 심해서 애들을 쥐 잡듯 잡기 때문에 자기가 애들을 봐야 한다고 털어놨을 것이다. 모두들 그렇게 좋은 아빠는 없다고, 엄마가 문제라고 말할 것이다. 역으로, 심리조종자 아내도 남편을 의처증 환자, 가정 폭력범, 아이들에게 무심한 아빠로 몰아가는 재주가 탁월하다. 피해자는 이유도 모른 채 점점 주위 사람들과 멀어지는 것 같다고 느낀다. 이상하게 사람들이 자신을 차갑게 대하거나, 피하거나, 묘하게 상처 주는 말을 하는 것 같다.

그래도 심리조종자가 스스로 이혼남 또는 이혼녀라는 자각이 생기면 그때부터는 무슨 수를 써서라도 전 배우자의 관심을 끌려고 한다. 이혼하고도 가까운 곳에 살거나, 전 배우자가 자주 다니는 장소나 길에서 불쑥 나타나거나, 온갖 핑계로 접촉을 시도한다. 전 배우자를 '우연히' 마주치는 것도 한두 번이지! 그 사람은 늘 부탁할 것이 있다('요구'라는 표현이 더 적합하겠지만). 어떤 서류, 물건, 조정해야 할 날짜……. 그는 피해자가 짜증으로 폭발함으로써 부정적인 이미지를 보이도록 은근히 몰아간다. 심리조종자는 싸움에서 힘을 얻는 사람이기 때문에 양육 일정, 처리해야 할 일, 돈 문제로 계속 시비를 건다. 분노 발작을 일으켰다가 금세 또 자기는 죽어야 한다는 등, 사람을 정신없게 만들면서 피해자가 지켜달라고 요구한 선을 자꾸 넘어온다. 물론 이게 다 복수다. 그는 전 배우자가 실수를 저지르게끔 몰아간다. 전처를 대책 없는 여자, 악녀, 나쁜 엄마, 히스테리 환자, 미친년으로 만들

수만 있다면야……! 그러면서 슬슬 아이들까지 도구화한다.

그렇기 때문에 가정 폭력 피해 여성들은 다들 내게 이런 말을 한다.

"선생님 덕분에 남편이 어떤 사람인지 깨닫고 이혼할 수 있었어요! 정말 고맙습니다! 이제 자유를 되찾았고 저도 좀 사는 것 같아요. 아직 절차가 끝난 게 아니니까 안심할 순 없지만요. 그 사람, 집을 팔지 않으려고 별짓을 다하고 있죠. 이중, 삼중으로 소송을 걸고 전문가 소견을 요구하더니 이제 아이들한테까지 마수를 뻗네요! 아이들을 조종해서 저에게 반항하도록 만드는 거예요. 아이들에게 엄마와 아빠가 교대 양육을 했으면 좋겠다고 말하라고 시키고요. 한마디로, 이혼 후에도 그 사람은 저를 엿 먹이고 못살게 굴고 있어요. 시도 때도 없이 이혼중재위원, 사회복지사, 심리전문가를 만날 약속을 잡아요. 제가 제출해야 할 증거 서류만 한 다발이에요. 제가 변호사 비용 대느라 빈털터리가 되기를 바라나 봐요. 정말 끝이 있기는 할까요. 이혼도 풀타임으로 매달려야 하는 일이더군요! 제가 어떻게 하면 좋을까요?"

내가 곧 법이니라

심리조종자은 법을 조심은 해야겠지만 비교적 속이기 쉬운 담임교사 정도로밖에 생각하지 않는다. 선생님한테 들킬 만큼 어리석은 애들이나 벌을 받지, 자기는 해당사항이 없다고 믿는다. 출입금지 팻말이 붙어 있으면 더 들어가고 싶듯이, 선생님 지시는 돌아서자마자 무시하라고 있는 거다. 판사가 거주 분리를 확정지었다고? 정해진 날짜? 일정? 양육비? 심리조종자는 늘 '너는 떠들어라, 난 모른다!'로 일관한다. 그는 현실 부정 기제를 발동시켜 자기가 지켜야 할 사항들을 깡그리 무시할 것이다. 못 그럴 것 같나? 그 사람은 늘 말로만 모든 일을 하고, 그러면서도 자기 행동에 책임지지 않고 상황을 빠져나오는 데 선수다. 심리조종자에게 이상적인 판결? 미성년자로 대우해주는 것이려나?

뭐, 좋다. 그 사람은 집에서 나갔다. 하지만 여자들하고 좀 놀다가 자기가 원할 때 돌아올 것이다. 그 사람이 본가로 들어가면 그 사람 어머니는 꾸짖지도 않고 아직도 자기 아들이라고 싸고돈다. 그렇다, 심리조종자 남성들은 아주 당연한 듯 여러 여자를 만난다. 옛날에 살던 집, 즉 전처의 집에까지 자기 마음대로 여자를 데려가는 게 그의 꿈 아닐까! 사실, 이런 아들을 둔 엄마 아닌 엄마가 불쌍하다. 그는 생활비 한 푼 내지 않고(내 돈은 소중하니까!) 예고 없이 멋대로 들이닥친다. 엄마는 여전히 그 아들 아닌 아들에게 맛있는 음식을 해다 바치고 빨래도 해준다. 덕분에 아들은 자기처럼 철없는 여자 친구들만 만나고 더 재미나게 놀 수 있다. 아이들은 아빠 대신 엄마가 책임지고 볼 것이다. 그는 그냥 자기 마음이 내킬 때만 아이들을 보거나 나들이에 데려간다. 그는 아이들 엄마의 여름휴가에도 따라갈 것이다!

상식적이지 않은 상황이라고? 하지만 그런 상황을 눈감아주는 것만이 이혼 후에도 심리조종자와 원만하게 지내는 유일한 방법이다.

그가 마음대로 집에 드나들게 허락한다면(가끔 잠도 한 번씩 자준다면), 아주 살갑게 굴 것이다! 꽤 많은 여성들이 이혼한 전남편과 이런 관계를 유지하고 있다고 나에게 고백했다. 그 사람은 이중생활을 한다. 전처들은 돈 한 푼 받지 않고 그 상태를 받아들인다. 또 찾아오든지, 완전히 발길을 끊든지, 다 그 사람이 알아서 할 일이라고 체념했으니까! 괴롭지 않아서가 아니다. 왜 저 사람이 사귀는 여자도 있으면서 자꾸 찾아오나 이해도 안 되고 속이 문드러진다. 그래서 가끔 질투하는 기색이라도 보이면 그 사람은 자기도 왜 이렇게 사는지 모르겠다고 세상에서 제일 불쌍한 남자 연기를 한다. 아직도 전처를 사랑하는 척, 이제 완전히 돌아오고 싶은 척……. 그는 이렇게 시간을 벌고 전처의 마음을 약하게 만들었다가 다음에 또 지랄 발광을 할 것이다. 전남편과 확실하게 연을 끊는 여자들은 상대가 뭘 원하고 뭘 되찾고 싶어 하는지 잘 안다. 심리조종자 여성과 재혼한 남성은 어떻게 그녀가 자기와 결혼하고도 전남편과 가깝게 지낼 수 있는지 이해를 못 한다. 전남편은 아직도 그녀 삶에서 한자리를 차지하는 것 같고, 그녀가 뭔가 부탁하면 바로바로 들어주는 것 같다. 그는 재혼한 아내가 자기에게 뭘 바라는지 드디어 깨닫게 된다. 그녀의 아빠, 뭐든지 다 해주는 남자가 되지 않으면 안 된다.

부부가 갈라서는 과정에서 심리조종자는 법이 자기에게 정해준 틀, 특히 전 배우자가 요구한 틀을 시험해보기 시작한다. 자기가 여전히 엄마 집에서 지내듯 해도 되는지 확인하고 상대가 거부하면 분노발작을 일으킨다. 여전히 전 배우자를 자기 시간표대로 움직이게 할 수 있는지 시험한다. 그러면서도 전 배우자의 권리는 무엇 하나 용납하지 않는다. 싫다고 떠난 사람은 그쪽이니까 부부가 공동으로 소유했던 것을 계속 공유할 생각, 나눠 받을 생각은 하지도 말라 이거다. 물론 이 공동 소유에는 자녀들도 포함된다.

좋아, 갈 데까지 가보자 이거지?

심리조종자는 자기 마음에 들지 않는 현실에 부딪힐 때마다 분노발작을 일으키다가 당연한 사실을 뒤늦게 깨닫는다. '이 돌봄 제공자는 이제 글렀구나.' 성질나는 일만 늘고 이득은 없다. 그러니 업자를 바꿔야 한다. 도로 미성년자가 될 수는 없지만 엄마 노릇 할 사람은 바꿀 수 있다. 그러면 나머지를 고스란히 지킬 수 있다. 집, 아이들, 돈, 오래된 습관……. 헌 엄마는 쓰레기장에 내다버리고 새 엄마를 데려다놔야지. 심리조종자가 가동하는 사악한 계획이 바로 이거다. 그는 당신을 탈탈 털고 나서 시동이 잘 안 걸리는 똥차 걷어차듯 발로 뻥 차서 내다버리려 한다. 그뿐인가, 비록 망가진 고물이라 해도 당신은 자기 물건이라고 생각할 것이다. 당신이 다른 사람을 돌본다는 것은, 둘 사이에서 태어난 아이들을 돌보는 것조차도 생각할 수 없는 일이다. 처음부터 자기 자식을 샘냈던 심리조종자가, 자기가 누리지 못하는 것을 자식이 누리게 내버려둘 것 같은가! 이제 당신이 자기 마음대로 움직여주지 않는 데다 마땅히 받아야 할 돈을 요구하기 때문에 그는 피해망상이 심해진다. 그는 이 똥차가 자기에게 달려들지 못하게 완전히 폐차를 시켜야겠다고 생각한다.

그의 결심을 믿어도 좋다. 당신은 완전히 산산조각날 것이다! 그는 더 이상 잃을 것이 없으므로 미움, 월권 행위, 폭력을 더 마음껏 풀어놓는다. 밑져야 본전, 갈 데까지 가보자. 더 이상 거리낌이 없다! 젠장, 대놓고 막 나가니까 신나는군! 사람을 가학적으로 괴롭히고 남의 고통을 내 기쁨으로 삼으니, 이 어찌 좋지 아니한가! 음, 궁극의 마약 주사 한 방은 감미롭기도 하지!

당신은 판결의 힘을 빌려 그에게 다 갚아줄 것이다! 쉬는 시간에 괴롭힘 당하기 싫으면 담임선생님께 일러바쳐야 한다! 그런데 무서운 선생님에게 고자질해서 갈등을 해결하려고 했다면 분명 후회하게 된다. 심리조종자는 농락의 귀재다. 이 못된 아이는 다른 어른들에게 그랬듯이 선생님도 가지고 논다. 누워서 떡 먹기다! 법은 가해자가 아니라 피해자를 두들겨 팰 것이다! 참 잘된 일이기도 하지!

심리조종자가 벌이는 싸움에는 두 개의 축이 있다. 한 축은 당신을 알거지로 만드는 것, 또 다른 축은 자신을 거절한 당신한테서 아이들을 빼앗는 것이다. 사회의 인식 부족을 발판 삼아 그는 이 싸움을 수월하게 끌고 갈 것이다.

당하는 사람에게 채찍질하는 세상

내가 심리조종이라는 주제로 또다시 책을 쓴다면 그 이유는 사회의 의식구조를 변화시키기 위해 아직도 할 말이 많고 해야 할 일이 많기 때문이리라. 나는 매일같이 우리 사회가 참 틀에 박혀 있음을 실감케 하는 황당한 사연을 접한다. 법적 관계자들은 아직 이 문제의 여건을 완전히 파악하지 못하고 있다. 나는 위성통화로 세계 곳곳의 사람들을 상담한다. 프랑스만 심리조종자라는 인간형을 이해하지 못하고 있는 건 아닌가 보다. 스위스, 벨기에, 캐나다, 그 외 여러 나라에서 걱정스러운 사연들을 전해온다. 피상담인들이 "제 심리상담사가 그러는데요……", "제 변호사는 분명히 ……라고 했어요", "판사가 ……를 지시했어요"라고 말할 때마다 나는 이 전문가들이 심리조종자의 위험성을 잘 모르고 있다는 생각이 든다. 나는 상담, 신고, 고소, 전문가 보고서, 사회기관의 조사 보고서, 판결, 중재안에서 부당하다 못해 황당한 내용을 너무 많이 보았다. 그러한 절차들이 부부 중 한 명이 변태성격자일 때에는 돈만 많이 들고 효과는 없을 뿐 아니라 정말로 아니함만 못하더라. 그래서 우리 사회에 메시지는 충분히 전달되었고, 나는 그만 쉬어도 된다는 생각을 할 수가 없다.

자, 그래도 낙관적으로 보자. 자기애적 변태성격자에 대한 책들이 늘어났고 미디어도 이 주제를 점점 더 자주, 점점 더 명쾌하게 다루고 있다. 나는 어제 프랑스 동부에 사는 피상담인에게서 이메일을 받았다. 이 남성은 드디어 가정법원이 자기 전처(물론 이 여자는 심리조종자 되시겠다!)의 본색을 알게 됐다면서 안도했다. 전처의 요구는 모조리 각하되었고 법원은 그녀에게 좀 더 엄격한 태도를 취하게 되었다. 정도의 차이는 있지만 이런 변화가 점점 더 자주 일어나고 있음은 분명하다. 하지만 안타깝게도 나는 파리 지역에 거주하는 여성에게서 전혀 다른 이메일도 받았다. 그녀는 남편을 고소했지만 남편이 아파트 경비와 우체부를 구워삶아 고소장을 가로챘다고 한다. 경찰은 오히려 그녀를 수상쩍게 보았다. "그 사람들이 당신 모르게 그런 짓에 협력했다면 당신이 평소 그들과 사이가 좋지 않았나 보군요." 이 말은 은근히 폭력적이다. 피해자가 이런 말을 들으면 자기가 비난받는 느낌이 들게 마련이다. 다행히 이 피해 여성은 충분히 거리를 두고 상황을 바라보고 재설정할 수 있는 사람이었다. "상황이 해석되시나요? 그 사람들이 저 몰래 그랬던 이유는, 그런 짓이 불법이니까요!" 경찰에게 법을 상기시켜줘야 한다니, 이런 낭패가 있나!

나는 언젠가 모든 사람이 심리조종자에 대해 충분히 잘 알고 적당한 거리를 취함으로써 이 덩치만 자란 악동이 파재끼는 함정에 아무도 빠지지 않는 날이 오기를 바란다. 그들을 단호하게 훈육하고 재교육하려면 사회 전체가 마땅히 할 바를 해야 한다. 그러는 편이 심리조종자들에게도 이롭다. 심리조종자도 버릇을 잘 들이면 잠잠해질 수 있다는 것이 실험으로 증명되었으니까. 전능함에 대한 환상이 부풀려지고 유지되면 결국 사람이 이상해진다. 그 극단적인 예가 바로 소아성애자다. 밖에서는 소아성애자가 사람 탈을 쓴 악마지만 교도소에서는 그런 천사가 따로 없다! 물론, 모든 심리조종자를 감옥에 처넣어야한다는 말은 아니다. 하지만 나는 그들이 법 앞에서는 수작이 통하지 않고 나쁜 짓은 금방 덜미를 잡힌다는 인식을 가진다면, 알아서 얌전히 굴지 않으면 혼쭐이 난다는 인식을 가진다면, 그것만으로도 심리조종자들이 끼치는 해악이 줄어들 거라 생각한다.

사회가 전달하는 고정관념들 가운데 몇 가지는 변태성격자에 의한 피해자들에 대해서 아주 고약한 선입견을 심어주는 듯하다.

- 여성들을 이중으로 구속하는 나쁜 엄마의 신화.
- 요즘 아빠들은 육아와 교육에 적극적으로 참여한다는 신화.
- 공정한 해결책처럼 보이지만 결코 그렇지 않은 교대 양육.
- 위험천만한 사기라고 해도 과언이 아닌 부모 소외 증후군.
- 상식적 사고와 가장 기본적인 패러다임조차 벗어나는, 지식인들의 허울뿐인 이론.

2부

심술쟁이 손에 들린
심리조종 무기

Enfants de manipulateurs

뭘 해도 부족한 엄마
조금만 해도 훌륭한 아빠

당신은 엄마잖아!

어머니의 날은 세상 모든 어머니에게 품는 존경을 나타내는, 피할 수 없는 관습이다. 해마다 이날이 되면 아이들이 줄줄이 나와서 입술에는 감미로운 찬사를 담고, 손에는 리본 묶은 선물을 들고, 눈에는 그들의 작은 우주를 수호하는 요정님, 여신님을 향한 사랑을 담아 '낳아주시고 길러주신 분'을 우러러 받든다고 고백한다. 이런 날에는 가슴이 뭉클하고 따뜻해지지 않을 수 없다. 특별히 잡힌 이 하루 동안은, 어머니가 가족을 위해 나머지 364일 동안 바치는 겸허하고 일상적인 헌신을 주변 사람들이 마침내 알아준다. 그러나 마음을 가라앉히는 이 합의된 하루 이면에는 아주 슬픈 현실이 숨어 있다. 세 번째 천 년이 시작되어가는 지금도, 어머니들은 평소에 무시당하거나 멸시받으며 힘겹게 소임을 다하고 있다. 어린이집은 충분하지 않고 배우자의 협조는 더욱더 부족하다. 임신했다고 알리거나, 아이들이 어릴 때 특히 많은 잔병치레 때문에 연차를 쓰면 회사는 싸늘하게 나온다. 아이들의 욕구는 엄마의 근무 시간과 월급을 고려해주지 않는다……. 오늘날 엄마로서 산다는 것은 일반적인 무관심과 멸시 속에서 하루하루 전쟁 같은 나날을 사는 것일 때가 참 많다.

사회는 갓난아기 정도된 정신연령으로 어머니들을 대한다. 어머니들에 대한 집단적 기대와 믿음은 모순들을 엮어 함정을 만든다. 엄마는 무슨 일을 하든 비판당한다. 모성애가 지나치거나 반대로 부족하거나, 아이를 과보호하거나 엄마답지 않게 무심하거나, 너무 엄하거나('거세하는' 어머니) 아니면 방임하거나, 융합적인 어머니 아니면 거부하는 어머니, 둘 중 하나다. 최근에 한 아버지가 크레인을 타고 올라가 고래고래 소리를 지른 일이 있었다. "잘난 여자들이 좀 알아야 해! 기저귀 가는 일은 개나 소나 할 수 있거든!" 육아가 기저귀만 갈면 되는 일인 줄 아는가 보다! 이렇게 한편에서는 육아의 어려움을 부인하고 엄마 노릇을 보람이 별로 없는 일처럼 제시하며 실제로 엄마들을 무시한다. 그러면서도 한 치 틀림없는 헌신과 모성 본능을 기대한다.

여기 한 예를 들어보겠다. 이혼소송 판결문에는 아빠가 목요일 아침에 아이를 학교에 데려다주면 엄마는 그날 오후에 아이를 집으로 데려오게 되어 있었다. 피에르는 잘생긴 심리조종자다. 그는 열이 펄

펄펄 끓는 여섯 살짜리 아이를 아무 문제없다는 듯이 목요일 아침에 학교에 데려다주고 일하는 데 방해받고 싶지 않다는 이유로 휴대전화를 꺼놓았다. 나중에 피에르는 아이가 오전에는 말짱했고 엄마가 데려간 이후에 병이 난 거라고 주장했다. 학교에서 아이가 끙끙 앓자 교장선생님은…… 엄마에게 전화를 걸었다. 아녜스는 처음에는 당황하면서 중요한 업무가 있는 날이라서 어쩔 수 없다고 학교 측에 설명했다. 자기는 하교 시각 이후부터 아이를 맡기 때문에 아이 아빠에게 연락해야 한다는 점을 이해시키려고 애썼다. 그러나 아녜스는 그래봤자 전화를 건 교장선생님이 충격 받을 뿐이라는 점을 금세 알아차렸다. 자식이 열이 나고 아프다는데 냅다 달려오지 않는 엄마는 누구에게도 용서받지 못한다. 이 상황에서 아이 아빠가 가야 한다고 말하는 엄마는 모두에게 독하고 모진 인간이요, 모성애가 부족한 괴물이 된다. 그래서 학교와 아빠는 과보호하는 엄마들을 흉보면서도 언제나 침해할 수 없는 모성적 헌신에 기대를 건다. 아녜스는 근무일 하루를 날리고 황급히 아이를 데리러 갈 수밖에 없었다. 그녀는 결코 전남편 피에르처럼 휴대전화를 꺼놓는 방법은 쓸 수 없을 것이다. 아빠들은 바쁜 게 당연하지만 엄마의 휴대전화는 항상 연락 가능해야 하니까!

이게 다가 아니다! 정신분석이 도입된 이후로 엄마들은 무거운 죄의식에 시달려왔지만 실질적으로 어떤 도움도 받지 못했다. 자식들이 어떻게 되느냐는 엄마 책임이라는 생각이 여전히 대세다. 심지어 이혼을 하고 나서도 자식은 오롯이 엄마 책임이다……. 매사가 그렇다. 예를 들어, 아이를 병원에 데려가는 것은 엄마 일이다(소아과, 치과는 말할 것도 없고 물리치료, 척추교정, 언어치료, 심리상담 등등). 교사 면담, 학부모 참관 수업, 각종 등록 업무(과외 활동, 급식 신청, 특별활동기관 등등), 쇼핑(아이 옷, 신발, 학용품 등등)을 엄마가 다 책임져야 한다. 이혼 후에도 전과 똑같이, 모든 것이 제대로 굴러가야 한다. 엄마가 쓸 수 있는 시간은 줄었어도 말이다. 엄마들이 길길이 뛰면서 이런 일을 분담하자고 나서지 않으면 아무도 도와주지 않을 것이다! 이혼한 엄마들은 자기가 아이를 맡지 않는 때에도 아이를 이런저런 약속이나 스포츠 활동에 데려다주는 기사 노릇은 어쩔 수 없이 한다고 털어놓는다. "전남편은 일이 너무 많거든요. 아이를 축구교실(혹은 언어치료)에 데려다줄 시간이 없어요. 아이가 축구를 그렇게 좋아하는데 엄마랑 지내는 주만 갈 수 있고 아빠랑 지내는 주는 빠져야 한다면 얼마나 속상하겠어요!"

여기까진 약과다. 아이들의 심리 상태도 순전히 엄마 책임이다. 아이들이 부루퉁해 있어도 엄마 탓이다. 아빠와 아이가 맺는 관계의 질마저도 엄마가 다 책임져야 한다. 아이들이 아빠 집에 가기 싫다고 하면 엄마가 잘못한 거다. 아이가 불안해하는건 엄마의 불안을 아이가 감지했기 때문이요, 따라서 엄마 탓이다! 여기서 파생되는 어떤 생각은 심히 우려스럽다. 아이가 가진 참담한 기분을 엄마가 감지하고 말로 표현해주어도 사회는 엄마가 자기 불안을 아이에게 전달하는 거라고 한다. 사회는 엄마들이 불안할 이유가 없는데 불안해한다는 듯이 흉본다! 아무것도 못 느끼는 아빠가(혹은, 문제를 직시하지 않으려는 아빠가) 아이는 아주 잘 지내고 있다고 하는 말이 엄마 말보다 믿음직하게 통한다. 엄마로서 자기 자식이 겪는 고통을 호소하면서도 히스테리 환자로 몰리지 않으려면, 혹은 엄마 때문에 애가 괴로운 거라고 역으로 비난받지 않으려면, 도대체 뭘 어떻게 해야 하나?

이혼 가정 아이들이 아빠 집에 가기를 싫어하면 엄마가 아이들에게 아빠와 가까워지려는 마음을 불어넣지 않아서 그렇다는 식으로 말하는 사람들이 점점 늘어나는 것 같다. 그래, 그렇다, 이런 헛소리를 재판에서까지 들을 수 있다! 아이가 자기에게 아랑곳 않고, 허구한 날 소리나 지르고 욕하고 때리는 아빠, 혹은 주말 내내 애가 있거나 말거나 신경 안 쓰는 아빠 집에 좋다고 달려가게 하려면 엄마가 도대체 어떻게 해야 하나? 누가 방법 좀 가르쳐주라! 아, 쯧쯧, 내가 깜박했다. 그런 건 다 '거짓 진술'인데!

누구나 이렇게 '좋은' 엄마와 '나쁜' 엄마가 따로 있는 것처럼 생각한다. 좋은 엄마, 나쁜 엄마 신화는 어리석고 빤하지만, 아이들이 보이는 모든 문제를 엄마 책임으로 돌릴 수 있게 해준다. 고로, 사회의 책임은 모면된다(일부 아빠들의 책임도 모면된다). 집단 무의식이 상상하는 좋은 엄마는 굳이 애쓰지 않아도 본능적으로 아이들의 모든 욕구를 알아차린다. 또한 좋은 엄마는 숨 쉬듯 자연스럽게 아이들을 돌보고 육아를 기쁨의 원천으로 삼기 때문에 통제력이나 희생정신이 따로 필요치 않다. 좋은 엄마는 아기와 완벽하게 마음이 맞는다. 엄마의 사랑도 상당한 노하우와 그때그때 다양한 행동 양식을 요구하지만 좋은 엄마는 그 모든 것을 자연스럽게 구사한다. 좋은 엄마는 아이의 신체를 잘 돌볼 뿐 아니라 따뜻한 지지와 애정이 가득한 환경을 만들어준다. 새벽 동이 틀 때부터 해가 질 때까지 늘 차분하면서도 활기찬 이 엄마는 아이에게 명확한 한계를 일러주고 실질적 위험에서 효과적으로 아이를 보호한다. 아이에 대한 헌신, 아이를 귀여워하면서 맛보는 기쁨이 늘 한결같다. 암, 그렇고말고. 반면에 나쁜 엄마는 아이에게 쉽게 싫증을 내고 아이의 행복에 무관심하다. 나르시시스트인 나쁜 엄마는 자기에게 너무 빠져 있기 때문에 자식에게 뭐가 좋고 뭐가 나쁜지 분별을 잘 하지 못한다. 나쁜 엄마는 아이의 욕구에 둔감하고 아이의 감정을 잘 이해하지 못한다. 나쁜 엄마는 개인적 만족을 위해 아이를 이용한다. 이런 엄마는 자기가 뭘 잘못하는지도 모른 채 아이에게 상처를 준다. 나쁜 엄마는 자기가 끼치는 고통에서 교훈을 얻지 못하기 때문에 개선의 여지가 없다. 아, 여자라서 끔찍하다!

엄마들을 이상화하거나 헐뜯는 이러한 경향은 지나치게 단순하다. 어린애 같은 얘기에서 빠져나와 객관적인 현실로 돌아가야 한다. 착한 엄마, 나쁜 엄마는 엄마라는 한 역할의 두 측면일 뿐이고, 아이의 시각일 뿐이다. 엄마들 가운데 극히 일부는 실제로 양육 태만이 맞다(전체 엄마들의 2~4퍼센트 정도를 차지하는 심리조종자 엄마들). 그러나 대부분 엄마들은 아이를 끔찍이 사랑하고, 잘해주려고 노력하는 가운데 일상 속 어려움에 부딪힌다. 이유가 뭐가 됐든, 애정을 한껏 담아 자식을 키우고 돌보지 못하는 것보다 엄마에게 가슴 찢어지는 아픔은 없다. 완벽한 어머니 신화에 부응할 힘이나 의욕, 인내심이 바닥날 때 엄마들은 죄의식을 느낀다. 그렇지만 어린아이들은 어른에게 절대적으로 의존해 살아가기 때문에 부모에게 어마어마한 자기부정을 요구한다. 이런 이타성을 늘 유지하기란 힘들다. 아무리 자식을 지극히 사랑한대도, 더러 어떤 순간에는 아이들이 참을 수 없게 느껴진다.

엄마들을 지탄할 대상으로 삼지 말고, 도와주자. 아이를 키우는 일은 복잡하고 까다로워서 고립된 채 평가절하당하기 일쑤요, 기댈 데 하나 없는 어느 한 사람에게 맡길 것이 못 된다. 바르게 양육하는 어머니에게 사랑받고 자랐다는 확신이 평생을 간다는 것을 우리 모두 알아야 한다. 남자든 여자든, 그러한 확신은 평생 건실한 안정감을 준다. 엄마가 자식에게 그런 확신을 주려면 엄마부터 존중, 물질적 지원, 정서적 지원을 받아야 한다. 요컨대, 엄마 스스로 정말로 도움 받고 있다고 느낄 수 있어야 한다. 교육은 아빠, 넓은 범위의 가족, 나아가 사회 전체가 저마다의 역할을 적극적으로 담당하는 방향으로 이루어져야 한다. 아버지는 경쟁자나 적이 아니라 조력자이자 지지자 입장에 서야 할 것이다.

다정해진 아빠들

슈퍼마켓에서 아기 띠를 둘러맨 아빠가 장을 보고 있다. 아빠는 천천히 상품 진열대 사이를 오가면서 이따금 솜털이 보송보송한 아기 머리통을 가볍게 쓰다듬거나 입을 맞춘다. 귀엽고 감동적인 장면이다. 50년 전까지만 해도 볼 수 없었던 장면이다! 예전에 아빠라는 사람은 '낡아빠진 외투를 걸치고 일하러 가는'*사람이었다. 일하기 바쁘고, 집에 있는 시간이 적고, 아이들 교육에는 별로 신경 쓰지 않으며, 과묵하고 점잖고 엄격한 아버지. 속정은 깊지만 무뚝뚝한 아버지 이미지가 과거에는 지배적이었다. 객관적으로 봐도 요즘 아빠들은 훨씬 다정하고 아이와 잘 놀아주고 대화도 많이 한다. 아이에게 감정을 잘 드러내고 예전처럼 엄격하지도 않다. 이러한 변화는 좋은 방향이기는 하지만 여전히 피상적이고, 더러 숲을 가리는 나무 노릇을 하기도 한다. 아빠들이 예전보다 육아에 많이 관여한다 해도 엄마들과는 비교가 안 된다. 모든 사회학 연구들이 요즘 아빠의 신화를 반박한다. 오늘날에도 엄마들은 과거와 마찬가지로 육아와 교육을 거의 도맡고 있다. 선생님을 만나러 가고, 병원 예약을 잡아서 아이를 데려가고, 아이가 다양한 활동을 경험할 수 있도록 운전기사 노릇을 하는 사람은 거의 항상 엄마다. 자클린 펠립Jacqueline Phélip**과 모리스 베르제르Maurice Berger가 유머러스하게 강조했듯이, '전문가들이 아이가 심각하게 괴로워하고 있다고 해도 아빠들은 꿈에도 그런 줄 모른다. 분명히 한 집에 살고 있는데도 말이다.' 프랑스 아빠들이여, 힘을 내라, 좀 더(아니,

---

* 다니엘 기샤르가 부른 노래 가사를 인용한 것이다.
** 앞에서 언급된 아동보호운동 '랑팡 다보르'의 대표이자 『교대 양육 흑서黑書 Le livre noir de la garde alternée』의 저자다. 모리스 베르제르는 이 책의 서문을 썼다.

한참 더) 분발하라! 프랑스 아빠들이 육아에서 담당하는 몫은 엄마 몫의 3분의 1이고 스웨덴 아빠들, 노르웨이 아빠들과 비교해도 절반 수준이다. 이 정도도 잘하고 있는 거라 생각한다면 아직까지 진짜 육아를 해보지 않았기 때문에, 육아가 얼마나 큰일인지 모르기 때문에 감히 그러는 거다. 엄마들이 아기를 낳는 순간부터 성년으로 키울 때까지 자동으로 따라오는 오만 가지 일들을 목록화해서 언젠가 교재로 발행해야 한다고 본다. 기저귀만 갈면 애가 저절로 크는 줄 아나? 웃기지 마라!

엄마는 유난스럽고, 아빠는 기특해?

우리 사회의 역설 중 하나가 또 여기 있다. 요즘 담론이 성평등이라는 명목으로 아버지를 치켜세우고 어머니에게 오명을 씌우는 경우가 적지 않다. '아버지의 권리 부정'은 많이들 들먹거리는데 '어머니의 권리 부정'은 좀체 언급되지 않는다. 아버지들은 강하게 항의할수록 의견이 잘 받아들여지는데, 어머니들은 강하게 항의할수록 비인간적인 사람 취급을 당한다. 어머니의 권리, 특히 아이의 권리는 물거품이 되기 일쑤다. 아이가 아빠 집에 가기를 원치 않는데도, 엄마가 아이를 억지로 보내야 한다고들 말한다. 아이를 성심껏 돌보지도 않으면서 어쨌든 아이가 자기 집에 와야 한다고 주장하는 아빠들은 아무것도 강요당하지 않는다. 그들에게 면접권과 교대 양육권은 '권리'일 뿐, 결코 '의무'가 아니다. 결국 우리는 엄마들을 비판하면서도 엄마들에게 거의 마법적인 전능성을 부여한다. 엄마들은 '아빠의 권한을 빼앗지 말 것', '아이가 아빠와 잘 지내도록 교육시킬 것', '아빠에게도 가르쳐줘야 할 것을 가르쳐줄 것', '아빠를 신뢰할 것' 그리고 무엇보다 '아빠의 자리를 남겨둘 것'을 명령받는다. 거꾸로 아빠들에게 '엄마의 권한을 빼앗지 말고', '아이가 엄마와 잘 지내도록 교육시키고', '엄마에게 알려줘야 할 것을 가르쳐주고', '엄마를 신뢰하고' 무엇보다 '엄마의 자리를 남겨두라고' 명령한다고 상상해보라. 이제 알겠는가? 입장 바꿔 생각해보면 기가 막힌다. 그런데 이렇게 양성평등을 앞세운 역차별적인 주장이 판치고 있다! 마리는 씁쓸하다는 듯이 말했다. "전남편이 '내 새끼들', '우리 꼬맹이'라고 하면 모두들 자식을 끔찍이 사랑하는 좋은 아빠라고 하지요. 제가 행여 '내 새끼들', '우리 꼬맹이' 소리를 했다가는 소유욕 강한 엄마라고 욕먹을걸요. 엄마가 눈물로 호소하면 '저 여자 히스테리 부린다'고 해요. 하지만 아빠가 눈물로 호소하면 모두들 가엾게 여기죠!"

성평등 이데올로기를 빙자하여 모성과 육아를 은근히 깎아내리는 태도는 아버지와 어머니를 상호보완적 관계가 아니라 경쟁 관계에 세운다. 그래서 아버지와 어머니는 불행해지고 아이들은 아버지와 어머니를 빼앗긴다. 어머니가 온전히 어머니일 수 없고, 아버지는 어머니만큼 본능과 역량을 갖추지 못한 채 어설프게 어머니 흉내를 낸다. 우리 사회가 성평등 개념에 접근하는 방식은 아둔하다. 차이를 무시하는 것이 평등이라고 생각하는 착각이 그 바탕에 깔려 있는 까닭이다. 아버지와 어머니는 호환 가능하지 않다.

모든 포유류는 엄마가 필요한 게 당연지사

인간은 약 300만 년 전에 출현했다. 인간은 스스로 도구를 만들어 쓰기 시작했다는 점에서 다른 영장류와 차별화되었다. 수천 년에 걸쳐 인간의 머리는 점점 커졌다. 700세제곱센티미터가 1500세제곱센티미터까지 불어났다. 따라서 출산으로 산모와 아기가 목숨을 잃지 않으려면 아기는 점점 이르다 싶게, 뇌가 다 완성되지 않은 상태로 세상에 나와야 했다. 인간의 머리통은 출생 이후 22년이 넘을 때까지도 계속 자란다. 숫구멍은 생후 2년 안에 닫힌다. 35센티미터 남짓한 갓난아기의 머리둘레는 꾸준히 커져서 성년기에는 평균 55센티미터에 달한다.

영양 새끼는 태어난 지 30분 만에 맹수를 피해 도망갈 줄 안다. 사람 새끼가 자율적 존재로서 삶의 온갖 위험을 피할 수 있으려면 18년에서 20년 정도 걸린다. 지구 상에 인간처럼 몸집만 크고 덜 자란 동물은 없다. 몸집만 크고 덜 자란 동물들이 으레 그렇듯, 인간은 연약하고 다치기 쉽다. 따라서 아이는 반드시 성인이 책임지고 보호해야 한다. 여기에는 아이 자신에게서 보호해야 한다는 의미도 포함된다(14세 청소년이 저지른 범죄는 스스로 한 일일지라도 책임을 물릴 수가 없다). 인간 아이는 만 6세까지 질 높은 양육과 자기가 스트레스를 받을 때 기댈 수 있는 주요한 애착 대상을 필요로 한다. 엄마들은 대부분 본능적으로 이것을 안다. 그러나 사회는 엄마들을 노골적으로 비웃는다.

희한하게도 새끼고양이나 강아지를 입양할 때는 오히려 더 살뜰하게 새끼를 기존 환경에서 떼어놓는 과정에 신경을 쓰는 것 같다. 새 주인들은 새끼와 어미의 관계가 어떠했는지, 어미에게서 떼어놓는 과정이 너무 급작스럽거나 트라우마가 생길 만하지는 않았는지 주의 깊게 챙긴다. 열악한 조건 속에서 기른 반려동물이 어쩔 수 없는 문제점들을 보인다는 점은 모두들 이해한다. 강아지를 하루는 이 집, 하루는 저 집에서 키우면서 어미를 이틀에 한 번꼴로 만나게 할 생각은 아무도 하지 않을 것이다. 인간 아닌 다른 포유류의 경우라면, 예컨대 개나 고양이의 경우라면, 어미에게서 너무 일찍 떨어진 새끼가 평생 부실하고 적응을 못 해도 이해한다. 그런데 정작 사람 새끼들에 대해서는 양육 환경, 어미와의 분리 환경이 아무 의미도 없는 것 같다. 왜 우리 아이들에게는 사정이 다를까?

안타깝게도 인간 두뇌는 인간을 점점 더 생의 본능과 동떨어진 방향으로 보내고 있다. 인간은 커다란 뇌를 굴려 가장 기본적인 상식을 추월하는 이론과 이데올로기를 수립한다. 요즘은 아이들을 어른 대하듯 한다. 아이들이 지닌 연약하고 다치기 쉬운 특성이 고려되지 않는 것이다. 아이의 근본적인 욕구도 모르면서 '아이를 가장 위하는 방향'이라고 떠들어댄다. 누구든 생리학적, 본능적 기본을 들먹이면 거센 항의를 받고 옛날밖에 모르는 반동분자 소리를 듣는다. 정말로 아이들을 변호하는 사람에게는 '엄마 편', '아빠의 적'이라는 꼬리표가 붙는다. 아니, 아기에게 엄마가 필요하다는 말이 그렇게 불편할 이유가 있나? 엄마가 자식을 보살필 수 없게 된다면 인류가 어떻게 될까?

엄마 흉내는 그만, 제대로 된 아빠 노릇을

40년 전부터 가부장제는 사라지고 이혼이 급증했으며 인공 생식과 생명 복제 분야에 대단한 '진보'가 있었다. 그러는 동안 아버지 노릇은 심하게 길을 잃고 헤맸다. 그렇지만 아버지 노릇은 무엇으로도 대체 불가능하다.

이게 다 페미니즘 때문이라고 생각하는 사람들도 많다. 밉살스러운 여자들이 또 만만하겠지! 하지만 아니다! 가부장적 가족제도의 위기는 제1차 세계대전과 산업화 시대까지 거슬러 올라간다. 과거 시골에서는 아버지 노릇이 항상 확실했다. 아버지가 전쟁에 나가거나 일을 하다가 사망해도 집안의 다른 남자 어른, 이를테면 할아버지, 큰아버지나 작은아버지, 대부代父가 그 노릇을 이어받을 수 있었다. 1914년부터 1918년까지, 많은 남성들이 가정을 떠나와 전쟁터에서 목숨을 잃었다. 아내들은 이별과 사별을 거치면서 혼자 힘으로 사는 법을 배워야 했고, 그러한 삶에 눈을 떴다. 페미니즘은 이러한 부식토에서 싹을 틔웠다. 이농 현상으로 대가족은 해체되었고 익명의 대도시에서 젊은 남녀 커플 세대가 대세를 이루었다. 여자들은 고독보다는 군집을 지향하는 편이다. 과거의 농가는 늘 친척, 이웃, 일꾼 들로 복작거렸다. 여자들은 관계지향적인 욕구가 있어서(함께하고, 대화를 나누고, 힘을 합쳐 일하고……) 하루 종일 일하는 남편 한 사람으로는 그 욕구가 채워지지 않는다. 1950년대에는 '위기의 주부들Desperate housewives' 현상이 나타났다. 외롭고 무료하게 하루하루를 보내는 전업주부들은 의기소침해졌다. 여자들은 이러한 고립을 계속 참고 지내지 않았다. 자기 일을 하고 사람들과 만나길 원했다. 일을 하면서 경제적으로 독립한 여성들에게는 자율의 가능성, 따라서 이혼의 가능성도 열렸다. 이혼이 크게 늘었다. 이때부터 아버지 노릇은 보장될 수가 없었다.

(의식적이고 구체적이며 호환 가능한) 부모 역할과 (무의식적이고 추상적이며 대체 불가능한) 부모 노릇은 자못 다르다. 기저귀를 남자가 갈든 여자가 갈든 상관없다. 자전거 타는 법을 아빠가 가르쳐주든 엄마가 가르쳐주든 상관없다. 하지만 아빠 노릇, 엄마 노릇은 유일한 것이기에 호환이 불가능하다. 엄마 노릇은 융합fusion이다. 아이를 따뜻하게 품어주고, 먹여주고, 보호하는 것이다. 아빠 노릇은 삼각관계의 수립, 다시 말해 분리를 수행하는 것이다. 아빠는 아이를 엄마 품에서 끌어내 바깥세상으로 나가도록 자극해야 한다. 삼각관계 수립의 주요한 국면들은 다음과 같다.

- **보호**: 가족을 물리적으로 보호하는 것은 늘 아버지의 소임으로 간주되었다. 그렇지만 아버지는 정신적 보호도 제공해야 한다. 아버

지가 함께 있으면 비이성적인 두려움이 가라앉는다. 내적 불안을 가라앉히는 아버지의 기능은 잘 인식되지 않지만 매우 중요하다. 그래서 아버지 노릇이 힘을 잃을수록 사회는 불안해진다.

- **교육:** 아버지père는 지표re-père를 제시한다. 아버지는 법, 규칙, 한계, 규범, 금기를 전달한다. 아이는 그러한 전달을 통해서 점차 사람다운 사람이 된다. 기틀이 잡히지 않은 아이는 어린애다운 전능함의 환상에서 못 벗어난다. 그러한 환상의 폐해에 대해서는 이 책 도입부부터 누차 설명해왔으니 다들 잘 알 것이다.

- **세상:** 아버지는 박탈과 부재를 가르쳐야 한다. 그래야만 아이는 즉각적인 만족을 포기하고 좌절을 견디는 법을 배운다. 좌절을 제대로 관리하는 법을 배우지 못하면, 살아가는 데 대단히 중요하지만 즉각적 만족과는 거리가 먼 계획들(저축, 식단 조절, 장기간의 학업 등등)은 다 실패할 수밖에 없다. 어릴 때 이러한 틀이 잡히지 않으면 충동적이고 화를 잘 내고 경솔한 사람이 된다.

- **분리:** 아버지는 아이를 어머니와의 융합에서 끌어내야 한다. 아이는 엄마 품으로 돌아갈 수 없을 때 비로소 바깥세상으로 눈을 돌린다. 하지만 이러한 분리는 만 3세부터 완만하게, 무리가 가지 않도록 조금씩 이루어지다가 철들 나이(만 7세)부터 본격화되어야 한다.

- **혈통**: 아버지는 아이에게 자기 성姓을 물려줌으로써 아이를 자기 혈통의 후계자로 삼고, 적법성을 부여하며, 조상들과의 관계 속에 위치시킨다. 아버지가 누구인지 모르는 아이는 평생 가슴 아픈 고통을 겪는다. 이름 모를 사내의 정자로 잉태되었다는 이 정체성의 공백을 어떻게 메울 수 있을까?

남자의 불완전한 면모도 필요하다. 어머니의 전능함, 아이의 전능함에 환상이 있는 사람은 완벽을 요구한다. 남자가 완벽과 거리가 멀수록 아내와 아이는 세상 현실과 가까워진다. 음, 신사 여러분, 아무리 그래도 적당히 하시기를!

이상의 내용은 일반적인 부모 모두에게 해당한다. 삼각관계가 잘 수립되려면 무엇보다도 다음 조건이 필요하다.

- 우선 아버지가 제대로 된 어른이어야 한다. 제대로 된 어른은 자기가 뭐든 할 수 있다는 환상에서 벗어난 사람이다.
- 자기가 아들 세대에서 아버지 세대로 넘어왔음을 받아들여야 한다. 자기는 늙어가고 추월당한다는 현실을 받아들여야 한다는 의미다.
- 엄마 노릇은 호환 가능하지 않으며, 그렇기에 어떤 경우에도 자기가 엄마를 대신할 수 없음을 납득해야 한다.

그런데 심리조종자들은 이 조건들 중 어느 하나도 충족하지 못하기 때문에 아버지 노릇을 제대로 할 수 없다.

"심리조종자 엄마들은 어떤데요?" 지독한 아내를 만나 고생하는 아빠들에게선 급히 이 질문이 튀어나올 것이다. 심리조종자 엄마들은 어떤 면에서 위험할까? 실제로 이 여자들은 갖은 방법을 다 써서 남편이 아버지 노릇을 못 하게 한다. 심리조종자 엄마들의 양육 태만은 심각하다. 아이들은 제대로 보살핌을 받지 못할 것이다. 그렇기는 한데…… 재차 강조하지만 인간 아기는 포유류다. 아이가 제 어미에게 적응할 것이다. 좋은 엄마든 나쁜 엄마든, 엄마는 엄마다. 그런 엄마도 어쨌든 아이가 만 3세가 될 때까지는 대체 불가능한 존재다. 아빠들은 안심하시라. 내가 앞에서 말했듯이 심리조종자들은 자기 이미지에 집착하고 사회는 엄마가 일탈 행동을 하는 경우 절대로 용서하지 않는다. 그 때문에 심리조종자 엄마들이 끼치는 폐해에는 한계가 있다. 게다가 이 태만한 엄마는 건실한 돌봄 제공자들을 찾아낼 것이다. 아이 아빠가 육아와 집안일을 대신해줄 상황이 안 되면 아이 할머니에게 손을 내밀 것이다. 그러므로 심각한 아동 학대가 의심되지 않는 한, 긴급할 건 없다. 다음 장에서는 심리조종에 맞서고 아이들을 보호하는 방법들에 대해서 알아보겠다.

일단 교대 양육이 미치는 영향을 살펴보자.

솔로몬님, 아이를
반으로 갈라주시죠!

• • •

나도 안다, 요즘은 '교대 양육garde alternée'이라고 하지 않고 '교대 거
주résidence alternée'라고 한다는 것을. 왜 이렇게 용어에 연연할까? 사실
상 이제 아무도 아이를 '양육하지' 않는다는 뜻일까? 아이는 피서 떠
나듯 여기서 저기로 거처를 옮길 뿐이라고 봐야 하나? 일주일은 산에
서, 일주일은 바다에서 지내는 건가? 교대 양육이 됐든 교대 거주가
됐든, 아이에게 미치는 영향은 같다. 아이는 노숙자처럼 짐 가방을 손
에 들고 이리저리 떠도는 삶을 살게 될 것이다. 그렇다, 교대 양육·거
주는 아이를 고정 거주지가 없는 신세로 전락시킨다. 어떻게 어른들
이 이 당연한 일을 모를 수 있는가?

째깍째깍 시한폭탄

에드비주 앙티에Edwige Antier*는 분명히 경고하려고 애썼다. "교대 양육은 언젠가 터지고 마는 시한폭탄이다!" 하지만 지금 우리 사회는 교대 양육의 이점들에만 주목한다! 다들 교대 양육이 탁월한 해결책이라는 생각을 심어주려고만 한다. 의혹을 제기하면 반동분자, 엄마 편, 아빠의 적으로 몰린다. 그렇지만 사회는 이 주제를 진중하게 다루고 교대 양육제 10년의 결과를 정리해보아야 할 것이다. 그 결과는? 장밋빛은커녕, 그 반대다! 그렇지만 문서상으로나 이론상으로는 근사하기만 하다.

엄마와 아빠가 양육을 절반씩 도맡으면 이보다 더 공평할 수 없다! 교대 거주는 절대적 균형을 이루는 형평성이라는 환상을 만들어낸다. 공정성을 좋아하는 사람들은 자기들이 솔로몬의 판결을 문자 그대로 적용하는 우를 범하는 줄도 모르고 이 함정에 빠진다. 솔로몬이 뭐라고 했던가. 아이를 반으로 갈라 한쪽씩 가지라 하지 않았던가. 아이는 케이크가 아니다. 이런 식의 공유는 아이를 비인간적으로 물건 취급하는 거다. 심리조종자의 사고방식이 딱 그렇다. 아이는 그들의 장난감이 아니다! 교대 거주 판결은 그들의 사고방식을 인정해주는 것밖에 안 된다. 성경의 일화에서뿐만 아니라 현실에서도 진짜 엄마는 이

---

* 프랑스의 소아과 의사이자 정치인. 아동·교육·가족 분야의 저서를 다수 발표했고 관련 법안 마련에도 힘썼다.

판결에 따르려 하지 않을 것이다. 수많은 여성들이 심리조종자 남편과 이혼하는 과정에서 교대 양육이 내키지 않는 나머지 양육권을 통째로 넘겨주고 만다. 불행히도 프랑스 법원은 솔로몬 왕처럼 지혜롭지가 못하다.

자클린 펠립은 "아이가 아빠나 엄마를 똑같이 자주 보면 이혼이 아무 영향도 미치지 않을 거라는 착각은 죄의식을 덜어줄지 모르나 멍청하기 짝이 없다"고 했다. 조금만 생각해봐도 얼마나 어리석은 발상인지 알 수 있다. 이혼은 어차피 이혼이다. 아이는 엄마 아빠 모두와 지낼 수 없고 두 사람이 함께 있는 모습도 보기 힘들어진다. 짐 가방 들고 떠도는 처지가 아이에게 도움이 될 리는 없다.

판사들은 아빠가 이혼 후에도 아이와의 관계를 잘 이어나가도록 장려하는 뜻에서 교대 거주 처분을 내린다고 말한다. 이혼 후에 엄마 혼자 양육을 하면 아빠와 아이의 관계는 해가 갈수록 희미해진다는 연구 결과들도 있다. 그렇지만 면접권만 충분히 확보해도 아빠는 아이에게 얼마든지 정성을 쏟을 수 있다. 안정된 재혼 가정을 꾸리면 초혼으로 낳은 아이들에게 무신경해지는 경향도 여자보다 남자가 더 두드러진다. 재혼으로 만난 아내가 그 이유가 되는 경우도 적지 않다. 그러나 친모들은 그렇지 않다. 양육권이 아이 아빠에게 통째로 넘어갔어도 엄마들은 아이의 성장에 꾸준히 관심을 기울이고 자주 아이 얼굴을 보려고 애쓴다. 실질적으로 대부분의 경우, 아빠가 꼭 심리조종자가 아니더라도, 교대 양육은 엄마와 아빠가 번갈아 하는 양육이 아니라 엄마와 다른 여성(아빠의 재혼 상대, 친할머니, 고모나 육아 도우미, 그때그때 만나는 여자 친구 등등)이 번갈아 하는 양육이다. 그들이 뭐라고 말하든, 통계적으로 봐도 아빠들은 아이를 직접 돌보지 않는다. 아이들은 사실상 아빠를 보지도 못하면서 쓸데없이 엄마와 떨어져 지내야 한다.

부모가 이혼 후에도 서로 말이 통해 합의를 보았고 아이들이 웬만큼 커서 애착 장애를 걱정할 필요는 없을지라도 교대 거주는 겉으로 보는 것만큼 순탄하지가 않다. 아이들은 겉으로야 완벽하게 잘 지내는 것처럼 보일 것이다. 그래야 부모들이 기뻐하니까 아이들은 괴로운 기색을 겉으로 내비칠 수 없다. 게다가 아이가 엄마 아빠 중 어느 한쪽과 살고 싶다고 말하면 다른 쪽 부모는 부모로서의 자기 자질에 문제가 있다는 뜻으로 받아들일 것이다. 이제 아이는 진정한 자기 집에서 지낼 권리가 없다. 아이는 자신을 행복한 두 집 사이를 쉴 새 없이 왔다 갔다 하는 탁구공 같다고 느낀다. 자기가 없어도 두 집 모두 평화롭게 잘만 굴러갈 것 같다. 아이는 늘 잠시 머물다 가는 손님 신분이다. 아이 귀에는 자기가 없는 동안 무슨 일이 있었는지, 다음 주에 자기가 없을 때 무슨 계획이 있는지, 그런 얘기가 자주 들린다. 아이는 아빠 집에서, 혹은 엄마 집에서 일어난 아주 중요한 일들을 놓치기 일쑤다. 하지만 자기만 빼고 모두가 이런 상황에 만족하고 있으니 이렇게 살기 싫다고, 두 집 모두 자기 집 같지 않다고, 어디에도 마음 붙일 수 없다고 말하지 못한다.

더 심각한 문제가 있다. 교대 거주 초기에 엄마들은 아이와 떨어지면서 생체적이라고 해도 될 극심한 고통을 겪는다. 젖을 먹여 새끼를 키우는 동물 어미로서는 이상할 것도 없다. 어미 고양이가 새끼들을 빼앗기면 어떻게 나오는지 본 적 있는가? 하지만 엄마들은 새끼를 보내라는 명령을 받았다. 그러니까 마지못해 아빠에게 아이를 보내면서도 '아이가 불안할까 봐' 차분한 척, 발랄한 척을 한다. 아이도 엄마 못지않게 신체적이라고 할 만한 고통을 느끼기 때문에(어미 잃은 새끼고양이를 본 적이 있는지?) 엄마가 어떻게 이럴 수 있는지 이해하지 못한다. 엄마는 이 상황이 아무렇지도 않은가 보다, 엄마는 내가 아빠에게 가도 좋은가 보다, 라고 아이는 결론 내린다. 엄마들은 차츰 무감각해질 수밖에 없다. 그러지 않고서야 어떻게 견디겠는가. 엄마들은 아픔을 감수하는 버릇을 들인다. 하지만 그러면서 모성 본능이나 아이에 대한 애착이 줄어드는 면도 없지 않다. 아이 없이 자유롭게 보내는 한 주가 어느덧 달게 느껴진다. 다른 엄마들도 부러워할 일이다. 자기만의 시간을 가질 수 있다니! 아이도 느낀다. 이제 나는 엄마한테 전부가 아니구나. 엄마에게조차 자기가 그렇게 귀한 존재가 아니라고 느끼는 아이가 자신의 고유한 가치를 믿을 수 있을까?

유럽에서 교대 양육이 실시된 지 10년이 됐다. 일부 국가들(스웨덴, 덴마크 등)은 슬슬 이 제도를 도로 무를까 고민하기 시작했지만 여전히 수많은 국가들이 교대 양육을 체계화하는 추세다. 프랑스에서 이혼 가정 중 20퍼센트는 자녀를 교대 거주시키고 있다. 그중 75퍼센트는 부부가 교대 거주를 결정한 경우다. 그리고 좀 더 드물게는, 비극적이게도, 법원이 교대 거주 명령을 내리기도 한다. 원래 법적 조항에는 이혼한 부모의 합의 하에 거리상 가까운 두 집을 아이가 오가게 되어 있지만 이 조항은 점점 더 잘 지켜지지 않고 있다. 교대 거주를 실시하는 이혼 부부 중 54퍼센트는 서로 5킬로미터 이내 거리에 산다. 언뜻 보기에는 괜찮을지 모르지만 나머지 46퍼센트는 두 집 사이가 5킬로미터가 넘는다는 얘기다. 교대 거주를 하는 아이들이 1년에 수천 킬로미터를 이동하고 두 학교, 두 소아과, 두 친구 모임, 요컨대 두 개의 삶을 오가는 경우가 부지기수다. 부모의 합의라는 기준도 이미 폐기된 것 같다. 부부 간 갈등이 첨예한 상황에서도 판사가 두 사람 간 대화를 장려한다는 구실로 교대 거주 명령을 내리기도 한다! 마찬가지 맥락에서, 아이의 연령도 중요한 기준이었다. 소아심리학자들은 만 4세 이전의 교대 양육에 강력하게 반대한다. 그런데 법무부 통계자료를 보면 기가 찬다. 2005년에 교대 양육 대상 아동 중 2퍼센트는 만 1세 이하였고, 4.2퍼센트는 만 1세, 6.7퍼센트는 만 2세, 10.4퍼센트는 만 3세였다! 자클린 펠립의 『교대 양육 흑서』에는 더 끔찍한 사례들이 담겨 있다. 어떤 엄마들은 이혼을 했다는 이유로 모유 수유를 강제 중단당하거나 주말에 아기를 아빠 집에 보낼 때 유축한 모유를 반드시 함께 보내야만 했다……. 피가 얼어붙는 것 같다! 아기가 엄마 젖을 먹지도 못하게 명령하는 법이 어디 있나?

당신만 만나면 애가 울어

자클린 펠립이 지적했듯이 아이를 어린이집에 처음 보내거나 병원에 입원시킬 때에는 대부분 엄마와의 애착을 고려해서 일을 무리하지 않게 진행시킬 줄 안다. 하지만 교대 양육을 실시할 때면 얼마나 가혹해지는지! 어떻게 사회 전체가 이렇게까지 어린아이의 기본 욕구를 무시할 수가 있나? 부부가 갈라서기 전까지 주로 엄마가 도맡아왔던 부모 노릇을 일부 판사들은 전혀 고려하지 않는다. 그렇지만 아이의 가장 중요한 욕구 중 하나는 안정적인 애착 대상을 갖는 것이고, 대부분의 경우 그 대상은 엄마다.

교대 양육 초기 6개월 동안 아이들은 대개 심각한 괴로움을 겪고 위험스러운 절망의 신호들을 보낸다. 애착 이론과 그에 대한 임상 보고를 깡그리 무시하는 소아과 의사와 심리상담사 들이 너무 많다. 애착 장애의 징후들은 아주 전형적인데도 여전히 제대로 인식되지 못한다.

처음에 아이는 아빠 집으로 떠나는 순간마다 침울해하고 슬퍼한다. 시간이 흐르면서 아이는 차차 체념한다. 표정이 굳어지고 기운이 없고 눈빛이 멍해진다(엄마들 표현을 빌리자면 '죽을상'을 한다). 집으로 돌아와서는 엄마에게 공격적으로 굴고, 엄마가 안 보이면 공황 상태에 빠진다. 또 잠을 자기 싫어하고 밤새 깨서는 불안한 듯 울어댄다…….

여러 가지 정신적·신체적 징후들도 확인된다. 천식 발작, 습진, 복통, 이유를 알 수 없는 발열, 피로, 우울 상태…….

아빠를 거부하는 모습도 눈에 띈다. 아빠가 집에 오면 도망가거나 숨는다. 조금 큰 아이들, 만 7세, 8세, 9세 아이들은 가출을 하겠다는 둥 자살을 하겠다는 둥 협박을 하기도 한다!

아이들이 엄마 집에 다녀와서 괴로워하는 걸 보니 문제는 그쪽에 있나 보다! 아빠들은 이 사안에 대해 솔직하지 못하다. 물론 그들은 아이가 가진 욕구에 대해서도, 애착 장애의 징후들도 잘 모른다. 그렇지만 얼마나 둔하면 아이가 겪는 괴로움을 전혀 눈치채지 못할 수 있나? 아빠 태도가 어떻기에 아이가 엄마를 보고 싶다는 말을 감히 꺼내지도 못할까? 아빠들한테는 모든 것이 기적처럼 괜찮기만 하다! 아빠는 엄마가 자기를 따돌리고 아이를 조종한다고 비난한다.

희한하게도 그런 주장이 매번 먹힌다. 엄마는 아이가 조금씩 망가지는 것을 알고 정말로 불안하건만 아무도 그 불안을 보지 못한다. 아이를 보호하고 싶어 하는 엄마는 정신이상자, 소유욕이 심한 여자다. 엄마들은 괴로운 나머지 정말로 자기에게 문제가 있다고 믿기에 이른다.

카린은 나에게 처음으로 상담을 받으러 와서 이런 말을 했다.

"저는 저 자신을 바꾸고 싶어서 왔어요. 저한테 문제가 있거든요. 음, 2년 전에 이혼을 했고 어린 아들이 하나 있는데 교대 양육 중이에요. 교대 양육은 아주 원만하게 이루어지고 있어요. 전남편이랑 저는 정말로 생각이 잘 맞는 편이에요. 다만, 저랑 아들이 서로 떨어지질 못해 그게 문제죠. 저 때문에 아이가 아빠 집에 갈 때마다 떼를 쓰고 난리를 피워요. 대성통곡을 하면서 엄마에게 악착같이 매달리죠. 몇 주 전부터 갈수록 심해지더라고요. 제가 아이를 과보호해서 그렇다는 건 알아요. 아이도 제 불안을 느끼고 동요하는 거겠죠. 그런 이유에서 제가 좀 달라져야 할 것 같아요. 전남편은 이 문제로 소아정신과에 약속까지 잡아놓았어요."

나는 만 4세 남자아이가 2년간 매주 잠자리를 옮기면서 지내왔다는 얘기를 들었다. 그렇게 어린것이 예쁘고 다정한 엄마 품을 일찌감치 떠나야만 했고 이미 오랫동안 고단한 생활을 했다고 생각하니 가슴이 미어졌다. 아빠 집에 가야 할 때마다 엄마에게 죽을힘을 다해 매달리는 것도 무리가 아니다! 아이는 애착 장애를 보이기 시작했다. 나는 그렇게 어린 아이에게 엄마를 전혀 볼 수 없는 일주일은 너무 길다고 설명했다. 교대 양육을 처음 시작한 만 2세 때부터 점진적으로 기간을 늘려나가는 방법을 썼다면 좋았을 것이다. 나는 그 엄마에게 전남편과 말해볼 것을 원했다. 그녀는 넋 나간 표정을 지었다. "그런 말은 못 해요!" 아니, 이게 무슨 반응이지? 아까 분명히 '정말로 생각이 잘 맞는 편'이라고 하지 않았나?

"네, 그래요. 하지만 전남편은 좀 별난 사람이거든요. 신경이 예민하고 우울증이 있어서……."

"알겠어요, 걸핏하면 화를 낸다는 뜻이군요! 두 분이 정말로 생각이 잘 맞는 비결은 전남편이 어떻게 나오든지 부인이 다 받아주는 거군요. 상대가 욱할까 봐 늘 양보만 하지 않았나요?"

"네, 사실 그렇긴 해요. 하지만 이해해주세요, 이혼은 그 사람이 아니라 제가 원한 거예요. 우리 가정은 저 때문에 파괴된 거죠."

그 아빠가 이루고자 하는 목표는 명확하다. 소아정신과 의사의 권위를 빌려 카린을 혼내주는 것, 그녀는 나쁜 엄마이고 문제가 있는 사람은 그녀라고 한 번 더 입증하는 것. 안타까워라, 상담 받으러 오는 엄마들이 그런 얘기를 한다. 그런 아빠들의 수작에 넘어간 일부 소아정신과 의사들이 엄마들에게…… 엄마답게 굴라고 혼을 낸다나. 이번엔 번지수를 잘못 짚었다. 이 아빠가 생각하는 어머니상이 어떤 것인지 의사가 안다면 대경실색할 것이다. 그 아빠의 어머니에 대해서, 그의 어린 시절에 대해서 꼬치꼬치 캐묻고 치료를 받아보라고 할 것이다.

나는 카린에게 소아정신과에 가기로 한 날까지 아동보호 관련 웹사이트들을 찾아보고 소아과 의사가 아주 어린 아이의 애착과 안정 욕구에 대해서 뭐라고 하는지 알아보라고 했다. 소아정신과 방문으로 오히려 아이의 괴로움을 이해하고 지금까지의 양육 방식을 재고하는 기회가 될 수도 있다고 격려했다. 그러나 카린은 겁에 질려 나를 쳐다보았다. "전남편은 절대로 자기 권리를 양보하지 않을 거예요." 나는 다정하게 물었다. "그렇게까지 전남편이 무서운가요?" 눈물이 카린의 뺨을 타고 흘러내렸다.

카린은 원치 않는데도 어쩔 수 없이 교대 양육을 하게 된 엄마의 전형이다. 전남편은 이 양육 방식으로 이혼에 대한 한을 앙갚음하고 있었다. 카린은 피상담인의 전형이기도 하다. 다들 나를 찾아올 즈음이면 상태가 어슷비슷하다. '카린 형' 피상담인은 표면적으로는 잘 지내는 것처럼 보이지만 흡사 인형 속에 인형이 들어 있는 러시아 전통 인형 마트료시카처럼 속에는 병적인 죄의식으로 곪아가는 또 다른 카린이 있다. 이 죄의식 속에는 자기가 고통을 준 셈이 된 전남편에 대한 연민이 있다. 연민을 한 겹 벗기면, 그 안에는 그 사람 뜻을 거역한다는 생각만 해도 눈앞이 컴컴해질 만큼 먹먹한 공포가 있다. 물론 가장 안쪽에는 자존감이 아주 낮고 자기가 잘못해서 이 모든 역경을 겪는 거라고 굳게 믿는 카린이 있다.

부위별로 확실히 쪼개서 나눠 갖자고!

어떤 사람들은 아주 어린 아이들의 애착 문제 때문이라면 교대 양육을 더 짧은 주기로 실시하면 되는 것 아니냐고, 더 머리를 굴린다면 '확대 거주garde élargie'*를 하면 되지 않느냐고 반문한다. 지금까지의 방식을 그대로 가져가면서 문제가 해결되기를 바라다니, 이런 악수惡手가 또 있을까! 아이를 반으로 가르는 것도 모자라 더 잘게 쪼개는 격이다.

그러한 판결이 일상에 어떤 결과를 불러오는지 예를 들어보겠다.

재판에서 확대 양육이 결정되었다. 아빠는 격주 주말뿐만 아니라 매주 수요일, 다시 말해 화요일 오후부터 목요일 아침까지 아이를 맡

---

* 한쪽 부모 집을 거주지로 설정하되 격주 주말과 수요일에는 상대편 부모가 돌보게 하는 방식(프랑스는 수요일에 학교 수업이 없다). 교대 양육과 교대 거주가 호환 가능한 용어이듯이 확대 거주와 확대 양육도 같은 뜻으로 이해하면 된다.

기로 했다. 엄마가 화요일 오전에 아이를 학교에 데려다주면 방과 후에 아빠가 와서 데려간다. 문서상으로는 더없이 공평하고 깔끔하다. 하지만 판사는 자기가 내린 판결이 어떤 것인지 단 5분이라도 숙고해보았을까? 확대 양육을 하면 한 달이 어떻게 돌아가는지 한번 보라(그래, 정확히는 4주다, 사소한 걸로 트집 잡지 말자!). 첫째 주 월요일부터 시작해보자. 주말에 아이들을 봤던 아빠가 월요일 아침 등교까지 책임진다.

자, 시작해볼까.

- 월요일에 자는 곳: 엄마 집
- 화요일과 수요일: 아빠 집
- 목요일, 금요일, 토요일, 일요일, 월요일: 엄마 집
- 화요일과 수요일: 아빠 집
- 목요일: 엄마 집
- 금요일, 토요일, 일요일: 아빠 집
- 월요일: 엄마 집
- 화요일과 수요일: 아빠 집
- 목요일, 금요일, 토요일, 일요일, 월요일: 엄마 집
- 화요일과 수요일: 아빠 집
- 목요일: 엄마 집
- 금요일, 토요일, 일요일: 아빠 집

……계속 이런 식이다.

엄마는 2주에 한 번꼴로 아이를 다섯 밤 연속 데리고 있을 수 있다. 하지만 역시 2주에 한 번꼴로 월요일에 겨우 하루 재우고 아빠 집에 보냈다가 목요일에 또 하루 재우고 아빠 집에 보내야 한다. 아이들은 아빠와 주말을 보낸 후에 엄마 집에서 그야말로 잠만 자고 다시 돌아온다. 하지만 아빠 집에서는 하룻밤만 자고 오는 일이 없다.

이런 일정이 생활을 어떻게 망가뜨리는지 볼까.

엄마는 월요일 오후에 아이들을 짐 가방과 함께 집으로 데려와서 화요일 오전에 짐 가방과 함께 등교시킨다. 사실상 아이들과 함께 보내는 시간은 거의 없다. 아빠는 화요일 오후에 아이들을 데려가 수요일을 함께 보내고 목요일 오전에 짐 가방과 함께 학교에 데려다준다. 엄마는 목요일 오후에 아이들을 데려가 금요일은 학교에 보내고 주말을 온전히 함께 보낸다. 월요일은 학교 가는 날이니까 저녁때나 아이들을 볼 수 있다. 화요일 아침에 아이들은 또 짐 가방과 함께 학교로 간다. 아빠는 화요일 오후에 아이들을 데려가 수요일을 함께 보내고 목요일 오전에 학교에 데려다준다. 물론 아이들 곁에는 늘 짐 가방이 있다. 엄마는 목요일 오후에 아이들을 데려갔다가 금요일에 그놈의 짐 가방과 함께 학교에 보낸다. 이번에도 아이들은 잠만 자고 다시 학교에 가기 때문에 엄마와 보낼 시간은 거의 없었다. 아빠가 금요일 오후에 애들을 집으로 데려가 주말을 지내고 월요일에는 예의 거추장스럽고 지긋지긋한 짐 가방과 함께 등교를 시킨다. 엄마는 또 잠만 재우려고 애들을 데려갔다가 다음 날 짐 가방과 아이들을 보낸다. 이번에도 엄마는 아이들과 사실상 함께할 수 있는 시간이 없었다. 아빠는 평소대로 화요일 오후에 하교를 시키고 수요일을 아이들과 보내고 목요일 오전에 등교시킨다. 저주받을 짐 가방은 여전히 아이들에게 붙어 다닌다. 엄마는 목요일 오후에 아이들을 데려가 금요일은 학교에 보내고, 마침내 아이들과 온전히 지내는 주말을 맞는다. 월요일은 다시 학교에 가는 날이다. 엄마는 저녁에만 잠시 아이들을 볼 수 있다. 화요일에 아이들은 등교한다. 자, 아이들 옆에는 뭐가 있을까? 딩동댕, 그놈의 짐 가방이다! 아빠는 화요일 오후에 아이들을 데려가 수요일을 함께 보내고 목요일 오전에 그 대단한 짐 가방을 들려 학교로 보낸다. 엄마가 목요일 오후에 데려가 금요일 오전에 학교로 보낼 때도 저 유명한 짐 가방님은 빠지지 않는다. 이번에도 애들은 잠만 자고 갔기 때문에 엄마는 아이들과 보내는 시간이 아쉽기만 하다. 아빠가 금요일 오후에 애들을 집으로 데려가 주말을 지내고 월요일에는 다시 짐 가방을 바리바리 싸서 학교로 보낸다. 이러한 나날이 계속될 것이다.

여기까지 읽는 것만으로도 어질어질하지 않은가? 하지만 종이에 쓰인 글은 그날그날 생활에 비하면 정말 아무것도 아니다. 이 4주 동안 아빠가 아이들을 아침부터 저녁까지 데리고 있을 수 있는 날은 엄마가 데리고 있을 수 있는 날의 두 배다! 이 판결대로라면 엄마는 학교가 쉬는 수요일을 단 한 번도 아이들과 보낼 수 없다! 참 공평하기도 하지! 게다가 아이들은 한 달에 무려 12일을 짐 가방과 함께 등교해야 한다! 이러고도 아이들이 무탈하게 잘 자라기를 바라는가? 이게 어디가 '아이들을 최우선으로 생각하는' 처사인가? 그나마 방학이 있어서 천만다행이지!

마지막으로, 이 대안 아닌 대안이 심리조종자 부모의 반칙이라는 점을 알아야 한다. 아이들을 학교에 데려다주고 데려올 뿐이라고 해도 이런 식의 양육은 전 배우자의 생활에 지대한 영향력을 행사할 구실이 된다!

부디 아이를 온전히 살려주세요

이혼은 어떤 식이 됐든 아이에게 비극적인 사건이다. 아이에게 이혼의 악영향이 가지 않게 하는 기적적인 묘안이 있다고 믿는 체해도 소용없다. 그렇지만 아이를 망가뜨리는 교대 거주의 악영향만이라도 덜어주자!

많은 이들이 그랬듯이 나도 10년 전에는 교대 거주의 형평성을 굳게 믿었다. 그러다가 자클린 펠립을 만나고서 내가 잘못 생각했음을 깨달았다. 자클린 펠립과 베르제르 박사의 저작은 자료 근거가 충실하고 사실에 부합한다. 자클린 펠립이 발표한 책 두 권*을 꼭 읽어보기 바란다. 시사하는 바가 아주 많을 테니! 자클린 펠립의 행보는 숭고하고 객관적이며 항상 아이들을 보호하는 방향으로 나아간다. 부모

---

* 『이혼, 별거: 아이들은 보호받고 있는가?Divorce, séparation : les enfants sont-ils protégés?』(모리스 베르제르 공저), 『교대 양육 흑서』(모리스 베르제르 서문).

소외 증후군 옹호론자들과 아버지협회는 그녀를 가혹하게 비난하고 몰아세웠다.

교대 양육의 위험성을 알리려 했던 에드비주 앙티에가 백번 옳았다. 나도 앙티에와 마찬가지로 '교대 양육은 언젠가 터지게 마련인 시한폭탄'이라고 생각한다. 엄마와 애정 어린 관계를 엮어나갈 수 없는 이 아이들, 무엇에도 마음 붙일 권리가 없는 이 아이들, 불안과 슬픔과 분노를 억눌러야만 하는 이 아이들이 장차 어떻게 되겠는가? 사회와 법의 어리석음과 잔인함에 어린 시절을 고스란히 내어주어야 했던 이들이 어떻게 사회를 믿고 법을 믿겠는가? 이들이 장차 어떤 가정을 꾸리게 될까? 이들이 어떤 부모가 될 수 있을까?

정상적인 부모라면 내가 지금부터 하는 말에 가슴이 미어질 것이요, 심리조종자 부모라면 화가 나서 입에 거품을 물 것이다. 하지만 분명히 말하건대, 나는 지극히 상식적인 얘기를 하고 있을 뿐이다. 나는 엄마들 편도 아니고 아빠들의 적도 아니다. 나는 단지 아이들 편에 서서, 아이들의 안정 욕구와 권리를 말하려는 거다.

만 6세 이하 아이의 양육권을 엄마가 가져가겠다는 요구는 지극히 정상적이고 무리 없어 보인다. 이 요구는 아버지를 부정하자는 게 아니라 모성 본능의 발로일 뿐이다. 이 양육 방식은 아직 어린 아이들의 욕구에 부응한다. 역으로, 만 6세 이하 아이의 양육권을 아빠가 요구하는 경우는, 나아가 교대 양육까지도, 신중하게 생각해보아야 한다. 물론 아이 엄마가 아동 학대자로 밝혀진 경우는 제외하고 하는 말이다! 아무리 아빠가 좋은 의도로 양육권을 요구한다 해도 결국 이 아빠는 어린아이에게 무엇보다 엄마가 필요하다는 사실을 이해 못 한 셈이다. 아이가 아직 많이 어린데도 엄마가 교대 양육에 동의했다면 그 자체가 위험 신호다. 그 엄마는 카린처럼 무서운 전남편 말에 휘둘려 원치 않는 합의를 했을지도 모른다.

나는 언젠가 아동권리헌장에 '모든 아이는 고정 거주지와 자기만의 정해진 잠자리를 가질 양도 불가능한 권리가 있다'는 조항이 추가되어야 한다고 생각한다. 또한 대부분 경우에 그 고정 거주지는 엄마 집이 되어야 한다고 생각한다. 인간은 포유류이고 통계적으로 보더라도 엄마가 부모로서 해야 할 일을 더 잘해내기 때문이다. 내가 엄마들 비위를 맞추려고 이런 말을 한다고는 생각지 말라! 양육을 홀로 책임지기란 극도로 힘든 일이다. 자잘한 도움들, 이를테면 청소를 해주거나 아이 숙제를 봐주겠다는 말이 가뭄의 단비 같을 것이다…….

그렇다면 아빠의 면접권을 어느 선까지 허용하면 좋을까? 첫째·셋째 주 주말과 둘째·넷째 주 수요일에 아이를 보는 정도면 괜찮지 않나? 그 정도만 돼도 아이는 일주일에 한 번은 꼭 아빠를 만날 수 있다.

방학은 종전과 마찬가지로 엄마 아빠가 절반씩 나눠 보면 되겠다. 하지만 아이가 만 6세를 넘길 때부터 그렇게 할 수 있다. 만 6세가 되기 전 3년 동안을 적응 기간으로 삼아야 할 것이다. 처음에는 아빠가 보는 날을 이삼일 정도로 짧게 잡고, 아이가 잘 지내면 조금씩 아빠 집에서 지내는 날을 늘려나가 만 6세부터는 보름을 아빠 집에서만 지내도 문제가 없게 적응시킨다. 신나는 여행지에 데려가거나 하는 식으로 잘 끌어준다면 만 10세는 한 달을 엄마와 떨어져 지내도 보채지 않는다. 그렇기는 해도 엄마나 아빠 중 어느 한쪽을 전혀 못 보는 한 달은 아이에게 너무 길다. 너무 많은 어른들이 유년기의 중요한 특성을 간과하고 있기 때문에 하는 말이다. 아이가 느끼는 시간 흐름과 어른이 느끼는 시간 흐름은 다르다. 다들 개인적인 경험으로는 알고 있다. 나이가 들면 시간이 빨리 가고 늘 모자란 감이 든다. 우리가 어렸을 때는 하루가 훨씬 더 길었던 것 같다. 우리 아이들도 그렇다. 똑같은 시간도 아이들에게는 더 길게 다가온다. 네 살짜리 아이는 어른이 느끼는 시간의 네 배를 산다고도 한다! 어른이 일주일 남짓하게 느끼는 시간을 아이는 한 달처럼 느낀다! 그러니 아이에게 '여름방학의 절반'이 어떤 의미일지 생각해보라. 아이는 엄마 혹은 아빠를 서너 달은 못 만난 기분일 것이다. 부모들에게는 여름휴가가 신나겠지만 두 살도 안 된 아기에게는 그런 개념이 없다. 어쨌든 아이에게는 여름휴가가 애착 대상과 장기간 떨어져 있어야 할 정당한 이유가 되지 못한다.

마지막으로, 아빠 집에서 최대한 몇 밤까지 재울 것인지 한계를 정해두는 일이 특히 학기 중에는 중요하다고 본다. 수요일 하루를 위해서 화요일 하교 후부터 목요일 등교 전까지 아빠가 아이를 맡을 필요는 없다. 어차피 아이가 잠자는 시간은 아빠를 볼 수 없다. 잠자리가 자주 바뀌면 피곤밖에 얻을 게 없고 생활만 번잡해진다. 학교 숙제를 제대로 챙기기도 어렵고, 안정감 면에서도 마이너스다. 아이들은 익숙한 환경에서 잠들기를 좋아하고 그래야만 마음이 놓인다. 무슨 일 때문에 밤에 자다가 깨더라도 애착 대상이 달래주면 안심하고 다시 잠들 수 있다. 누구나 그렇듯이 조금 커서 청소년기에 들어서야 혼자 틀어박히기를 좋아하고 자기 방에 포스터도 붙이고 자기 물건을 끔찍이 여기게 된다……. 그리고 일요일 저녁 6시 전에는 엄마 집으로 꼭 돌아와야 한다. 그래야 아이들이 익숙한 장소에서 쉬기도 하고, 학교 공부도 좀 확인하고, 책가방도 챙기고, 내일을 위해 일찍 잠자리에 들 수 있다.

내가 지금 아이들이 아빠를 조금 덜 봐야 한다고 주장하는 걸까? 안타깝지만 그렇다. 논리적으로 생각해보라. 수학적으로 따져도 이혼을 하면 아이를 볼 수 있는 날이 절반으로 줄어든다. 학교 가는 날을 제하면 어차피 엄마에게도 그리 많은 날들이 주어지는 게 아니다. 진짜 아빠라면 아이를 본다는 것이 하루 종일 같이 놀기만 하면 되는 게 아닌 줄 안다. 아이와 함께하는 기회는 부모로서의 상당한 의무와 감독도 뜻한다. 아빠들은 함께하는 시간이 부족한 만큼 양보다 질로 접근할 수 있겠다. 아이와 함께 보내는 시간을 진심으로 함께하고 마음을 내어주라. 아이와 적극적으로 놀아주고 아이 말을 경청하라. 아이의 용기를 북돋아주고 아름다운 가치들을 전해줘라…….

여성혐오자가 휘두르는
그럴싸한 무기

· · ·

부모 소외 증후군은 고약한 사기다

리처드 가드너Richard Gardner 박사가 처음 제시한 부모 소외 증후군은 불분명한 이론이다. 이 이론대로라면, 이혼한 엄마는 아이를 조종해 아빠를 미워하게 만들고 아빠로부터 학대나 성추행을 당했다는 거짓 진술을 하게 만든다. 가드너 박사는 몇 년간 이 이론으로 비판받더니 물 타기를 시도했다. 전에는 대놓고 '엄마'라고 하더니 이제 '양육권이 있는 부모custodial parent'라는 표현을 쓰고 아빠는 '양육권이 없는 부모non-custodial parent'라고 부른다. 그리고 무엇을 근거로 낸 통계인지는 모르겠지만 부모 소외 증후군의 95퍼센트는 엄마라고 하더니 이제 그 비율이 60퍼센트까지 떨어졌다. 대단한 발전이다!

일단, 리처드 가드너는 사기꾼이다. 개인병원을 운영하는 의사였던 그는 엄마들이 거짓 진술을 남용한다고 주장했지만, 본인도 컬럼비아 의대에서 내과의학과 외과의학을 가르치는 교수라고 거짓말을 했다. 그는 컬럼비아 대학에서 한 번도 월급을 받은 적이 없다. 일종의 자원봉사자 비슷하게 자주 얼쩡거렸을 뿐이다. 가드너는 외로운 늑대였다. 그가 내놓은 이론은 학계 동료들에게 결코 인정받지 못했다. 최근에도 DSM*은 부모 소외 증후군 이론의 검증을 거부했다. 당시 리처드 가드너는 직접 출판사를 차려 자기 저작들을 출간했고, 그로써 자기가 고안한 개념을 어느 정도 널리 퍼뜨릴 수 있었다. 가드너의 모든 저작은 자비출판된 것이다. 그중 학계에서 제대로 평가를 받은 책은 단 한 권도 없다.

리처드 가드너가 소아성애자와 강간범 들에게 우호적이었다는 점도 시사하는 바가 크다. 그는 남성들은 '정자 제공자'이며 정자 생산을 촉진하는 모든 행동(소아성애, 동물성애, 사디즘, 강간 등등)은 인간이라는 종의 생존에 이롭다고 주장했다.

리처드 가드너는 일흔두 살에 자기 배를 스무 번이나 찔러 자살했다. 여자들을 비난하고 피해 아동들의 입을 막는 일로 평생을 살아온 사람의 정신 상태 혹은 양심이 어떠했을지 많은 생각을 하게 한다.

---

* Diagnostic and Statistical Manual of Mental Disorders, 미국 정신의학회에서 공식적으로 사용하는 정신질환 진단 및 통계 편람.

가장 큰 비극은 아이들을 학대하는 아빠들이 부모 소외 증후군 개념을 알고 얼씨구나 한다는 것이다! 그들은 이 개념을 빌려 자기들이 저지르는 폭력과 성추행을 둘치고 부모로서의 부족함을 감춘다. 당사자에 대한 재검토도 필요 없다. 전부 다 부모 소외 증후군에 빠진 엄마가 꾸며낸 '거짓 진술'이고 아빠는 죄 없는 어린 양이다. 부모 소외 증후군 체계는 저 혼자 착착 맞물려 돌아간다. 엄마가 잘못된 일을 고발하면 그 자체로 그 고발이 거짓이라는 증거가 되니, 마법이 따로 없다. 아이가 스스로 생각해서 하는 말이라고 하면 그게 바로 엄마가 사주했다는 증거다. 아이가 아빠를 만나기 싫다고 하면 그건 아빠가 훌륭한 사람이라는 증거다! 부모 소외 증후군 딱지가 한 번 붙으면 떼어낼 도리가 없다. 그렇지만 성추행 거짓 진술은 극히 드문 일이다. 그런데도 프랑스에서는 이혼한 전남편이 아이에게 추잡한 짓을 했다고 고발하면 늘 엄마가 조종한 일이라고 한다. 아동보호론자 클레르 브리세Claire Brisset에 따르면, 미성년자 강간을 고발해봤자 그중 70퍼센트는 재판까지 가지도 않는다. 점입가경으로, 가드너는 부모 소외 증후군을 가진 것으로 밝혀진 부모와는 자녀가 완전히 연을 끊어야 하고 반대쪽 부모가 양육권을 가져야 한다고 주장했다. 따라서 자기 자식을 추행하고도 전처가 찍 소리 못 하게 하기란 너무 쉽다. 나를 버리고 떠난 전처를 벌할 수 있을 뿐 아니라 애들까지 내 입맛대로 지배할 수 있다니!

리처드 가드너가 내민 이론은 심리전문가들에겐 결코 먹히지 않았지만 여러 나라의 사법부에는 엄청나게 선전이 잘됐다. 가드너는 재판 참고인으로서 경력을 쌓으면서 끊임없이 법관들에게 '자기 방법대로의 교육'을 실시했다. 심리학 문외한이 이름난 전문가의 이론이라고 믿고 듣는다면 부모 소외 증후군은 꽤 그럴싸하다. 부모와 아이 관계 속 어려움을 쉽고 단순하게 설명해주는 면이 있기 때문이다. 부모 소외 증후군 이론은 과격한 해결책들을 내놓았는데, 이 해결책들이 전혀 근거도 없고 입증되지도 않았다는 점을 법관들은 알 도리가 없다.

변태성격자들은 부모 소외 증후군을 빈틈없이 만들기 위해서 거짓 기억 이론을 추가했다. 내가 일어난 적도 없는 일을 기억한다고 믿을 수도 있단다! 그들은 이런 말도 안 되는 소리를 우겨댔다! 이런 억지가 어디 있을까 싶지만, 심리조종자들의 악의와 현실 부정이라는 맥락에서는 그럴 수 있다. "그런 일은 있지도 않았거든요!" 상대를 거짓말쟁이로 몰고 갈 필요조차 없다. 그 사람이 환각을 보겠거니, 슬쩍 암시를 주기만 하면 된다! 부모 소외 증후군과 '거짓 기억' 이론 조합은 아이를 학대하거나 추행하는 부모에게 양육권을 안겨주고 아이를 보호하려는 부모는 연락조차 못 하는 신세로 만들었다. 부모 소외 증후군 소리가 일단 나오면 아이가 거부하는 부모의 문제적 태도, 아이의 고통이 심도 깊게 고려되지 않는다. 부모 소외 증후군, 얼마나 쉽고 단순한가. 딱히 할 일도 없네!

부모 소외 증후군의 선전 방법들도 심리조종에 근간을 둔다. 그러한 방법들은 반론의 여지가 없는 단호한 어조를 구사한다. 자신만만해 보이면 그런가 보다 싶은 게 사람 마음이다. 인상적인 어휘, 극적이고 거창한 말투는 또 어떤가. '거대한 불행의 씨'라느니, '부모절제술parentectomie'이라느니……. 심리조종자들 특유의 피해망상도 보인다. 엄마와 판사 들이 마음이 착착 맞아 가엾은 아빠들만 피를 본다나. 거짓말도 예외가 아니다. 부모 소외 증후군 주창자들이 내세우는 수치는 조작된 거짓이다. 그리고 이 옹호론자들은 반대론자들의 입을 막기 위해 협박도 서슴지 않는다. 그들은 반론들을 모두 추적해서 답변할 권리를 행사한답시고 언론 매체들에 가증스러운 독설을 쏟아낸다.

마지막으로, 부모 소외 증후군이 주로 아버지들로 구성된 단체나 남성주의자 들의 지지를 받는다는 점을 알려야겠다. 다시 말해, 여자를 미워하고 아이의 욕구를 부정하는 자들이나 하는 얘기란 거다.

남성주의, 권리 옹호인지 특권 옹호인지?

이 용어는 아직 생소하지만 개념 자체는 그렇지 않다. 남성주의(매스큘리즘)는 여성주의(페미니즘)의 등가물이라고 하겠다. 남성주의 운동은 남성의 권리와 가치를 옹호하고 잘못된 사회적 역차별을 고발하는 것을 목표로 한다. 유명한 남성주의 이론가로는 기 코르노Guy Corneau와 에릭 제무르Eric Zemmour를 꼽을 수 있다.

그들의 요구 가운데 어떤 것은 정당하다. 남성주의자들은 법이 남성과 여성에게 차별 적용되고 있다고 본다. 똑같은 죄를 지어도 남성은 여성보다 무거운 형을 받는다. 또한 여성에 비해 남성에 대해서는 무죄 추정의 원칙이 잘 지켜지지 않는다. 그들은 우리 사회가 남성의 신체적·물질적·감정적·정신적 안전을 보장하지 않는다고 생각한다. 남성들에게 곧잘 주어지는 위험한 근무 환경, 남성 자살자 수, 남성 노숙자 수가 그러한 생각을 입증한다. 남성주의자들은 남성이 공급자, 보호자, 총알받이가 되게끔 하는 조건화를 비판한다. 또한 남자 중학생들의 학업 중단 비율이 높아지는 현실에 경각심을 품어야 한다고 주장한다. 지금 우리 사회가 저학력 노동자 남성들과 고학력 여성들의 사회로 가고 있나? 그들은 아버지들의 생활 조건도 염두에 둔다. 남자들도 남성 피임약과 DNA 검사를 통해 자기 선택에 따라 아버지가 되어야 한다. 또한 남성에 대한 능욕은 좀체 인정되지 않는다. 어떤 광고가 남성차별적일 때에는 그게 왜 남성차별인지를 구구절절 힘들게 설명해야만 한다. 맞고 사는 남편들은 어디 가서 말도 못 한다. 이러한 주장들은 일리가 있다. 남자들이 비판하고 나설 만하다.

그러나 남성주의 운동에는 용납할 수 없이 엇나간 흐름들도 있다. 남성 옹호에 개자식 옹호까지 포함되어서는 안 된다. 자칭 남성주의자 중 일부는 여성과 아이에 대한 폭력, 강간을 부정하기까지 한다. 그들은 인공 유산에 반대하고, 도저히 같이 살 수 없어 떠나겠다는 아내를 억지로 집에 들어앉히거나 이혼을 하더라도 아이의 욕구를 전혀 고려하지 않은 교대 양육을 고집한다. 여성주의 운동이 초창기에 그랬듯이 남성주의자들은 피해자를 자처하며 히스테릭하게 소리를 질러대고 여혐 수준까지 나아간다. 그렇지만 남성 지배는 여전히 부인할 수 없는 현실이다. 남성의 권리를 옹호하겠다는 건지, 남성의 '특권'을 옹호하겠다는 건지?

이렇게 말하는 이유는 남성주의자들의 행보에 그들이 놀랍도록 까맣게 잊고 있는 부분이 있기 때문이다. 남성주의자들의 머릿속에는 자기들의 선의를 보여줄 수도 있을 요구가 아예 없다. 가령, 그들은 가사 노동이나 자녀 교육에 부수적인 잡일(학교, 건강, 의생활 등등)을 공평하게 분배하자고 요구하지 않는다. 또 여자아이들이 가정 폭력이나 강간 문제가 발생할 때 스스로 방어할 수 있도록 호신술을 의무적으로 배워야 한다고 주장하지 않는다. 남녀 간 임금 격차도 그들에겐 전혀 문젯거리가 아니다. 하지만 자기들이 더 이상 돈 벌어오는 역할을 하고 싶지 않다면 여자들이 자기들보다 많이 벌게 밀어줘야 좋은 거 아닌가?

여성주의자들과 남성주의자들은 남녀 간 성 전쟁을 벗어나 본질로 돌아가야 할 것이다. 이성에게 존중과 친절한 대우를 받을 권리가 침해되어서는 안 된다! 하지만 심리조종자들은 그러한 성 전쟁을 얼씨구나 한다. 불난 데 기름을 부으면서 희희낙락하리라.

아빠들은 너무 힘들어, 으앙으앙!

정말 부끄러운 고백이지만 10년 전에 이혼에 대한 책을 쓸 때만 해도 나는 교대 거주라는 아이디어에 열광했고 SOS Papa 소속 아버지들의 활동이 대단히 좋게만 보였다. 지금은 어떻게 내가 그럴 수 있었는지 어이가 없고 진심으로 후회스럽다.

당시에 나는 그 아버지들의 행보에 현혹되었다. 많은 이들이 그랬듯이 나도 이렇게만 생각했다. '드디어 아빠들이 아이 키우는 일에 적극적으로 동참하게 됐구나!' 처음부터 뭔가 비열한 꿍꿍이는 없는지 의심해보았더라면 좋았으리라. 한번은 SOS Papa 모 지부에서 나에게 강연을 부탁했다. 아이들을 보호하고 가정불화를 다스리는 데 유용한 도구들을 제안하는 강연이었다. 지부장은 아버지가 한 명도 오지 않는 데 무척 침통해했다! 자녀 행복에 발 벗고 나서는 슈퍼파파의 이미지 자체는 이미 타격을 입었다. 그 후에 나는 심리조종자 아내에게 시달리는 어느 남성 피상담인에게 SOS Papa 가입을 추천한 적이 있다. 그다음 상담에서 그는 나에게 따지다시피 했다. "거기가 어떤 데인지 알고 추천하신 겁니까? 미친놈 소굴이 따로 없어요! 그 인간들은 아이 엄마가 밉다는 이유로 무조건 자기네가 양육권을 가져와야 한다고 해요. 내가 본 역겹고 썩어빠진 모습을 굳이 선생님께 일러바치진 않겠습니다. 애들이 불쌍할 뿐이죠! 다행히 나는 그런 아버지는 아닙니다. 하지만 선생님, 어떤 사람들을 추천하고 계신지 조심하셔야 할걸요!" 나는 그의 충고를 따랐다. 그 후로는 단 한 번도 그 단체를 누구에게 추천하지 않았다. 최근에 프랑스 동부 지방에 살면서 나에게 상담을 받는 남성 한 명이 순전히 자기 의사로 SOS Papa에 가입한 적은 있다. 그는 이혼에 유용한 조언을 많이 들었다고 했다.

하지만 여성혐오에 빠진 이 아버지들, 비열한 인간도 더러 끼어 있는 이 단체가 자기네 요구를 관철한답시고 기중기 따위에 올라가서 시위하는 꼴을 보면서 나는 그들이 스스로 신용을 깎아먹길 원한다! 그런 때가 올 것이다. 처음에는 좋은 뜻에서 출발한 그 단체가 현재는 심리조종자 아버지들의 온상이 되어 있는 것 같으니까.

아버지와 어머니는 완전히 호환 가능하고, 어머니는 과보호와 소유욕이 지나치며, 교대 양육이 모든 곳에서 실시되어야 한다는 삐뚤어진 생각이 어느새 어머니들의 머릿속까지 파고들었다. 몇 년 전, 친구들과 저녁을 먹을 때였다. 화제는 내가 그다음 주에 상원의원들을 대상으로 하기로 한 강연으로 옮겨갔다. 나는 심리조종자 아버지들이 교대 양육을 요구하는 못된 꿍꿍이에 대해서 강연할 예정이었다. 아이에게 수유를 하던 내 친구 엘렌이 이렇게 말했다. "하지만 아버지들이 교대 양육권을 갖는 건 당연하잖아! 파트릭은 톰의 아빠야! 만약 우리가 갈라선대도 그 사람은 아이 아버지로서의 권리가 있어!" 나는 경악했다. 아빠가 엄마 품을 대신할 수 있다고 생각하는 걸까? 이론이 문제다. 어떤 이론들은 감정과 너무 동떨어져 있다. 너무 많은 사람들이 깊이 생각해보지도 않고 아무 말이나 한다. 자기가 지금 하는 말이 옳은지 그른지 속으로 검증해보지도 않고 일단 내뱉고 본다. 나 개인적으로는 '옳은 말'을 하려고 애쓰고 있지만 늘 그렇게 되지만은 않는다. 하지만 엘렌도 자기에게 그런 일이 닥친다면, 가령 아기를 일주일 동안 남편에게 보내기 위해서 일부러 젖을 떼거나 모유를 유축해 모아야 하는 상황이 닥친다면 이 일을 다시 생각해보게 될 것이다. 무엇보다 그때쯤이면 더 이상 파트릭을 사랑하고 있지 않을 것이다! 하지만 그런 날이 오기 전까지는 심리조종자 아버지들의 관점을 무의식적으로 옹호하며 살아가리라.

아버지들의 단체가 퍼뜨리는 반反어머니 담론이 어떻게 이렇게까지 사람들 마음에 파고들었을까? 나는 이자벨 알롱소Isabelle Alonso의 책*을 읽다가 문득 깨달았다. '울보들'이라는 장에서 나는 그동안 내가 찾지 못했던 설명을 찾았다. 인용해보겠다. '……그들은 질질 짜고, 끙끙대고, 한탄한다. (……) 식민지를 빼앗긴 개척자의 얄팍한 논리로 자기네들의 우는소리를 포장해서 널리 퍼뜨린다. 그들은 엄격한 근거로 논증을 뒷받침할 필요가 없다. 대충 우는소리 몇 마디를 주르르 나열하기만 해도 지면 매체, 카메라와 마이크가 기꺼이 주워간다. 이 불만 많은 인간들은 주의가 산만해지도록 시끄럽게 구는 역할밖에 하지 않는다……. 그들은 미디어라는 땅의 불법 점유자다. 기성 질서는 그들을 연막으로 삼는다. 그들의 메시지는 〈으앙으앙!〉 소리로 요약된다.'

---

* 「……même pas mâle」, Robert Laffont, 2008.

젠장, 하지만 이게 사실이다! 심리조종자 남자들은 극적인 것을 좋아하고, 떠들썩하게 항의하며, '피해자 코스프레'를 하면서 자기네들의 괴로움을 동네방네 알리고 다닌다. 보통 사람들은 훨씬 더 조용하고 점잖게 고통을 견딘다. 정상적인 아버지라면 자기 괴로운 사정이 아니라 아이들의 고통을 이야기한다! 하지만 어쩌겠는가, 극적인 연출이 먹히는 것을! 어머니들이 소극적으로라도 항의하면 아버지를 부정하는 기가 센 여자, 히스테리 환자, 거세하는 어머니 취급을 받는다. 그런데 희한하게도 어머니들이 아버지들처럼 떠들썩하게 불만을 성토하면 더욱더 신용을 잃는다.

울보들이 단골 레퍼토리를 써서 피해자 행세를 하는 동안, 아이들은 정신적 고통에 시달리다가 이런저런 심리 질환을 얻는다. 어머니들이 아이가 힘들어하는 모습에 질겁할수록 가엾은 아버지를 부정한다고 비난받을 것이다. 사회 전체가 이 사기극을 덮어놓고 믿는다.

내가 이렇게 말하는 게 부모 중 어느 한쪽이 아이들을 조종하는 일은 없다는 뜻일까? 아이들의 말이나 행동이 순전히 자유의지와 자발적 의도에서 비롯된다는 걸까? 아니, 결코 그렇지 않다! 아이는 영향력에 더없이 민감하고 심리적으로 조종당하기 쉬운 존재다. 심리조종자는 언제 어디서나 자기에게 걸려드는 모든 이를 조종한다. 따라서 자기 자식이라고 예외는 아니다. 그렇지만 소외당하는 부모는 자기소외에 적극적으로 참여한다. 실제 상황은 부모 소외 증후군 개념보다 훨씬 복잡하고 미묘하다.

나는 가드너가 기술한 것 같은 부모 소외 증후군을 임상에서 단 한 건도 보지 못했다. 아이가 부모 중 한쪽을 거부하는 경우는 다양하게 관찰된다.

- 부모 중 한 명이 실제로 아이를 학대한 경우. 따라서 아이의 거부는 건강하고 정상적인 반응이다.

- 아이가 자기보다 다른 쪽 부모를 더 가깝게 생각할 수밖에 없도록 스스로 이런 상황을 만든 경우. 심리조종자 중 상당수가 이렇게 행동한다. 법원에서 부모 소외 증후군을 인정해준다면 심리조종자가 전 배우자를 이상한 사람으로 만들고 양육권을 가져오기에 이보다 좋은 시나리오는 없다.

- 이 부모가 실제로 피해자이고, 본인도 심리조종자에게 지배당하고 있는 경우. 이 경우 피해자는 전 배우자에게 휘둘리면서 상대의 잘못된 행동들을 막지 않았기 때문에 자기소외를 자처한 형국이다. 적극적으로 진실을 규명하지 않고 변명에 치중하기 때문에 결국 자기 잘못을 인정하는 셈이 된다. 이 사람은 자기 아이를 잘 보호하지 못하고 심리조종자 부모가 실제로 법보다 위에 있다는 믿음을 아이에게 심어준다는 점에서 기만적이다. 이 부모는 심리조종자 부모도 진정한 부모 자격이 있다는 식으로 행동한다는 점에서 더

나쁘다. 아이가 보기에 엄마(혹은 아빠)는 늘 불만이 많고 죽도록 괴로워하면서도 아빠(혹은 엄마) 말에 '복종'한다. 따라서 아이도 복종하지 않을 도리가 없다. 나는 자신 있게 말한다. 이 부모가 상대의 지배에서 빠져나와 자기 입장을 제대로 취한다면 상대가 아이들을 심리적으로 조종하려는 시도도 좌절될 것이다!

애들은 못 줘!

· · ·

심리조종자는 처음부터 당신에게 경고했다. '날 떠나면 아이들 얼굴도 못 볼 줄 알아.' 이건 괜히 해보는 협박이 아니다. 심리조종자는 실제로 그럴 마음과 의지가 있다. 심리조종자 부모가 자녀 양육권을 가져가는 경우가 점점 더 자주, 점점 더 쉽게 발생하고 있다.

엄마가 심리조종자라면 양육권 독점은 식은 죽 먹기다. 어차피 양육권은 주로 엄마가 가져간다. 아빠들을 넌더리나게 괴롭혀 다가오지도 못하게 만들면 게임 끝이다. 심리조종자 여성과 결혼했다가 갈라서는 남성은 앞으로 기술할 이 모든 과정을 겪을 것이요, 학대자로 고발당할 것이다. 이 남성이 전처의 지배를 근본부터 흔든다면, 즉 제대로 입장을 취할 줄 안다면, 반≥조종 기법을 구사하고 자신의 무고함을 효과적으로 변론할 수 있다면(마음이 급하겠지만 재촉하지 마시라, 하나하나 설명할 테니까!) 그때부턴 일이 제대로 풀린다. 아이들도 성장할수록 아빠를 이해하고 좀 더 가까워질 것이다. 그 대신 아이들과 엄마의 관계는 갈수록 악화될 것이다. 언젠가, 만 13~15세까지 자란 후에 아이들이 아빠와 살고 싶다고 말할지도 모른다. 너무 늦은 때이긴 하지만 그게 어딘가. 심리조종자들은 인생을 도둑질한다. 그들은 가족이 서로 사랑하며 화목하고 행복하게 살 수도 있는 세월을 잡아먹는다. 그들은 그렇게 생겨 먹었다.

심리조종자 아빠들도 요즘 아주 잘나간다. 양육권을 빼앗기는 엄마들이 갈수록 늘어나고 있다. 이 아빠들은 아버지들이 결성한 단체를 등에 업고, 걸핏하면 부모 소외 증후군을 들먹이면서 아이 엄마가 실수를 저지르게끔 몰고 간다. 그들이 펼치는 심리전은 몹시 체계적이다. 엄마들은 아이 아빠가 이렇게까지 계산적이고 조직적인 공작을 꾸미리라고는 상상도 못 하고 법적 절차를 밟다가, 함정에서 빠져나갈 구멍이 막힌 후에야 비로소 깨닫는다.

이 시점까지 오면 드디어 모든 것이 분명하게 맞아 들어간다. 전남편은 이미 오래전부터 음모를 꾸미고 있었다. 그는 잠시도 목표에서 눈을 돌리지 않았다. 필요에 따라 피해자를 방심하게 만들었고, 자기가 원하는 상황까지 끌고 갈 줄 알았다. 아이들 엄마는 양육권을 빼앗겼다는 괴로움뿐만 아니라 '나쁜 엄마' 딱지가 붙는 수모까지 겪는다. 주위 사람들이 대놓고 말하지는 않아도, 오죽했으면 법정에서 양육권을 아빠에게 줬을까, 엄마가 엄마 노릇을 어지간히 못했나 보다, '아니 땐 굴뚝에 연기 나란 법은 없다'고 생각하기 때문이다.

이제 심리조종자 남성들이 아이들과 그 엄마를 감옥에도 보낼 수 있게 됐다! 얼마나 승리감에 도취됐을까! 나도 이혼 상담을 하면서 두 번이나 그런 경우를 보았다. 첫 번째 경우, 피상담인은 술 마시고 폭력을 쓰는 범법자 남편과 별거를 했다. 그녀가 전화 한 통만 했어도 남편을 프랑스에서 추방할 수 있었을 것이다. 하지만 그녀는 남편이 너무 무서워서 차마 그러지 못했다. 3년 후, 이 남자는 정식 결혼을 했는데도 면접권마저 박탈당한 불쌍한 아버지를 자처하며 소송을 걸었다. 아이가 아빠를 심하게 무서워하는데도 양육권은 아빠에게 돌아갔다. 엄마는 징역 3개월을 선고받았다. 징역형은 공갈 협박으로 변했다(양육권을 순순히 넘긴다면 징역형은 면해주겠다는 식으로). 두 번째 피상담인은 나를 찾아왔을 때 이미 징역 6개월 형을 받고 집행유예 상태에 있었다. 일부 법정은 엄마를 감옥에 보내는 것이 아이와 아빠의 관계를 긍정적으로 개선하는 최고의 방법이라고 생각하는 모양이다.

1라운드 - 무슨 수를 써서라도 아이의 절반을 얻어내리라

심리조종자는 별거에 들어갈 때부터 아이 연령과 상관없이 무슨 수를 써서라도 교대 양육을 해야 한다고 우긴다. 아내는 순순히 여기에 동의해야지, 안 그러면 재미없다! 이 시점에서 심리조종자 남편은 양육비를 지급하지 않으려는 속셈이 크지만 그게 다가 아니다. 그에게는 계획이 있다! 카린 사례에서 보았듯이 대부분의 경우, 아내는 남편이 너무 무섭고 두렵기 때문에 자녀가 아직 아기인데도 교대 양육에 동의한다. 여기서 이미 덫은 놓이기 시작했다. 나중에 상대는 엄마가 교대 양육을 원했다고 주장할 것이다(실제로 엄마가 교대 양육을 원했다는 증거도 남아 있으리라). 아이가 많이 어린데도 교대 양육을 원했다니, 엄마에게 모성이 부족하다고 몰아가기에는 안성맞춤이다! 증명 끝! 나는 이혼 상담을 하러 오는 여성들에게 남편이 아무리 화를 내고 난리를 치더라도 교대 양육을 먼저 청구하지는 말라고 조언한다.

심리조종자 남편은 유예도 두지 않고 어린 아기에게 곧장 교대 양육을 적용한다. 아기 엄마가 자기 몸이 떨어져나간 듯 아파하고 괴로워하는 모습을 보면서 그는 기쁘고 신난다! 반면, 아이들이 웬만큼 자랐다면 재미가 덜하다. 엄마도 덜 괴로워하고 아이가 없기 때문에 더 자유롭게 살 수도 있기 때문이다. 그런 건 계획에 없는 부분이다. 게다가 아이 돌보는 일을 전처나 새로 만나는 여자에게 떠넘기지 않으면 본인도 피곤해진다. 이런 이유 때문에 심리조종자 남편은 교대 양육을 하겠다고 바득바득 우겨놓고도 정작 아이들을 제대로 돌보지는 않는다. 그는 항상 이 권리를 나중을 위해 간직하기만 한다. 진짜 못된 인간이라면 자기는 아이랑 살고 싶었지만(자녀와의 관계가 융합적이고 소유욕이 심한) 전처가 아이를 보낼 준비가 될 때까지 기다리느라 어쩔 수 없었다고 주장할 것이다. 이렇게 너그럽고 인내심 강한 아빠라니!

내 무료 보관함이 유료화된다니?!

앞 장에서 이미 말했듯이, 이혼한 아내가 사실상 육아를 도맡고 자기는 애들이 보고 싶을 때만 자유롭게 전처 집에 찾아온다는 조건이 심리조종자 입맛에는 딱 맞는다. 그의 생각을 정리해보자면 애들은 내 거, 아내는 그저 내 애들을 낳아주고 길러주는 사람이다. 그러므로 양육에 따라오는 온갖 잡일은 자기가 알 바 아니고, 자기는 한 번씩 마음 내킬 때 자기 장난감 가지고 놀겠다는 심보다. 그는 교대 양육이라는 다모클레스의 검을 전처에게 겨눈다. 전처는 찍 소리 못 하고 아이들을 돌보면서도 허울뿐인 '교대 양육'을 하기 때문에 양육비를 따로 청구할 수 없다. 실제로 엄마들은 교대 양육을 제대로 적용할까 봐, 그래서 애들이 힘들어질까 봐 겁을 먹고 고분고분해진다……. 그래도 심리조종자는 전처가 마음에 들지 않을 것이다. 어쨌든 전처는 수시로 사생활을 침범하고 끼어드는 그에게 한계를 일깨우지 않을 수 없기 때문이다. 게다가 전처가 금전적으로 궁지에 몰려 조만간 양육비를 조금이라도 달라고 할지도 모른다……. 뭐라고! 내가 장난감을 넣어두는 무료 보관함 서비스가 이제 유료가 된다고? 아무 때나 사용할 수 있었던 보관함에 이제 이용 시간표가 생긴다고? 괘씸한지고!

그래봤자 당신은 내 손바닥 안에 있어

심리조종자는 따로 살기 시작하면서부터 마치 신혼 때처럼 뭐든 자기 마음대로 하려 든다. 상대를 복종시키고, 무릎 꿇리길 원한다. 괴롭히고, 상처 주고, 근심을 끼치길 원한다. 매사에 흥정하고, 조건을 걸고, 궤변을 늘어놓는다. 그는 틀을 모든 방향에서 공략해본다. 일정, 날짜, 시간표, 일……. 법에 틈이 조금이라도 보이면 이용해야 한다. 공휴일, 기념일, 주말 직전에 자기는 일이 생겨서 아이를 볼 수 없으니 일정을 바꿔달라고 요구한다. 이렇게 쉴 새 없이 변덕을 부린다. 아이들을 원한다고 했다가 이제 원치 않는다고 하고, 아이들을 돌보기로 약속해놓고 마지막 순간에 판을 엎는다. 심리조종자는 당신이 자기 없이 살아가기를 원치 않는다. 당신이 주위 사람들과 어울리면서 밝게 지내는 것은 더더욱 원치 않는다. 그는 예고 없이 찾아오고, 험담을 하고, 자꾸만 전화를 건다. 요컨대, 참을 수 없이 군다. 그러다가 때로는 몇 주 동안 연락이 두절된다. 아이들은 왜 아빠가 요즘 안 보이느냐고 묻고, 당신도 걱정이 되기 시작한다. 그는 자기 마음이 풀리면 아무 일 없었다는 듯 또 불쑥 나타날 것이다.

심리조종자들은 굉장히 자기중심적이기 때문에 당신의 사소한 말이나 행동도 자기에게 보내는 메시지라고 착각한다. 그들이 시도 때도 없이, 이해되지 않는 분노발작을 일으키는 이유도 여기에 있다. 더욱이 그들의 사소한 언행이 당신에게 보내는 메시지인 경우는 많다. 그들이 보이는 모든 언행에 어떤 메시지가 숨겨져 있다고 생각해도 좋을 정도로. 클로에는 밸런타인데이 다음 날 아빠 집에서 엄마 집으로 돌아왔다. 아이는 늘 데리고 다니는 인형을 유명 보석상 쇼핑백에 담아왔다. 여기에 숨겨진 메시지는 이러했다. '새로 만난 여자에게는 밸런타인데이 선물로 값비싼 보석을 사줬어, 어때, 약 오르지?' 클로에 엄마는 이 메시지를 알아차렸다. 전남편은 15년 결혼 생활을 하는 동안 싸구려 귀걸이 하나 선물한 적 없는 사람이었으므로 그녀는 상처를 받았다. 하지만 이때 한 발짝 물러나서 생각해야 한다. 전남편이 그녀를 심란하게 만들려고 어디서 쇼핑백만 챙겨와 수를 썼는지도 모른다! 전남편이 진짜 머저리 같은 인간이라면 당신 얼굴만 일부러 잘라낸 가족사진을 보낼지도 모른다. 그런 짓거리에는 금세 익숙해진다. 어차피 온갖 비열한 소행과 심술을 피할 수 없을 테니까.

크리스마스 휴가 한 주 동안 아빠가 아이들을 맡기로 했다. 그는 아이들을 본가에 사흘, 먼 친척 고모 집에 사흘 맡기고 자기는 새로 사귄 여자와 여행을 떠났다. 아이들 엄마는 크리스마스 휴가 한 주를 '공연히' 혼자 보냈다. 그녀는 전남편이 왜 이렇게 나오는지 이해가 되지 않아서 더 미치겠다. 하지만 이 책을 읽고 있는 여러분은 이제 알 것 같지 않은가? 심리조종자는 시간을 맞춰 나타나는 법이 없다. 준비도 안 됐을 때 불쑥 찾아와 사람을 놀라게 하든가, 쓸데없이 기다리게 하든가 둘 중 하나다. 나를 기다린다고? 그거 아주 좋은데! 그는 항상 늦게 나타난다. 아주 가끔, 상대의 허를 찌르기 위해서 제시간에 나타날 뿐이다. 어떤 엄마는 전남편이 늘 약속 시간을 어기니까 아예 새로운 시간표를 짰다. 그러자 전남편은 그때부터 보란 듯이 약속 시간보다 30분 일찍 와서 '아직 시간이 안 됐다'며 아이가 공연히 차 안에서

기다리게 했다. 심리조종자들은 전 배우자를 화나게 하기 위해서라면 얼마든지 시간을 엄수할 수 있는 인간이다!

아이를 데려다주고 데려오는 순간은 무척 괴롭고 아이에게 트라우마가 남기 십상이다. 때로는 엄마와 아이가 아빠의 불같은 성질을 건드릴까 봐 애정 표현을 삼가야만 한다. 하지만 심리조종자 부모는 비장하게 연기하기를 좋아한다. 오열하고, 전 배우자에게 아직도 사랑한다고 외치고, 아이들 없이는 못 산다고 울고, 자살하겠다고 협박을 한다. 아이들은 겁이 나서 운다. 그는 이 틈을 놓치지 않고 이게 다 엄마 때문이라고 한다. 전화도 그에게는 무기가 될 수 있다. 아이들을 데리고 있는 동안 그는 전화를 받지 않는다. 전화벨 소리를 못 들었다고 거짓말하고, 아이들이 엄마와 통화하고 싶어 하면 못마땅한 기색으로 사기를 꺾는다. 하지만 자기는 매일같이, 전처가 가장 곤란할 법한 시간대를 골라서 전화질이다. 그래놓고서 자기는 아이들과 통화하고 싶은데 전처가 바꿔주지 않았다고 떠들고 다닌다!

그와 동시에 심리조종자는 슬슬 아이들을 조종하기 시작한다. '가정을 박살낸 사람은 엄마야. 아빠는 그런 엄마를 아직도 사랑하고 있어. 아빠의 유일한 소망은 예전으로 돌아가는 것밖에 없단다.' 게다가 엄마는 도둑이나 다름없다. 아빠의 소중한 자식들과 재산을 빼앗아갔으니까. 엄마는 너무 못됐고 아빠는 너무 불쌍하다. 나중에는 탄원서나 판결문까지 아이들에게 보여주면서 엄마가 이렇게 사악하고 돈밖에 모르는 여자라고 할 것이다. 심리조종자는 아이들을 공략하고 구워삶아 엄마에게 불리한 증언을 하거나 교대 양육을 원한다고 말하게 한다. 아이들이 엄마를 대하는 태도가 조금씩 달라진다. 엄마는 그런 아이들 때문에 마음 아파하면서도 이유도 모르고 어떻게 해야 할지도 모르니 답답하기만 하다.

그러는 동안 치이는 건 애들이다. 아이들은 지저분하고, 피곤하고, 자주 아프다. 숙제도 빼먹기 일쑤, 챙겨 먹어야 할 약도 빼먹기 일쑤다. 안경은 어디 갔는지 모르겠고, 교정기가 망가져서 아이 입천장이 상했는데도 아빠는 치과에 데려가주지 않는다. 그런 잡일은 다 엄마 몫이다. 심리조종자는 작정하고 계산적으로 전처를 걱정시킬 위험 행동들을 하기 시작한다. 슬슬 판을 깔아놓아야 전처를 늘 불안하고 지나친 행동을 하는 여자로 몰아갈 수 있으니까. 엄마들은 실제로 불안해하지만 이 불안에는 근거가 있다. 엄마들은 아이 아빠의 태만과 학대를 입증하려 애쓴다. 진단서를 끊기도 하고, 신고를 하기도 하고, 정식으로 고소를 하기도 한다. 엄마들이 하는 일은 합법적이고 공개적이며 정직하다. 하지만 상대는 진짜 개새끼다. 막말을 해서 미안하지만 달리 표현할 방법이 없다! 심리조종자는 전처가 자주 불평하지 않을 수 없게끔, 특히 언뜻 아무것도 아닌 일로 트집 잡는 것처럼 보이게 몰아간다. 아주 고전적인 예를 들어볼까. 그는 전처가 아이들이 집에 돌아오지 않았다고 경찰에 신고하러 갈 때까지 기다린다. 경찰관들이 출동하면 그제야 천연덕스럽게 나타나 자기는 분명히 오도 가도 못

하는 상황이라고 미리 얘기를 했다고 말한다(물론 거짓말이다). 전처는 단 1분도 기다릴 줄 모르는, 문제 있는 여자가 되어버린다. 그는 아이들이 괴로워하고 그 흔적을 웬만큼 드러내게 하면서도 학대로 고발당할 빌미는 남기지 않는다. 자잘한 언어폭력, 체벌, 신체 접촉은 엄마가 이미 사소한 문제로 자주 고발을 했기 때문에 문젯거리로 받아들여지지도 않을 것이다. 경찰관들은 이 엄마를 이미 자주 봤다. 그래서 엄마가 하는 말을 이제 심각하게 듣지 않는다. 저 여자가 또 죄 없는 불쌍한 남자를 잡는구나, 그러고 만다. 아빠는 그동안 착실하게 뿌려왔던 자잘한 씨앗들로 수확을 거둬들인다. 이제 그는 조각조각을 자기 필요에 맞게 끼워 맞춘다. 가령, 내가 자주 목격하는 수법이 있다. 아빠가 아이들을 데리러 와서는 뭔가 대화를 시도하는 듯하다가 아이들에게 버럭 성질을 낸다. 아이들은 무서워서 아빠를 따라가지 않으려 하고, 그는 거칠게 그 자리를 박차고 나간다. 그리고 곧바로 전처가 자기에게 아이들을 보내지 않는다고 신고한다. 엄마는 증인도 없이 불시에 경찰서로 불려가고, 그런 상황에서는 자기 변론을 제대로 하려야 할 수가 없다! 전남편이 이런 식으로 몇 번 소동을 부리면 그녀는 감옥에 갈지도 모른다! 요컨대, 이건 전쟁이다. 피해자들의 소원은 그냥 숨 좀 쉬고 살았으면, 이 상황이 끝났으면, 다시 한 번 평온하고 화목하게 살아갔으면 하는 것이다. 이 여자들은 힘들게 이혼을 했는데도 심리조종자에게서 벗어날 수 없음을 뒤늦게 깨닫고 충격을 받는다. 너무나 안타까운 얘기지만 이건 시작일 뿐이다.

인사해, 내 새 돌보미야

이혼 위협이 구체화되면 심리조종자는 적극적으로 새로운 엄마 후보를 찾는다. 새로운 먹잇감을 찾아 설정부터 다시 하려면 시간이 꽤 걸린다. 상대의 경계심을 잠재우고, 중간에 도망가지 않도록 함정 깊숙이까지 끌어들이고, 상대가 자기를 불쌍히 여기고 엄마처럼 보살피게끔 조건화해야 한다. 그러고 나서 그 여자로 하여금 아이들의 새엄마가 되어야 한다는 현실을 받아들이게 해야 한다. 요컨대, 조련이 완전히 끝날 때까지 기다린 후에야 행동에 나설 수 있다.

새엄마 후보가 준비되고 이 여자를 통해 모든 프로그램을 무료로 내려받을 수 있다는 확신이 들면, 심지어 그녀가 제 돈을 써가면서 자기와 자기 아이들을 챙길 것 같으면 심리조종자는 비로소 교대 양육을 요구한다. 그가 이미 교대 양육권을 확보하고 있다면 그동안 하는 둥 마는 둥했던 교대 양육을 본격적으로 적용하고 나설 것이다. 이건 애꿎은 아이들을 괴롭히는 일밖에 안 된다. 전처는 서서히 침착함을 잃기 시작한다. 새엄마 후보는 대개 전처와 비슷한 유형이다. 심지어 외모도 쌍둥이처럼 닮은 여자를 택하곤 한다! 따라서 새엄마 후보도 정 많고 아이들을 좋아하며 긍정적이고 이타적인 여자일 확률이 높다. 하지만 그녀는 이미 세뇌를 당했다. 자기 연인이 악마 같은 전처를 만나 지옥 같은 결혼 생활을 했다고, 그 못돼먹은 전처가 아이들마저 빼앗으려 한다고 굳게 믿고 있다. 이 여자는 충실하고 똑똑하며 불의를 그냥 보고 넘기지 못한다. 번지르르한 가면에 홀려 구원자 입장을 자처하고 나선 여자는 마녀 같은 전처와의 전쟁에 나선다. 그러는 동안 심리조종자는 전처에게 모든 문제가 새엄마 후보로부터 비롯된다는 생각을 심어줄 것이다. 자기는 싸우고 싶지 않은데 새로 사귄 그녀 때문에 어쩔 수 없다는 듯이. 너무 많은 피해자들이 이 지경까지 와서도 전남편은 알고 보면 좋은 사람이고 질투심 많은 새 여자 친구가 문제라고 순진하게 믿어버린다. 전처와 새 여자 친구의 치열한 싸움을 관망하면서 심리조종자는 짜릿한 관음적 쾌감을 만끽한다. 새 여자 친구는 전처가 얼마나 가증스러운 엄마요, 아버지로서의 권리를 부정당한 이 아빠가 얼마나 좋은 아빠인지를 온갖 자료로 증명하리라. 이 여자는 영리하고 조직적이며 죄 없는 사람 편에서 좋은 일을 한다는 확신에 불타기 때문에 법정 서류 준비에 일당백 역할을 할 수 있다.

세월이 한참 흐른 후에야 이 여자는 남자에게 의심을 품기 시작한다. 더러는 전처에게 직접 전화를 걸어 이전 결혼 생활이 어땠는지, 어쩌다 헤어지게 됐는지 내심 찜찜했던 부분을 물어본다. 그 대화는 유익할 것이다. 전처는 사람 좋고 괜찮은 여자다. 우울증 환자도 아니고 알코올중독자도 아니고 돈에 목매는 여자는 더더욱 아니다. 남편을 망치려 하기는커녕 오히려 중상을 당한 입장이고 욕을 먹거나 맞고 살았다. '그래, 지금의 나처럼 말이지!' 여자는 그렇게 생각할 것이다. 그렇게 그녀도 나중에는 자기가 함정에 빠졌다는 것을 깨닫는다. 하지만 그날이 오기 전까지는 심리조종자가 전처를 괴롭히는 데 적극적으로 협조하리라.

교대 양육권을 법정에서 받아냈지만 심리조종자가 그동안 그 권리를 제대로 감당하지 않았다면 전처를 공격하고 고발하기 좋은 핑계가 있다. 전처의 방해로 자기가 아버지 역할을 수행할 수 없었다는 주장이다. 이 주장은 이미 길이 잘 들었다. 그는 부권을 무시당했다. 아이들이 많이 커서 스스로 아빠를 좀 더 자주 만나고 싶다고 요구한다. 전처보다 아이들을 더 잘 보살피는 새로운 여자도 만났다. 따라서 아빠가 아이들에게 더 안정된 환경을 제공할 수 있다. 반면에 엄마라는 여자는…… 그래, 당신은 글렀어, 이 히스테리 환자야! 게다가 전처는 돈이 없다. 그 여자는 재혼 상대도 만나지 못했다(어휴, 부끄러운 줄 알아야지!). 전처는 아이들에게 불안정한 떠돌이 생활을 제공할 뿐이다. 심리조종자는 자기가 양육비를 전혀 지급하지 않기 때문에 전처가 그렇게 쪼들린다는 말 따위는 하지 않는다. 그러다 재판이 얼마 안 남은 시점부터 좋은 아빠 가면을 쓰기 위해 꼬박꼬박 양육비를 보내주기 시작한다. 그로써 장기간의 양육비 미지급은 묻히고 만다. 심리조종자의 집요한 방해에도 불구하고 전처가 누군가를 사귀게 된다면 그는 그 남자가 아이들을 학대하고 추행한다고 고발할 것이다. 이 작전이 통하지 않으면 자기가 저지른 짓을 감추기 위해서 전처 가족과 측근을 비방하리라. 여러분은 구체적인 예를 앞에서 잘 보았을 것이다.

나는 정말로 어이없는 경우도 보았다. 어떤 아빠가 자기 딸을 추행했다며 동갑내기 일곱 살 여자아이를 고발했다! 그 사람은 어린아이를 고발함으로써 동시에 세 가지 효과를 거두려 했을 것이다.

첫째, 전처는 그날 오후에 일이 있어서 아는 엄마 집에 아이를 맡겼다. 기껏 남의 집 아이를 봐줬는데 자기 딸이 고발을 당했으니 그 집 엄마는 당연히 화가 머리끝까지 났다!

둘째, 엄마가 사귀는 사람들이 그렇고 그래서 딸아이가 엄마와 함께 지내면 안전하지 않다는 생각을 심어줄 수 있었다.

셋째, 그는 자기 잘못을 덮기 위해 선수를 쳤다. 경찰에 신고를 하고 딸아이가 조사받게 함으로써 자기가 경찰을 두려워할 이유가 전혀 없다고 과시한 셈이다. 또한 아이는 이 과정에서 너무나 겁을 먹었기 때문에 아빠에 대한 불만을 토로할 엄두도 내지 못했다.

2라운드 – 자, 본격적으로 게임을 시작해볼까?

엄마가 자기 변론을 제대로 하지 못하고 아이들은 아빠를 보고 싶다고 말한다. 요컨대 부권 부정이 의심되는 상황이다. 심리조종자가 여기저기 우는소리를 하고 다녔다면 교대 양육 처분이 내려질 것이다. 그리고 이 상황에서는 실제로 교대 양육이 이루어진다.

드물지만 혼자 아이들을 상대하는 심리조종자 아버지도 있다. 대부분은 새로 만난 여자의 가사 노동이나 경제력에 자기 아이들을 맡긴다. 이제 심리조종자의 삶은 둘로 양분된다.

- 전 배우자의 존재를 부정하는 일주일.
- 전 배우자를 괴롭히는 일주일.

비켜! 이번 주는 내 차지야!

외국 공주가 프랑스 왕비가 되려면 국경을 넘을 때 의례를 치러야 했다. 외국의 옷을 벗고 머리부터 발끝까지 실오라기 하나 걸치지 않은 알몸으로 국경을 넘어와(아무리 천막을 쳐놓고 치르는 의례라지만) '프랑스산' 옷과 장신구로 다시 단장하는 것이다. 공주의 시녀들, 반려동물, 애장품은 모두 본국에 두고 와야 했다. 프랑스 왕국은 왕비에게 새로운 시녀와 반려동물과 물건을 제공했다. 배신을 염려해서였을까, 새 왕비가 고국을 잊고 100퍼센트 프랑스 편이 되게 하려는 의도가 도처에 깔려 있었다. 심리조종자 부모 집에 지내러 가는 아이들 처지가 딱 그렇다. 아이들은 평소 아끼는 장난감, 인형, 잠잘 때 꼭 필요한 베개나 담요까지 빼앗긴다. 심리조종자가 보내는 메시지는 이거다. '네 엄마(혹은 아빠)는 없어. 그 집에서의 네 생활은 없는 거야.' 대부분의 경우, 심리조종자는 아이가 전 배우자 집에서 아무것도 가져오지 못하게 한다. 아이에게 정서적으로 중요한 물건이 아이의 두 생활을 연결하는 버팀목이 되는데, 그 물건을 인정하지 않는 것이다. 저쪽 집에서 가져온 물건은 다 압수다. 그리고 자기가 아이에게 선물한 것도 다 반출 금지, 오로지 그 집에서만 써야 한다. 뤼카는 아빠 집에서 돌아와 엉엉 울었다. 아빠가 크리스마스 선물로 게임기를 사줬는데 엄마 집에 가지고 가면 안 된다고 했단다. 엄마는 아이가 너무 서럽게 우니까 속이 상해서 똑같은 게임기를 하나 더 사줬다. 엄마는 그렇잖아도 쪼들리는 살림에 예상치 못한 지출을 해야 했지만 달리 어찌할 수 없었다. 나는 분위기를 가볍게 하려고 뤼카에게 눈을 찡긋하며 농담을 했다. "너희 아빠가 너 없는 동안 그 게임기로 놀고 싶어서 그랬나 봐!" 심리조종자 부모가 컴퓨터, 스마트폰, 태블릿 PC 등으로 이렇게 걸고 넘어지면 일이 생각보다 복잡해진다. 그는 한 손으로는 전 배우자가 감당할 수 없는 비싼 선물을 아이에게 주고, 다른 쪽 손으로는 그 선물을 아이에게서 빼앗는다. 자녀가 청소년이라면 이 부조리한 행동에 어떻게 대처해야 할지 미리 교육을 시켜야 한다.

프랑스 왕비는 자기가 나고 자란 고국이 프랑스와 전쟁 중일 때 자신에게 각별한 고국 사람이 죽거나 고국 도시가 파괴당해도, 고국 백성들이 고통을 겪어도 슬픈 기색을 보일 수 없었다. 그런 태도는 심각한 배신으로 간주되었다. 마찬가지로 심리조종자는 아이들이 비치는 이별의 슬픔, 다른 부모에 대한 애정 표현마저 배신 행위로 간주한다. 아이들은 아빠가 보는 데서 엄마에게 정답게 굴면 안 된다는 것을 금방 깨우친다. 아빠가 보는 동안은 긴장을 풀지 못하고 형식적인 인사만 하다가 아빠가 사라지면 안심하고 엄마 품으로 달려간다. 아빠 집에 설령 가족사진이 있더라도 그 안에 엄마는 없을 것이다! 심리조종자는 아이들에게 '나에게 사랑받고 싶다면 엄마(혹은 아빠)를 미워해야 한다'는 메시지를 심어준다. 그것이 그의 궁극적 기만이다. 아이들은 엄마(혹은 아빠)가 보고 싶다는 얘기를 점점 더 속으로 삼키게 된다.

사소한 물품들을 다루는 태도도 마찬가지다. 심리조종자는 당신을 '열 받게 하려고', 당신을 쩨쩨하고 속 좁은 사람으로 만들려고 아이들 물건을 막 굴리고, 잃어버리고, 망가뜨리고, 돌려줘야 하는데도 돌려주지 않는다. 크리스텔은 아들을 스키장에 보내면서 시력 보호를 위해 비싼 고글을 사줬다. 전남편은 아이가 고글을 잃어버렸다고 주장했는데 과연 고글을 아이에게 씌우기는 했는지조차 의심스러웠다. 아이 물건이 한두 번 없어지는 게 아니니 엄마는 대비를 한다. 짐 가방에는 버려도 아깝지 않은 옷만 싸고, 여름 캠프라도 보낸다고 하면 챙겨야 할 물건 목록을 따로 만들어준다. 전남편에게는 아무 기대를 걸면 안 된다. 그는 고의적으로 태만하게 굴기 때문에 아이가 스스로 챙기지 않으면 안 된다. 점퍼가 대여섯 개쯤 없어지고 나면 엄마도 지친다. 이제 아이는 아무것도 챙기지 않고 아빠 집으로 간다. 보통은 부모 집을 옮겨 다니면서 짐 가방을 끌고 다녀야 한다. 하지만 이런 식이면 어쩔 수가 없다. 이러한 행동은 치졸하고 다른 한편으로는 모성 본능을 거스르는 행위라고도 할 수 있다. 보통 엄마는 아이가 날씨에 따라, 혹은 예상치 못한 상황에 맞게 옷을 갈아입고 늘 깨끗한 차림으로 지내기를 바란다.

아빠는 한겨울에 아이를 반바지 차림으로 학교에 보내면서 "애 엄마가 챙겨준 옷이 이것뿐이네요"라고 할 것이다. 그러나 "내가 돌려보내지 않은 긴 바지 네 장, 스웨터 다섯 장, 모자 달린 티 두 장이 우리 집 옷장 어딘가에 처박혀 있지만요"라는 말은 절대로 하지 않는다. 아이가 엄마 집에 돌아가 일주일 내내 속옷을 한 번도 갈아입지 않았다, 옷을 얇게 입어서 공원에서 바들바들 떨었다, 그렇게 보고하리라는 상상에 심리조종자 아빠는 희희낙락한다. 그는 이웃 사람이나 아이의 친할아버지, 친할머니 앞에 아이를 꾀죄죄한 모습으로 보이고는 "갈아입힐 옷이 없어서요"라고 한다. 엄마를 부주의하고 태만한 사람으로 깎아내리고 증언을 확보하는 한편, 엄마를 죄책감과 무력감으로 괴롭힐 수도 있으니 일석이조다. 모두들 '뭐 그런 엄마가 다 있어!'라고만 생각할 것이다. 아빠에게 이렇게 물어보는 사람은 한 명도 없다. "아니, 그러면 새 옷을 사와서라도 갈아입혀야지 뭐하는 겁니까?" 만약 엄마가 아이를 추운 겨울에 반바지와 티셔츠만 입혀서 데리고 나가놓고 "애 아빠가 갈아입힐 옷을 챙겨 보내지 않아서요"라고 변명하면 씨알도 안 먹힐 것이다. 재차 말하지만 아빠와 엄마는 체급도 다르고 사이즈도 다르다……

드물게 아이들을 혼자 돌보면서 아이들 기를 완전히 죽이는 심리조종자 아빠도 있다. 칼리프가 없을 때 칼리프의 권력을 몽땅 행사하고 싶어 하는 재상처럼, 그는 아빠가 아니라 엄마가 되려 하고 자기가 진짜 엄마보다 엄마 노릇을 더 잘해낼 수 있음을 보여주고 싶어 한다. 이런 아빠들은 엄마만의 권한을 무시하고 매사를 자기가 통제하고 관리한다. 한 엄마는 자기가 아이를 보는 주에 함께 미용실에 가려 했다. 아이가 사색이 되어 펄쩍 뛰었다. "안 돼요! 아빠가 미용실은 아빠하고만 가야 된댔어요!" 아이는 엄마가 사준 옷도 입으려 하지 않았다. 아빠가 사준 옷만 입을 수 있다나. 엄마가 아이를 보는 주에도 아빠는 불쑥불쑥 나타나곤 했다. 아이는 아빠 말을 몰래 어겼다가 들키면 혼난다고 두려워했다. 아이는 엄마가 밖에 나가자고 해도 싫다고 했다. 엄마가 선물을 사주거나 숙제를 봐준다고 해도 싫다고만 했다. 엄마가 그러면 아빠가 자기를 혼낸다나. 아이는 엄마랑 지내는 한 주 동안 경직되고 움츠러들 수밖에 없었다. 엄마가 나에게 상담을 받고 웬만큼 자신감을 회복한 후 그 모자는 많이 편안해졌다.

심리조종자 부모는 아이를 보는 동안 다른 부모를 조롱하고, 멸시하고, 비방하고, 세상에 없는 사람 취급한다. 그와 동시에 자기를 높이고 허세를 떨고 생색을 낸다. "잘 봐라, 내가 너를 위해서 이런 일까지 해준다!" 그렇지만 그는 과거 결혼 생활에서 배우자에게 그랬던 것처럼 아이들도 들들 볶지 않고는 못 배긴다. 한 번 심리조종자였던 사람은 영원히 심리조종자다.

심리조종자 아빠가 양육을 맡는 한 주 내내 아이 엄마는 가슴을 졸인다. 아빠랑 있는 동안 아이한테 무슨 일이 일어날까 봐 걱정되기 때문이다. 아이와 통화를 하기도 어렵고, 행여 연결이 되더라도 바로 옆에서 아이 아빠가 감시를 하기 때문에 속사정을 알 수가 없다. 엄마는 단지 아이가 긴장해 있고 아빠 눈치를 보느라 서둘러 전화를 끊으려 하는 것만 느낀다. 어떤 심리조종자 아빠들은 아이가 엄마와 통화를 하는 동안 옆에서 고래고래 소리를 지른다. 또 어떤 아빠들은 아이가 아예 엄마와 연락을 못 하게 한다. 엄마가 전화를 걸어도 안 되고, 학교나 축구 교실에 잠깐 얼굴을 보러 와서 아이에게 말을 걸어도 안 된다. 한 엄마는 학교 정문에서 아이와 아이 아빠를 마주쳤다. 아이 아빠는 그녀에게 냅다 이렇게 소리를 질렀다. "비켜, 이번 주는 당신 차례 아니거든!"

어디 감히 날 잊고 행복하려 해?

심리조종자가 아이들을 보지 않는 주도 평온과는 거리가 멀다. '너랑 나는 체급과 사이즈가 다르지'와 '내 행동이 아니라 내 말을 기준으로 삼아'를 고집하는 심리조종자는 전 배우자가 아이들과 보내는 한 주를 무겁게 짓누른다. 그가 전 배우자와 아이들에게 잊힐 염려는 조금도 없다! 한 주 내내 엄청난 존재감을 행사할 터이니! 엄마와 아이들은 '우연히' 그와 마주치곤 한다. 아이들 학교 근처에 볼일이 있었다는 둥, 별의별 핑계로 불쑥불쑥 나타난다. 사실 그는 전처가 아이들을 데려다주고 데려오는지 감시한다. 심한 경우에는 한 동네에 집을 구해 살면서 간수 노릇을 하기도 한다.

심리조종자는 아이와 장시간 통화를 하거나 시도 때도 없이 전화를 한다. 언제든지 연락을 할 수 있어야 한다는 이유를 들어 아직 아이가 아주 어린데도 휴대전화를 선물해주기도 한다. 아이가 자기 전화를 받지 않으면 당장 전처 집으로 출동해서 '소식이 없어 굉장히 걱정했다'고 한바탕한다. 그는 전화를 이용해 아이 생활을 지배하고 전처를 감시한다. "엄마는 지금 뭐하니? 오늘 엄마랑 누구를 만났니?" 이런 식의 통화는 아이에게 부담이 된다. 엄마는 아이가 아빠랑 통화를 하고 나면 뭔가 기분이 달라지는 것 같다고 느낀다. 아이가 일부러 휴대전화나 배터리를 잃어버리기도 한다. 그러면 엄마는 숨통이 트인다고 기뻐하기는커녕 사색이 되어 아이를 혼내고 휴대전화를 찾기 바쁘다. 엄마가 보이는 행동이 아이에게 전달하는 메시지는 이러하다. '네 아빠가 어떻게 반응할지 나는 무서워 죽겠어. 너는 아빠가 못살게 굴면 못살게 구는 대로 참고 사는 수밖에 없단다.'

심리조종자들은 곧잘 변덕을 부리고 자기 기분대로 행동한다. 일곱 살 소녀 레아는 숱이 많고 구불구불한 머리를 아주 길게 기르고 다녔다. 따라서 아이 머리를 감겨주는 것만도 보통 일은 아니었다. 아빠는 레아가 머리를 매일 감지 않으면 머릿니가 생길 거라고 했다. 그는 매일 아이에게 전화를 걸어 머리를 감으라고 했다. 하루라도 머리를 감지 않으면 머릿니가 생긴다는 아빠 말에 레아는 불안해지고 스트레스를 받아서 매일 엄마에게 머리를 감겨달라고 졸랐다. 엄마는 레아를 약국에 데려갔다. 약사는 아빠 말이 틀렸다고 했다. 사실, 엄마의 행동도 부적절했다. 엄마는 아이의 불안을 전혀 보듬어주지 못했다. 그녀는 자기도 모르게 전남편이 벌이는 수작에 넘어간 셈이다. 엄마는 레아의 투정을 심각하게 받아들인 반면, 레아가 아빠에게서 받는 압박은 해결해주지 않았다. 엄마는 레아가 보는 앞에서 아빠에게 전화를 걸어 딱 부러지게 말해야 했다. "당신은 당신 집에서 하고 싶은 대로 해. 내 집에서는 내가 하고 싶은 대로 할 테니까 더는 말 나오게 하지 마!"

피해자 역 부모가 가해자 역 부모의 지배를 완전히 벗어나지 못했다면 이 밖의 요구들도 그의 생활이나 자녀들과의 관계를 악화시킬 것이다. 예를 들어 심리조종자 아빠가 아이나 엄마가 유독 내키지 않아 하는 특별활동을 고집한다고 치자. 우연인지 아닌지 몰라도, 그 활동을 아이에게 시키기에는 엄마 일정이 전혀 맞지 않는다. 아이 아빠는 처음부터 그걸 노리고 아이 교육에 그 활동이 꼭 필요하다고 주장한 것이다. 그는 아이가 피아노를 치지 않으면, 중국어를 배우지 않으면, 축구나 유도를 하지 않으면 인생에서 실패하기라도 하는 것처럼 과장한다……. 아, 아빠는 직접 아이를 학원에 등록시킬 시간은 없지만 엄마를 쥐 잡듯 잡아서 결국 학원으로 찾아가게 할 시간은 있다. 물론 학원비도 100퍼센트 엄마 부담이다. 사실 그는 그 활동에 대단한 관심이 있는 게 아니다. 아이가 그 활동을 하게끔 강요하고, 엄마가 아이에게 그 활동을 시키게끔 강요하는 것이 중요할 뿐이다. 아이는 억지로 하게 될 활동이 점점 더 싫어지고, 자기가 싫다는데도 아빠에게 반항 한번 못 하고 학원에 등록시킨 엄마를 원망하게 된다.

마지막으로, 방학이라는 골치 아픈 문제가 남았다. 다시 한 번 말하지만 심리조종자는 전처가 여름휴가에도 자기를 데려가야 한다고 생각하는 인간이다. 전처가 자기 없이 어디 좋은 데 간다고 생각하면 화가 나서 돌아버린다. 나는 심리조종자인 전 배우자 때문에 휴가를 망친 사례를 이골이 나도록 보았다. 심리조종자들도 남의 휴가를 말아먹을 때만큼은 꽤 창의적이다. 당신은 그 사람 때문에 기차나 비행기를 놓치고, 출발 직전에 여권을 잃어버리거나 압수당할 것이다. 그 사람은 끝까지 휴가 일정을 알려주지 않다가 당신이 날짜를 정하고 나면 일부러 자기 휴가를 겹치게 잡아놓고 당신보고 휴가를 옮기라고 한다……. 그는 당신이 휴가를 만끽하는 동안에 통보할 수 있는 나쁜 소식이 늘 준비돼 있다(세금 문제, 고장, 수도관 파열 등등). 여름휴가라고 해서 당신이 숨을 돌릴 수 있을까!

파이널 라운드 – 이제 애는 내가 데려갈 거야

조만간 심리조종자는 다시 소송 절차를 밟을 것이다. 이제는 교대 양육으로 만족 못 한다. 전 배우자가 아무리 양보해줘도 그들에겐 충분하지 않다. 전 배우자의 양육권 박탈이야말로 궁극의 복수다! 아이들은 자기가 갖고 상대가 양육비를 지급해야 하니 금상첨화다. 그가 계획을 잘 끌고 왔고 당신이 그동안 저지른 실수들이 쌓여 있다면, 당신이 자기 변론을 잘 해내지 못한다면, 이런 일이 닥칠 줄 생각도 못 하고 있었다면, 그가 목표를 달성할 공산이 크다.

아이들도 당신에게 불리한 증언을 할 만큼 자랐다. 때로는 아이들이 판사에게 하는 말을 듣고서 피해자 입장 부모가 아연실색하기도 한다. "세상에, 애들이 내 편을 들지 않더라고요!" 당신 편을 드는 게 아이들 역할은 아니다. 간혹 아이들이 심리조종자 부모가 끈질기게 끌고 나가는 전쟁에 지친 나머지, 혹은 피해자 입장 부모의 일관성 없는 태도에 실망한 나머지, 심리조종자 부모가 원하는 방향으로 행동하기도 한다. 그런 아이들은 어떤 식으로든 끝이 나기를, 어느 한쪽 집에서 쭉 살 수 있기를 바랄 뿐이다. 혹은, 심리조종자 부모의 양육 태만에서 뭐든지 마음대로 할 수 있는 기회, 이를테면 인터넷이나 게임을 무제한 할 수 있는 기회를 엿보는 아이들도 있다. 길게 보면 영양가 없지만 당장은 솔깃한 약속, 이를테면 용돈을 많이 주겠다, 스쿠터나 그 밖의 원하는 물건을 사주겠다는 약속에 아이들이 넘어갔을 수도……. 그동안 피해자 입장 부모는 아이들에게 힘없고 서툰 모습, 자기 변론조차 제대로 못 하는 모습만 보여줬다. 안됐다만, 아이들이 더 센 편에 붙는 것도 무리는 아니다.

안녕하세요, 선생님.

저는 선생님의 모든 저서와 나르시시스트 변태들을 다룬 그 밖의 책들을 읽었습니다. 덕분에 저는 제가 처한 상황을 이해하게 되었지만 도저히 극복할 수가 없습니다. 아들이 아빠, 그러니까 제 전남편과 살겠다고 저를 버렸어요. 전남편은 누가 봐도 변태성격자이고 그 사람 가족들조차 성격이 이상하다고 제쳐놓은 사람입니다. 그런데 아들만은 아빠가 무슨 우상이라도 되는 줄 알아요! 선생님께서 다음과 같은 주제로 책을 한 권 써주시면 안 될까요? '당신 아이가 영원히 사탕발림에 놀아나게 될 것을 알면서 어떻게 감정이 격해지지 않고 그 상황을 극복할 수 있을까? 도대체 뭘 어떻게 해야 하나? 어떻게 내가 아니라 상대가 모든 사랑과 지원을 독차지하는 불쌍한(!!!) 사람 입장이 됐다는 사실을 잊을 수 있을까?' 저는 이 문제를 다룬 책은 한 권도 발견하지 못했습니다. 하지만 나르시시스트 변태와는 결코 이혼다운 이혼을 할 수가 없지요……. 아이의 증언은 그 사람의 가학적 쾌감을 지속시키는 역할을 합니다. 36년을 살면서 그중 17년을 아들에게 헌신했습니다. 뼈빠지게 다 키워놓았더니 이제 그 사람 자식이랍니다. 내가 그동안 쏟아부은 모든 것이 그 사람 거랍니다. 내가 아들을 어떻게 키웠는데 이런 푸대접을 받을까요. 저한테는 아들밖에 없어요. 저는 친구조차 없어요. 무척 고립되어 살고 있는 데다가 건강이 좋지 않거든요. 저는 선생님 책을 참 좋아합니다. 선생님은 빙빙 돌려 말하지 않으면서도 마음을 위로해주시죠. 이 글도 선생님 책을 읽고 나서 용기를 내어 제 고통에 대해서 말해봐야겠다는 생각으로 쓰게 됐습니다. 하지만 이 새로운 '고통', 그토록 보호하고 싶었던 아들이 그 사람에게 가버렸다는 이 고통은 정말 견디기가……. 선생님, 그동안의 경험과 상담 내용을 바탕으로 이 주제에 대한 책을 한 권 써주시면 안 될까요. 사람은 단지 자기 자신만을 위해서 살 수 없습니다. 자식을 어떻게 떠나보낼 수 있을까요. 나는 자식을 정말 사랑하는데 상대는 성인이 다 된 자식을 자기 뜻대로 이용하고 그와 동시에 이혼한 전 배우자까지 이용하려는 속셈이라면요……. 이런 얘기를 하는 책은 별로 없죠. 선생님이 그런 책을 쓰신다면 좋은 반응을 얻을 거예요. 저와 같은 처지에 있는 부모들이 정말 많거든요. 양육권을 완전히 빼앗긴 상황에서 이 억울한 감정을 어떻게 다스리고 앞으로도 자식을 위해 최선을 다할 수 있을까요? 결국 저와 저 같은 다른 부모들은 절망에 빠지고 한 맺힌 사람이 될 수밖에 없는 건가요……. 저 같은 사람이 한둘이 아닐 겁니다. 선생님, 저의 제안을 진지하게 생각해주시겠어요?

읽어주셔서 감사합니다.

아, 그리고 저는 B시에서 심리상담을 받은 적이 있습니다. 심리상담사는 제 얘기를 듣고서 어떻게 할 수 있는 방법이 없다고 하더군요. 그걸로 끝이었어요.

감사합니다.

C. A. 올림

절망에 빠진 부모들은 이런 유의 메일을 나에게 보내곤 한다. 세상 끝난 것처럼 비탄에 빠진 엄마들을 정신적으로 돕는 것이 내가 곧잘 맡는 임무이기도 하다. 그 엄마들을 보면서 나 또한 얼마나 가슴이 아픈지 모른다.

나는 이 엄마들의 용기에 경의를 표하고 싶다.

- 나타샤는 두 살, 세 살밖에 안 된 두 아이의 양육권을 학대 성향이 농후한 아이 아빠에게 빼앗겼다. 심지어 면접권도 한 달에 이틀밖에 허락되지 않았다!

- 크리스티안의 두 딸은 엄마를 점점 멀리하더니 아빠랑 살겠다고 집을 나갔다. 아빠는 록 가수인데 마약 상용자일 뿐만 아니라 여자 관계가 무척 난잡한 사람이다.

- 코랄리의 전남편은 소아성애자였다. 코랄리는 두 딸을 보호하기 위해 해외로 도피했는데 아빠가 아이들을 만날 권리를 침해했다는 이유로 고소를 당해서 감옥에 갈 위기에 처했다.

- 솔랑주는 눈에 넣어도 아프지 않을 세 아이의 소중한 어린 시절을 함께하지 못했을 뿐 아니라 감당하기 힘든 액수의 양육비를 지급하고 있다. 전남편이 그녀에게 떠넘긴 빚을 공제받지 못한 채 일괄적으로 소득 대비 양육비 판결을 받았기 때문이다.

- 사빈은 12년 전부터 골치 아픈 소송에 발목이 잡혀 있었다(전남편은 재판관할권을 자기에게 유리하게 행사했고 사빈의 여자 변호사를 유혹해서 동침하기까지 했다). 사빈은 징역 3월 형을 받았다. 딸아이는 이미 일곱 살 때부터 아빠의 단독 양육으로 자랐고 그동안 친모의 몰락을 쭉 지켜보았다.

- 그 밖에도 기막힌 사연을 털어놓은 엄마들이 참 많기도 하다.

  불행히도 나에겐 이 엄마들의 아픈 마음을 낫게 할 기적의 치료약이 없다. 때로는 약간의 최면이 그들의 고통을 덜어주는 효과가 있다. 하지만 이토록 괴로운 엄마들의 무의식을 어떻게 달랠 수 있을까? 멀쩡하게 살아 있는 자식들을 잊으라고 할까? 학대를 마주하면서도 그냥 포기하라고, 당하면서 살라고 할까? 그냥 거리를 두라고, 자식들에게 초연해지라고 할까? 아이들을 보호하고 싶은 본능을 끊어내라고 할까?

  용기 있는 일부 엄마들은 독자적인 전략을 세우기도 한다.

  상드린은 이렇게 말했다. "전남편은 어차피 답이 없어요. 그 사람한테는 자기가 문제일 리 없고, 문제일 수도 없으니까요. 그런 인간이 내 딸의 아빠인 거죠. 그 애는 그런 아빠에게 맞춰 살아야만 할 테지요. 나는요, 이제 그 사람 때문에 스트레스 받으면서 살지 않겠어요. 문제를 하나하나 해결하는 데 집중하고 그 사람 수작에 말려들지 않을 거예요. 그저께는 그 사람이 내 차 타이어 네 개를 다 터뜨려놓았더군요. 보험 적용을 받아야 하니까 신고는 했지만 누가 한 짓인지는 모르겠다고 말했어요. 경찰이 조사를 나와서 혹시 원한을 산 일이 있느냐, 이런 짓을 할 만한 사람이 있느냐, 묻더군요. 나는 모른다고 대답했어요. 정비소에서 나와서 타이어를 다 교체해줬죠. 나는 그걸로 해결됐다고 생각하고 다른 일로 넘어갔어요. 전남편은 내가 자기를 의심하고 길길이 뛰지 않았기 때문에 무척 실망했을 거예요."

실비도 자기 나름대로 놓아버릴 건 놓아버린다. "전남편은 우리 아들이 네 살 때부터 성추행을 했어요. 어떻게든 그 사실을 입증하려고 노력했지만 그 사람은 면소 처분을 받았죠. 지금은 오히려 내가 법의 눈치를 봐야 하는 상황이에요. 내가 여기서 더 세게 나가면 골치 아픈 문제들이 생길 거예요. 그러니까 타협을 해야지요. 아들이 나랑 지내는 동안은 최대한 성심성의껏 돌봐줘요. 내가 줄 수 있는 사랑을 다 쏟아붓고 아빠에게 맞설 수 있는 힘을 불어넣지요. 그 애가 조금만 더 크면 본격적으로 치료도 받게 할 거예요. 아이가 아빠 집에서 지낼 때는 가급적 아이 생각을 하지 않으려고 해요."

딸들에게 거부당한 엄마 크리스티안은 멀리 이사를 가기로 결심했다. 전남편은 그녀의 우편물을 슬쩍하거나 직장생활을 방해하기 일쑤였다. 전남편 때문에 크리스티안이 동네 사람들과 마찰을 빚은 적도 많았다. 그녀는 멀리 떨어져 지내는 편이 더 낫겠다고 생각했다. "아이들이 방학 때 엄마 집에 오면 여행 온 기분도 나고 아빠가 바로 지척에 있다는 생각을 떨쳐버릴 수 있을 테지요. 걔들도 아빠에게서 멀리 벗어나 보면 깨달을 거예요. 아이들이 방학 때도 날 찾지 않는다면 그냥 그 애들이 좀 더 자라서 엄마를 이해할 때까지 기다릴 거예요."

나는 이 책에 예방 효과가 있기를 바란다. 자식을 사랑하지만 아무런 손을 쓸 수 없는 처지, 변태적인 부모에게서 자식을 지키지 못하는 처지에 놓이는 사람이 없기를 바란다. 이토록 견디기 힘든 고통에 신음하는 어머니들을 더 이상 보지 않았으면 좋겠다.

그날이 올 때까지 이 절망한 어머니들에게 나는 마음을 담아 위로를 건넬 뿐이다.

아이들에게 미치는
위험과 후유증

아동 학대에 대한 경각심을 일깨우려는 시도가 여러 차례 있었지만 여전히 대중의 인식은 부족하고 문제를 부정하는 경향이 농후하다. 산발적으로나마 전 세계에 그러한 문제의식을 전파하려는 움직임이 있었고 더러 법안들도 마련되었지만 인류가 직시하기 어려운 이 현실은 아동 인권 선언이 무색할 만큼 역겹다. 이 세상 모든 나라의 어른들은 좌절, 폭력, 미움, 변태성을 죄 없는 아이들에게 풀고도 대개 아무런 처벌도 받지 않는다(피해 아이들은 대부분 가해자의 친자식이다). 아이들에게 그 상처는 평생 남는다. 그들은 나중에 자라서 부모처럼 자기를 괴롭힐 사람을 배우자로 선택함으로써 직접적으로든 간접적으로든 자기가 당한 학대를 재생산한다.

몸도 마음도 상처 입는 아이들

여기까지 읽은 독자라면 심리조종자 부모가 심각한 학대를 자행하는 부모라는 점을 이미 파악했을 것이다.

다 너 때문이야! 시키는 대로만 해!

APSAC*는 다음 사항들을 심리적 학대 행위로 규정하고 있다.

- **위압적 행위**: 아동 혹은(그리고) 아동의 애착 대상을 다치게 하거나 위험을 끼칠 수 있는 위협 행동.
- **타락 선동**: 부적절하거나 반사회적인 행동을 용인하거나 본보기를 보이는 것.
- **거부**: 아이를 깎아내리고 거부하는 언어적·비언어적 메시지.
- **정서적 무관심**: 아이의 상호작용 욕구를 무시하고 적극적으로 감정을 보여주지 않는 태도.
- **고립**: 아동이나 가족을 합리적 근거 없는 틀 안에 가둬놓고 타인과의 접촉을 제한하는 태도.
- **아동의 신체적·정신적 건강과 교육에 대한 무관심**: 아동 고유의 문제와 욕구에 필요한 것을 제공하지 않거나 방해하는 태도.

---

* American Professional Society on the Abuse of Children, 전미 아동 학대 전문가 협회.

우리는 이러한 목록에서 피해자 입장 부모와 아이들이 증언하는 모든 내용을 찾아볼 수 있다. 나는 이미 이 책에서 그 구체적 사례들을 보여주었다. 그리고 내가 보기에는 APSAC가 잊고 있는 심리적 학대 행위들이 더 있다.

- **괴롭힘:** 일례로 심리조종자 아버지는 자기 뜻이 관철될 때까지 아이를 졸졸 따라다니면서 집요하게 요구한다. "엄마 집이랑 아빠 집에서 교대로 살고 싶다고 해. 교대 양육을 원한다고 말해……."
- **아이를 좌절시키려는 의지:** 기쁨은 싹수부터 짓밟고, 아끼는 물건은 모두 압수하며, 아이가 좋아하는 사람들은 죄다 멀리 떨어뜨려놓는다…….
- **부모의 전능성 환상과 결부된 부당 행위:** 아이는 순전히 자의적이고 부당하며 이해할 수 없는 벌을 수시로 받는다.
- **사디즘:** 아이는 부모가 자기를 괴롭히고 짓밟으면서 사악한 즐거움과 승리감을 맛본다는 것을 무의식적으로나마 감지한다.
- **지속적인 정신적 침해:** 혼자만의 비밀이나 개인적 영역을 일절 용납하지 않는 태도. 특히 심리조종자 부모는 가족에게 절대적 투명성을 요구한다. 비밀경찰 뺨치게 강압적이고 집요한 태도로 아이들을 심문하고 실제로 소지품을 뒤지며 일기장, 메일, 문자메시지를 함부로 읽는다. 대놓고 비밀번호를 묻기도 하고, 문짝에 바짝 붙어 통화를 엿듣기도 한다.
- **지속적인 죄의식 조장:** 심리조종자들은 피해망상에 사로잡혀 있기 때

문에 아이들을 일종의 '잠정적 죄인' 다루듯 한다. 그들은 늘 자기 행동을 정당화하기 바쁘고 자기가 저지르는 학대 행위의 원인은 아이들에게 있다고 비난한다.

- 신성한 것을 의식적으로 더럽히고 능욕하고 깎아내리려는 의지, 인간성을 말살하려는 의지.
- 아동기의 고유성, 아동이 지닌 상처 받기 쉬운 특성과 피보호권을 부정하는 태도.

심리적 학대는 이미 오래전부터 가장 널리 퍼진 학대의 한 형태이자, 단기적으로든 장기적으로든 가장 파괴적 효과가 큰 학대 형태로 간주되었다. 실제로 심리적 학대는 아동의 자기 표상과 자기 가치에 대한 감각에 폐해를 끼친다는 특징이 있기 때문에 심각한 후유증을 낳는다. 그렇지만 심리조종자 부모의 학대는 대체로 그 이상의 문제들을 일으킨다.

일부러 그런 것도 아닌데?

심리조종자 부모는 손이 먼저 나가고, 반응이 과격하며, 사람을 괴롭히는 데서 가학적 쾌감을 느낀다. 이들의 사디즘 성향은 아이들이 아주 어릴 때부터 드러난다.

가브리엘이 아기에게 턱받이를 해주었다. 아기 엄마가 딴 일을 하다가 문득 뒤돌아보니 아기가 얼굴이 새파래져서는 아기 의자 위에서 버둥대고 있었다. 가브리엘이 턱받이 끈을 아기 목이 졸릴 정도로 바짝 당겨 묶은 것이다. 그는 몰라서 그랬다는 듯 천연덕스럽게 놀란 척을 하고 있었다.

네 살 남자아이 테오는 얼마 전부터 아빠랑 같이 있을 때면 갑자기 숨넘어갈 듯 비명을 지르고 울어댔다. 테오는 엄마에게 "아빠가 나 아야아야 해요"라고 말했다. 아빠는 잡아뗐지만 아이가 한두 번 그런 말을 한 게 아니었으므로 엄마는 자기가 없을 때 남편이 일부러 아이를 아프게 한다고 믿을 수밖에 없었다.

수동 공격적인 면이 있는 심리조종자들은 자기 자식이나 측근을 일부러 위험한 상황에 빠뜨리곤 한다. 앞에서도 말했듯이 지젤 아뤠레비디는 '위험을 요행에 맡기는' 태도를 지적했다. 가족을 태우고도 난폭 운전을 즐기는 사람들이 있다. 어디 그뿐인가. 차에 아이들을 태우고도 안전벨트를 채워주지 않거나, 요트 갑판 위를 그냥 돌아다니게 내버려두거나, 헬멧, 무릎 보호대, 구명조끼 따위를 제대로 착용시키지 않거나, 차도를 건너면서 아이 손을 잡지 않거나, 국도 자전거 여행에 데려가거나, 바닷가에서 아이들을 잘 지켜보지 않거나, 자외선 차단제를 발라주지 않거나, 시장에 데려가서 아이를 잃어버리거나…….
위험을 요행에 맡기는 태도는 종종 매우 노골적이다. 아무도 믿고 싶지 않을 것이다. 도대체 왜 그런 짓을?

심리조종자 부모들은 일찍부터 자주 손부터 나간다. "아빠가 혼냈어요." "아빠가 손바닥(엉덩이) 떼찌떼찌 했어." 아주 어린 아이들도 그렇게 말한다. 더 큰 아이들은 고문이나 다름없는 학대를(특히 학교 숙제를 봐줄 때) 고발한다. "머리칼을 잡아당기고, 따귀를 때리고, 막 소리를 질렀어요!"

애 예뻐하는 게 잘못이야?

나는 앞에서 이미 심리조종자들의 성생활을 다루었다. 프랑스가 아동 성 학대 문제의 심각성을 부정해왔다는 점도 독자들은 기억하고 있으리라. 나도 심리조종자 부모가 조성하는 근친상간적 분위기만을 강조하고 근친상간이 실제 행위로 표출될 위험을 가급적 축소함으로써 여러분을 안심시킬 수 있다면(요컨대, 여러분의 경각심을 잠재울 수 있다면) 차라리 좋겠다. 하지만 그렇게 한다면 거짓말을 하는 셈이다. 내가 보기에 실제로 그런 상황까지 가는 경우가 — 적어도 아버지들에 한해서는 — 꽤 많기 때문이다. 그리고 근친상간적 분위기가 성추행만큼 심각한 일은 못된다고 생각하는 것도 거짓 문제다. 그 둘 사이의 구분은 법정에서나 존재한다. 심리적 수준에서의 폐해는 어느 쪽이든 심각하기 그지없다.

외상 후 스트레스 장애

'외상 후 스트레스 장애의 징후'에는 큰 재앙이나 그 밖의 중대한 심리적 스트레스 요인(전쟁, 자연재해, 교통사고, 피습 등등)에 으레 따라오는 심리 반응 일체가 포함된다.

그 징후들은 다음과 같다.

- 트라우마를 남기는 상황을 심리적으로 반복 경험한다. 그 장면이 눈앞에 떠오르고, 악몽을 꾸며, 시도 때도 없는 '플래시백'을 경험한다. 이미지, 소리, 신체 감각이 예고 없이 갑자기 되살아나면서 당시와 똑같은 공포, 혐오감, 분노, 무력감을 불러일으킨다.

- 심한 우울증에 빠진다. 외부 세계에서 도망치기 위해 자기 안으로 숨으려는 경향이 나타난다. 일상생활에 관심이 없고, 무슨 일을 해도 예전 같은 열의가 생기지 않는다. 이런 사람은 반응이 별로 없고 감정이나 기분을 잘 드러내지 않는다.

- 수면장애, 집중력장애, 기억력 관련 문제들.

- 근거 없는 죄책감.

- 외부 위험에 극도로 민감해지고 회피 행동이 두드러진다. 예를 들면, 아무것도 아닌 일에 소스라치게 질겁하거나 트라우마와 관련된 장소들에 다시는 가지 못한다.

외상 후 스트레스 장애가 있는 사람이 상징적으로라도 시원적 사건에 대한 기억을 건드리는 상황에 처하면 이러한 징후들이 더욱 심해진다. 외상 후 스트레스 장애는 대개 비극적 사건을 경험하고 6개월 안에 발생하며 때로는 평생을 간다.

일반적으로 외상 후 스트레스 장애 진단을 내리려면 문제된 사건이 무엇인지 파악되어야 한다. 구타, 고함, 욕설, 극단적 협박은 그 자체로 가해 행위다. 만약 길에서 이런 일을 당한다면 피해자가 평정심을 잃더라도 모두들 이해할 것이다. 그러나 이러한 폭력이 가족 내에서 일어나면 대수롭지 않게 여겨진다. 자주 일어날수록 더 그렇다. 심리조종자 부모가 벌이는 학대 행위가 세월에 희석되기라도 한다는 건지. 손가락을 망치로 한 대 때리면 처참하게 멍이 든다. 그 망치로 오랫동안 손가락 위를 까딱까딱 두드린다면 멍은 들지 않겠지만 죽도록 괴롭기는 마찬가지일 것이다. 바로 이 때문에 아이들에게 외상 후 스트레스 장애 징후가 엄연히 나타나는데도 전문가들조차 그 징후들을 분명히 잡아내지 못하곤 한다.

이본 돌랑Yvonne Dolan의 저서 『성적 학대의 치유와 새로운 삶』*은 성적 학대를 당한 사람들에게서 나타날 수 있는 외상 후 스트레스 장애의 징후들을 매우 자세히 다룬다. 저자는 그들을 '성적 학대에서 살아남은 자들'이라고 부른다. 이 표현에 모든 의미가 담겨 있다.

---

* Guérir de l'abus sexuel et revivre, 참고 문헌을 보라.

그 징후들을 여기서 간략히 소개한다.

일반 징후

- 섭식장애(거식증, 과식증)

- 특정 성분 남용(약물, 술, 담배 등등)

- 자해 행동

- 과잉 각성

- 해리성 반응(기억상실, 신체 마비, 몽유병 등등)

- 부적절한 공격 행동

- 스스로 고립되려는 경향

대인관계에서의 징후

- 사람을 믿지 못하는 태도

- 다른 사람들을(특히 남자들을) 과대평가하고 지나치게 이상화하기

- 자존감 약화

- 자기, 타인들, 미래를 부정적으로 지각

- 우울증(자살 위험이 2배나 높다)

기억상실

- 최초의 성적 학대 경험이나 어린 시절 자체를 부분적으로(혹은 완전히) 기억하지 못함

집중력 문제

- 일상적으로 겪는 건망증으로 인한 문제
- (책 읽기나 그 밖의 어느 한 활동에) 집중 어려움
- 읽거나 들은 내용을 잘 기억하지 못함

자기최면 비슷한 양상들도 나타날 수 있다.

초탈 또는 현실 차단

- 감정 동요가 별로 없어서 냉정하거나 무감각하게 보인다. 감정적으로 흥분되고 자극받는 상황일수록 현실을 차단하려는 경향은 더 심해진다. 이처럼 자동적으로 현실을 차단하는 반응은 위험 신호를 감지하고 (자신 혹은 아이들을 노리는) 또 다른 공격을 피하는 데 방해가 되기 때문에 더욱 비극적이다.

그 밖의 해리성 징후

- 자기 몸이 자기 몸이 아닌 것 같은 감각
- 현재에 대한 비현실적 느낌
- 설명할 수 없는 기억의 구멍들
- 주위 사람들을 대하는 태도가 거의 항상 위축되고 내향적인 태도임
- 주의력 결핍(운전 중에 상당히 위험할 수 있다)

'플래시백'과 악몽

- 모든 외부 자극, 이를테면 아주 옅은 냄새라도 성적 학대의 트라우마를 직접적으로든 간접적으로든 상기시킨다면 당시 내적 상태(두려움, 공포, 분노, 무력감, 좌절 등등)와 관련된 반응(환영, 마음속에서 반복되는 대화, 운동감각 등등)을 불러올 수 있다.
- 반복적으로 꾸는 악몽. 꿈속에서 위협적인 그림자가 다가온다든가, 침대 옆에 뱀들이 똬리를 틀고 있다든가, 무언가로부터 쫓기고 있다든가…….

수면장애

- 성적 학대는 대부분 컴컴한 밤에 침대에서 일어난다. 그렇기 때문에 잠자리에 드는 순간이나 졸음이 오는 느낌이 피해자의 두려움을 자극한다. 세상에서 가장 편안한 기분이어야 할 장소(자기 침대)가 역설적이게도 가장 두려워하는 장소가 되고 만다.

근거 없는 죄책감

- 피해자는 자기가 겪은 일이 자기 때문이라고 생각하는 경향이 있다. 가해자나 가족들은 으레 간접적이지만 효과적으로 피해자에게 죄책감과 수치심을 조장한다. 피해자는 결국 지독한 자기혐오에 빠지고 만다.
- 피해자는 때때로 아주 절박하게 세상이 공평하다고 생각하고 싶어

한다. 자기는 정말 재수가 없다고, 예측해서 피할 수 있는 일이 애당초 아니었다고 생각하기보다 차라리 내가 잘못해서 이렇게 됐다고 생각하는 게 마음 편하다.

강박적 성욕

- 성적 학대가 이루어지는 동안 체득된 (다양한 수준의) 강박적인 자해 행동들
- 섹스 요구를 회피하거나 거절한다.
- 피해자는 분별력 있게 성적 파트너를 선택하지 못하기 때문에 그만큼 위험한 사람에게 걸려들 확률이 높다(이러한 성생활은 자존감을 떨어뜨리고 '남자들은 나에게 볼일이 그것밖에 없지'라는 생각을 심어준다).
- 그 때문에 피해자는 자기가 줄 수 있는 것은 섹스뿐이고 관심과 사랑을 받으려면 응당 섹스라는 대가를 치러야 한다는 잘못된 생각에 사로잡힌다. 피해자는 그러한 관심을 어떻게든 끌어오기 위해서 차츰 남들을 심리적으로 조종하려고 할지도 모른다.
- 불감증, 플래시백, 성적 거부반응, 성행위 중의 해리dissociation 현상 같은 성관계상의 문제들

절망감

- 좌절, 삶을 주도적으로 영위하지 못하는 태도를 보인다. 일종의 냉소에서 비롯된 자세라면 모를까, 성적 학대 피해자들이 적극적으

로 미래를 설계하기란 거의 불가능하다.

- '자기 인생은 자기가 만드는 것이다'라는 메시지, 가령 뉴에이지 철학 따위를 접할 때 피해자의 죄책감과 무력감은 더욱 커진다.

어떤 피해자들은 어린 시절에 경험한 성적 학대를 자연스럽게 기억해내는 듯 보인다. 트라우마를 안고 살다가 간혹 비슷한 사건이 계기가 되어 기억이 수면으로 떠오르는 경우도 있다. 직장에서 조종당하거나 윗사람에게 지배당하는 느낌이 들 때, 영화에서 성적 학대 장면을 볼 때, 좀 더 비극적으로는 성인이 되어 성폭력을 당할 때, 그러한 상황들의 정확한 일치 혹은 상징적 유사성이 묻혀 있던 기억을 자극한 것이다. 또 어떤 경우에는 뚜렷한 이유 없이 기억이 불쑥 떠오르기도 한다.

오래도록 남아 아이들을 괴롭히는 상처

우리 부모님은 훌륭한 분들이에요

어릴 때 성적 학대를 당한 피해자 본인들부터 문제를 부정하기 십상이다. 피해자들은 가해자에 대해서 현실과 동떨어진 긍정적 입장을 취한다. "엄마는 우리를 위해 모든 것을 희생하신 좋은 분이에요." "훌륭한 아버지 덕분에 저희는 최선의 교육을 받으며 자랐습니다." 그들의 어조는 기계적이고 열의가 없는데도 왠지 과장된 느낌을 준다. 본인도 실은 자기 입에서 나오는 말을 믿지 못하기 때문이다. 그런 말은 이미 골백번은 읊었을, 닳아빠진 말에 지나지 않는다. 무엇보다, 그런 말은 심리조종자 부모의 자기선전을 빼다 박았다! 나는 자기 부모를 비현실적으로 찬양하는 어른을 보면 되레 저 사람이 어릴 때 학대를 당했을지도 모른다고 생각한다. 정상적인 사람들은 자기 부모를 좀 더 절제되고 신중하게 평가하되 훨씬 더 애정을 담아 말한다. 가끔 그런 사람에게 확인 차원에서 물어본다. 그 훌륭한 부모에게 그래도 혹시 결점이 있다면 무엇이냐고. 그 부모가 별 문제없는 사람이라면 상대는 순순히, 객관적이지만 정감 있게 대답한다. 가령, 이런 식이다. "엄마는 먹을 거에 엄청 집착을 해요. 내가 집에 갈 때마다 자동차 트렁크가 미어터지도록 음식을 싸주시죠!" "아버지가 어떤 면에서는 좀 완고하고 보수적이죠. 그래서 아버지 앞에서 뭐든지 얘기할 수는 없습니다. 역정을 내실까 봐 제가 알아서 가려 말하죠."

만약 부모가 유해한 인간이라면 그 사람은 초조해하고 불편해하면서 단 하나의 결점도 입에 올리기를 꺼린다. 내 질문이 그 사람을 심히 당황스럽게 만든 것이다. 자식을 학대하는 부모의 결점을 지적한다는 것은, 아니 생각하는 것만으로도, 큰 죄다! 수전 포워드Susan Forward는 『독이 되는 부모Toxic Parent』에서 아이를 학대하는 부모의 신격화 과정을 매우 명쾌하게 기술했다. 이러한 신격화는 모든 종류의 반성적 사고를, 자기 체험에 대한 재고再考를 방해한다. 아동 학대 피해자들은 치료 과정에서 조금씩 입을 열지만 자기가 당한 일을 축소해서 말한다.

그들은 자기가 학대받는 아이였다고 인정하기를 힘들어한다. 자기보다 더 힘들게 산 사람도 얼마든지 있다는 식이다. 그들은 곧잘 부모를 용서하는 것으로도 모자라 모든 책임을 면해준다. "아빠 잘못이 아니에요, 술을 마셔서 그랬던 거예요." "어머니 잘못이 아니에요. 어머니가 어렸을 때 너무 힘들게 자라셔서 그래요." 요컨대, 그들이 하는 말을 잘 들어보면 피해자는 그들이 아니라 다른 사람, 그들의 가엾은 부모다. 또 얼마나 기막힌 소리들을 하는지. "아버지는 무척 엄했지만 경우가 바른 분이셨어요. 저는 어릴 때 말썽을 많이 부렸죠. 아버지는 매일같이 저를 라디에이터에 묶어놓고 매를 드셨어요. 제가 이만큼이라도 사는 건 다 아버지의 교육 덕분입니다(실상은 전혀 그렇지 않은 경우가 많다)." 그들은 자기가 학대당했던 일화를 떠올리면서 그 내용과 걸맞지 않게 아무렇지 않다는 태도를 취하곤 한다. "어릴 때 곧잘 개집에서 자곤 했어요. 하지만 전 개집에서 자는 걸 좋아했어요." 최악은 앞에서 들었던 어느 젊은 여성의 예화처럼 어머니가 부엌칼을 들고 "내가 오늘 너희를 다 죽일 거야!"라면서 쫓아온 끔찍한 일화를 웃긴다는 듯 농담처럼 털어놓는 경우다. 에릭 번은 이런 유의 섬뜩한 유머를 '목 매 달린 자의 웃음'*이라고 불렀다. 화자는 자기가 유머를 구사한다고 생각하지만 그 웃음은 씁쓸한 데다 자신이 겪은 고통을 부인하고 있다.

---

* 자신의 비참하고 고통스러운 상황을 이야기하면서 웃거나 미소 짓는 태도.

다 제가 잘못한 거죠

어쨌든 피해자들은 자기가 당한 학대를 고백하면서, 마치 괴물은 가해자가 아니라 자기라는 듯이, 남들이 자기를 어떻게 볼까 무척 겁낸다. 그 이유는 이런 얘기를 듣는 사람들이 줄곧 그들의 문제를 부정했기 때문이다. 인간적으로 납득하지 못할 일은 아니다. 어떤 이들은 이런 얘기를 들으면서 고통스러운 기억을 떠올리고 또 어떤 이들은 마음이 심히 불편해진다. 경청 기술을 훈련한 사람들이 아닌 한, 구체적이고 상세한 학대 정황을 듣고 있기란 몹시 힘들 것이다. 이 때문에 고정관념들이 계속 확산되고 거짓 실마리들을 양산한다. 이를테면 우리는 '학대받는 아이'라고 하면 벽장에 감금된 아이나 그 밖의 극적인 사례를 떠올릴 뿐, 하루에도 몇 번씩 심하게 혼나고 욕을 먹거나 체벌을 당하는 아이는 얼른 떠올리지 못한다. 마찬가지로 '아동 성 학대'도 어느 못된 아저씨가 사탕을 사준다고 접근하는 경우를 떠올리지, 친부나 삼촌, 잘 알고 지내는 아저씨를 먼저 생각하진 않는다. 그렇지만 아동 성 학대 통계를 보면 그런 주변 인물이 가해자인 경우가 가장 많다. 그리고 아동 학대란 빈곤 가정에서만 일어나는 일로 생각하는 사람들이 많다. 실상은 그렇지 않다. 단지 빈곤층일수록 사회복지 서비스가 관여할 확률이 높기 때문에 아동 학대가 밝혀질 확률도 높을 뿐이다. 사실은 모든 사회계층이 이 악습에 연루되어 있다.

후유증의 네 가지 유형

우리는 외상 후 스트레스 징후들을 살펴보면서 아동 학대가 불러일으키는 폐해가 얼마나 심각한지 알았다. 나는 주요한 징후들을 무력감, 배신감, 굴욕, 자기 몸과의 관계라는 네 가지 범주로 크게 나누어 볼 수 있다고 생각한다.

- **무력감**: 아이는 어른의 폭력, 악의와 심술을 직면하면서 주로 이 감정을 느낀다. 아이에게 어른은 거인과 같은 존재인데 어떻게 상대할 수 있겠는가? 어른의 논리와 모순("입 다물고 묻는 말에만 대답해!")을 어떻게 받아들여야 하나? 언제 또 난리를 치고 행패를 부릴지 예측할 방법이 있나? 어떤 아이들은 완전히 백기를 들고 극도의 수동성이 몸에 밴 채 어른이 된다. 그리고는 부모와 비슷한 배우자를 만나 또 욕먹고 두들겨 맞으면서 살든가, 직장에서 착취당하든가, 사기에 가까운 상술에 걸려들어 곤혹을 치른다. 또한 자기 자녀들이 학대를 당해도 손을 놓고만 있다. 또 어떤 이들은 삶의 모든 변수를 통제하려는 병적 욕구에 시달린다. 이 완벽주의자들은 언제나 스트레스와 과잉통제 상태에 있으며 과로가 일상이다. 이들은 자녀를 과보호하고 자녀의 사생활을 무시하는 부모, 육아도우미나 소아과 의사나 교사가 학을 떼는 부모가 되기 쉽다. 수동적인 어른이 되든 완벽주의자 어른이 되든, 이들에게는 늘 마음을 놓지 못하고 극심한 불안을 안고 살아간다는 공통점이 있다.

- **배신감**: 아이는 어른을 믿게 마련이다. 자기를 돌봐줄 어른이라면 더욱더 그렇다. 아동 학대는 이 믿음에 대한 배신이다. 아동 학대 가해자들의 죄목은 횡령이다. 부모라는 지위만 갖고 부모로서의 의무는 수행하지 않기 때문이다. 게다가 아이를 학대하는 그 부모만 배신자가 아니다. 가해자가 아닌 부모도 차츰 그 사태를 방관하고 수동적 자세로 일관함으로써 학대의 보증인이 되기 때문에 배신자다. 상황을 웬만큼 알고 뭔가 대책을 세울 수도 있으련만 침묵을 고수하는 주변 어른들도 모두 배신자다. 이 때문에 아이가 어른이 되어서 사람들과 맺는 관계가 변질된다. 믿어도 괜찮은 사람들은 잘 믿지 못하면서 심리조종자와 사기꾼을 대할 때는 너무 순진하다. 학대당했던 아이들은 쉽게 반하고 쉽게 실망한다. 실망은 갈수록 쓰라리고 갈수록 고독해진다. 이들이 생각하는 정의나 올바름은 병적인 데가 있다.

- **굴욕**: 모든 고문 행위가 그렇듯 학대는 인간을 인간으로 대우하지 않기 때문에 사람이 지닌 잠재적 자신감을 파괴한다. 학대하는 어른에게는 논리가 없다. 아이는 그 점을 이해하지 못하기 때문에 정말로 자기가 아무짝에도 쓸모없는 존재라고 굳게 믿어버린다. 그렇지만 어른이 미쳐 발광할 때 얼마나 많은 아이들이 의연하고 조용히 그 상황을 참아내는지 모른다. 그래도 부끄러움과 죄책감은 학대하는 어른이 아니라 아이가 느낀다. 아이는 오랜 세월 이러한

감정들을 떠안은 나머지 비판에 병적으로 민감한 어른이 되고 때로는 자살로 생을 마감하기까지 한다.

- **자기 몸과의 관계:** 아이가 신체적으로 너무 힘든 일을 당하면 몸과 분리되어 머릿속으로 도망가는 습관이 든다. 이건 생존 본능이다. 이러한 현상을 해리dissociation라고 부른다. 그래서 어떤 아이들은 아빠가 쇠자로 손바닥을 때렸지만 아프지 않았다고 순순히 말할 수 있는 것이다. 이러한 심리 기제가 발달하면 자기 몸이 보내는 신호를 잘 알아차릴 수 없고, 결과적으로 본인 건강, 식습관, 신체적 위생에 무심해진다. 종종 담배, 술, 약물은 이들의 억압된 감정과 잠재적 불안을 잠시 마비시켜준다. 이들은 모든 것을 지나치게 머리로만 받아들이는 방법으로 자기 직관과 느낌을 따돌린다.

아이는 아이답게

이러한 징후들은 세월이 많이 흐른 후에도 사라지지 않고 고통스러운 과거에 화답하는 인생의 풍파를 만날 때마다 아프게 도질 것이다. 아동 학대 피해자들은 스트레스, 불안, 수치심, 우울감 덩어리다. 그들은 자신의 생존 기제에 갇혀 있기에 몹시 고독하다. 자기가 남들과 다르다는 점은 의식하지만 돌파구를 찾지는 못한다. 학대를 경험한 아이들이 강인한 정신력과 자질, 비범한 용기를 계발하게 된다고 말하는 사람들도 있다. 나는 '회복탄력성résilience' 개념이 마뜩찮다. 미운 오리 새끼라야만 나중에 아름다운 백조가 되는 걸까. 그럴 수도 있다. 하지만 그런 대가를 꼭 치러야 하나? 오리 농장에서 근사한 백조가 되어서 뭐할 건데? 차라리 무럭무럭 건강하게 자라는 미운 오리 새끼가 낫지 않을까? 나는 회복탄력성 개념이 문제를 부정하고 용인되어선 안 될 것을 용인하는 방향으로 악용될까 봐 두렵다. 어린애는 그러면서 훌쩍 크는 거라니, 아이고 세상에!

보다시피 아동 학대의 위험과 후유증은 경각심을 가질 만하다. 아이는 단기적으로는 애착 장애와 우울증 징후를 보인다. 좀 더 길게는 외상후 스트레스 장애가 자리를 잡을 것이다. 더욱 장기적으로는, 심리조종자의 부정과 아이를 보호하지 못한 사회의 부정이 공고하게 이 모든 고통들을 가둬버릴 것이다. 지젤 아뤼레비디의 말마따나, 어린애만 못한 어른들 때문에 애어른이 생긴다. 그 아이들은 아이들만의 무람없는 자발성을 너무 일찍 잃었다. 결국 책임감이 지나친 어른, 하도 심각하고 침울해서 재미를 느낄 줄도 모르는 어른이 된다. 부모 노릇을 할 수밖에 없었던 아이는 남을 위해 살아가고, 직업도 그러한 삶의 연장선상에서 택한다. 자크 살로메가 말한 '자기를 부정하는 사람soi-niant과 돌보미soignant'를 생각해보라. 더 심각한 문제는, 심리조종자 밑에서 자란 아이들에게 장차 변태들이 꼬이기 쉽다는 것이다.

심리조종자 부모에게 시달리면서 성장한 아이들 중 상당수는 어른이 되어서도 괴롭힘을 당하며 살아간다.

- 이미 학창 시절부터 쉬는 시간이 두렵다. 오늘날 전체 학생의 10퍼센트는 학교 폭력을 경험한다고 한다.
- 직장에서는 이들의 업무 능력이나 진중한 태도가 주위 사람들의 질투심을 부채질한다.
- 마지막으로, 사생활에서의 괴롭힘이 있다. 심리조종자와 결혼하는 사람은 자기 부모 중 한 명이 심리조종자였을 확률이 높다.

아동 학대가 불러오는 마지막 위험, 그러나 결코 사소하지 않은 위험은 피해자 본인도 성격이 삐뚤어진다는 것이다. 아이를 또 다른 변태성격자로 만들지 않으려면 심리조종자 부모로부터 아이를 보호하고 그 부모와의 접촉을 제한하며 그 부모의 잘못된 행동에 제재를 가할 수 있어야 한다.

3부

심리조종 폭풍 안에서
소중한 아이 보호하기

Enfants de manipulateurs

제발 저 번지르르한 가면을
알아차려주소서!

• • •

심리조종자들의 학대도 괴로운데 여기에 주위 사람들과 사회제도, 기관의 잘못된 태도까지 가세한다. 전반적 인식이 부족하기도 하지만 이 문제를 직시하거나 이해하기를 아예 거부하는 태도도 적지 않다. 무관심, 비겁, 문제 부정, 어쩌면 어리석음까지도 상처에 뿌리는 소금 노릇을 하고 있다.

나를 찾아온 피해자들은 자기가 겪은 고통을 이해받거나 인정받지 못했다고 토로했다. 판사가 모욕감을 줬다고 고백한 피해자도 있었다. 그들은 판결에 상처받았고 반감을 느꼈다. 앞에서 보았듯이, 아주 심각하지 않은 사안들을 확실한 증거 없이 성급하게 물고 늘어졌다가 오히려 믿을 수 없는 사람으로 찍히고 심하게는 실형까지 산 피해자들이 있다. 나는 전작 『심리조종자와 이혼하기』에서 피해자들이 적극적으로 제 몫을 해야 한다고, 법체계의 톱니바퀴에 짓눌리지 않으려면 현실적으로 법에 대해서 잘 알아야 한다고 설명했다. 법 공부는 법조인들만 하면 되는 게 아니다!

그렇지만 심리조종 피해자들의 말을 경청하고 아이들을 보호하기 위해서 우리 사회가 해야 할 일이 많다. 전문가들이 나르시시스트 변태들을 식별하고 새로운 법안으로 그들의 만행을 규제할 수 있어야 한다. 까다롭지만 전형적인 경우들이 있는데도 이 경우들을 관리할 법적 장치가 없다. 나는 파냐르 박사의 견해에 동의한다. 그녀의 책 『독이 되는 관계』가 제시한 단서들은 대단히 타당해 보인다. 특히 이혼소송 판사들이 가정 폭력과 심리조종을 공부해야 한다는 생각은 전적으로 옳다. 이처럼 전형적 사례에 해당하는 가정환경이 문제가 될 때에는 심리조종을 잘 아는 예심판사가 모든 정보를 모은 다음에 판사들에게 배분할 수 있을 것이다. 파냐르 박사는 이렇게 덧붙인다. "파괴적인 심리조종자가 제기한 소송이 수리되지 않는다면, 그의 행동이 비정상적이라는 언질을 받는다면, 그는 더 이상 본인에게 (사회 전체에도) 무익한 법적 절차들을 밟으려 하지 않을 것이다. 법원은 쓸데없는 일을 덜어내고 다른 사건들을 신속하고 능률적으로 처리할 수 있을 것이다." 아, 정말 구구절절 옳은 말이다!

그렇지만 나는 법조인들과 사회복지 전문가들을 헐뜯기보다 그들이 현장에서 감당하는 엄청난 수고와 노력에 경의를 표하고 싶다. 마이웬Maïwenn 감독은 영화 「경찰들Polisse 」에서 미성년자단속보호반 업무가 얼마나 고되고 까다로운지 잘 보여주었다. 그들의 일상은 장밋빛과 거리가 멀다! 판사들도 업무량이 상당하고 늘 대기 중인 사건들에 치여 살아간다. 그들이 한 건 한 건에 할애할 수 있는 시간은 그리 많지 않다. 법원마다 소송 건수가 넘쳐난다. 변태성격자 부모와 피해자 입장 부모 사이의 교대 양육 문제는 비교적 평범한 이혼소송들의 물결에 묻혀버린다. 심각한 사안과 그렇지 않은 사안을 어떻게 분류할 수 있을까?

특수한 훈련을 받지 않은 한, 언제 한쪽 부모가 가면을 쓰고 나오는지 알 도리가 있을까? 아이가 언제는 진실을 말하고 언제는 그렇지 않은지 어떻게 알까? 부부 가운데 어느 쪽이 가해자이고 어느 쪽이 피해자인지 어떻게 알겠는가? 가사조사관들이 어떻게 건실한 조사를 할 수 있을까? 양육권을 어떻게 지정해야 할까? 이혼소송에 관여하는 전문가들이 나르시시즘에 빠진 변태들의 프로필과 행동 패턴을 파악하게 될 때까지 일단은 내가 제시하는 몇 가지 단서들을 주목해주기 바란다.

아이들이 하는 말을 다 믿어요?

가장 먼저 필요한 도구는 아이들의 진술을 수집하는 조건과 이 진술의 신뢰도를 측정하는 방식에 관한 것이다. 다들 '아이에게 가장 좋은 방향'을 시도 때도 없이 주장하지만 이혼소송은 대개 부모끼리의 친권, 양육권 다툼에 초점이 맞춰져 있을 뿐 실제로는 아무도 아이의 말을 경청하거나 이해하지 않는 것 같다. 무엇보다, 아이가 어른들에게 불편한 진실을 말할 때 그 말을 믿어주지 않는다.

"애들은 입만 열면 거짓말이잖아요, 그걸 모르세요?" 아이들이 하는 말은 선천적으로 믿을 수 없다는 기본 전제가 얼마나 널리 퍼져 있는지 확인할 때마다 나는 깜짝깜짝 놀란다. 어른들은 아이들이 진실을 말하면 당장 공격적으로 돌변한다. 아무것도 모르는 아이들이 죄 없는 어른을 궁지에 몰아넣는다고 주장한다. 그렇지만 우트로 사건[*]에서조차도 거짓 증언을 한 아이보다는 그 어머니가 심리조종으로 사법부를 농락했다고 봐야 한다. 게다가 현재 여러 나라에서는 자기 말이 일으키는 파장에 놀란 아이의 진술 번복까지 사건의 진상을 밝히는 과정에 포함시킨다. 아이가 그러한 압박 상황에서 자기가 한 말을 번복하지 않을 수 있을까?

아이의 진술을 수집하는 조건은 지금보다 훨씬 더 개선되어야 한다. 대부분 아이는 문제가 없고 아이의 증언을 듣는 방식에 문제가 있다. 아이가 맨 처음 속을 털어놓는 상대는 대개 잘 알고 가깝게 지내는 사람이다. 이 사람은 아이의 이야기를 듣고 억장이 무너진 듯 반응할

---

[*] 프랑스의 우트로라는 마을에서 일어난 10세 소녀 성폭행 사건에 대하여 검찰이 확실한 증거 없이 17명을 구속 수사했는데, 그중 한 명이 억울함을 호소하며 자살한 데다 피해자 소녀와 그 어머니의 증언이 거짓으로 밝혀져 사회적으로 큰 문제가 되었던 사건.

것이고, 그 때문에 아이를 더 불안하게 만들 공산이 크다. 그렇기 때문에 아이가 전문가, 경찰, 법조인 앞에서 다시 입을 열 때에는 두려움 때문에, 혹은 어른들을 납득시키고 싶은 욕구 때문에 진술 내용이 처음과 상당히 달라진다. 아이가 당혹스러운 진실을 말할수록 어른들은 아이를 압박하거나 특정 방향으로 유도하는 질문, 나아가 위협적인 질문을 하기 십상이다. 그런데 어른은 아이 입에서 자기가 듣고 싶은 말을 끌어낼 힘이 있다. 그 이유는 아이가 민감한 존재이기 때문이다. 게다가 아이들은 거짓말을 잘한다는 기본 전제까지 깔려 있으니 어른들은 아이의 말에 진심으로 귀 기울이기보다 아이를 궁지에 몰아넣어 거짓 여부를 밝히는 데 더 몰두한다.

설상가상으로, 심리조종자 부모 밑에서 자란 아이들은 사람을 불안하게 만든다. 내 눈에는 곧잘 그 애들이 비록 몸은 어린애지만 늙은 현자의 눈빛과 황제의 위엄을 갖춘 듯 보인다. 학대당한 아이는 에르베 바쟁의 표현대로 '독사를 손아귀에 쥐고' 인생을 헤쳐 나간다. 그런 아이는 왠지 불편하고, 두렵고, 다가가기 꺼려진다. 어른들은 너무 웃자란 아이를 좋아하지 않는다. 지성은 안락에 무뎌지고 위험으로 깨어난다. 학대당한 아이들은 걱정을 잊을 여유도, 까불까불할 여유도 없다. 이 아이들은 대부분 회복탄력성이 있고 지적으로 조숙하지만 외상 후 스트레스 때문에 매우 불안정하다. 지능지수 검사로는 알 수 없다. 전문가들조차 이 아이들을 제대로 알아보지 못한다. 이 아이들은 어른처럼 어휘를 구사하고 나이에 비해 상황에 대한 통찰력이 뛰어나다. 또한 오랫동안 부모 노릇을 해야 했기 때문에 어른들과도 대등하게 말하는 경향이 있다. 요컨대, 아동 학대 피해자는 어린애답지 않은 말투로 감히 전문가들에게 일 좀 잘하라고 건방을 떠는 아주 불쾌한 아이일 수도 있다! 부모 중 한쪽에게 조종당하는 아이가 아니고서야 도저히 그럴 수 없다! 게다가 실제로 아이가 어른들 앞에서 심리조종자 부모가 시키는 대로 말하는 경우도 있다. 어쩌다 그런 처지가 됐을까?

나는 이혼소송에 관여하는 전문가들이 아이로부터 진술을 받아내는 훈련이 되어 있지 않다는 사실을 처음 알았을 때 크게 놀랐다. 아이의 진술을 확보하고 그 내용을 바탕으로 전문가 소견을 내놓기에 앞서, 먼저 교육과 훈련이 선행되어야 한다. 나는 2000년에 이 교육과정을 밟았다. 나는 대답을 유도하지 않는 방식의 면담을 수행할 수 있고, 아이가 거짓말을 하는지 참말을 하는지 판단할 객관적 기준들을 알고 있다. 어른들은 믿고 싶지 않을지 모르지만, 아이들이 얼토당토않은 거짓말을 하는 경우는 드물다! 게다가 아이가 미리 꾸며낸 말을 할 때에는 금방 표가 난다. 누가 시켜서 하는 이야기는 종합적이고 경직되어 있다. 실제로 있었던 일에 대한 이야기는 세세하면서도 유연하다. 아이는 간간이 망설이는 기색을 보이고, 듬성듬성 기억을 못 하는 부분도 있고, 잘못 말한 부분이 생각나면 바로바로 고쳐 말한다……. 또한 비언어적 표현에서 부끄러움, 의심, 두려움을 읽을 수 있다. 하지만 아이가 진실을 말하더라도 다섯 번, 여섯 번씩 얘기를 하다 보면 점점 더 내용이 정리되면서 감정 표현이 사라진다. 자기 얘기를 어른들이 믿지 않는 것 같다고 느끼면 아이는 더욱더 감정 표현이 없어질 것이다.

일부 전문가들이 다음과 같은 소견을 내놓는 일은 없길 바란다. "이 아동의 진술은 아동의 실제 경험과 무관할 가능성이 있습니다. 자기 이야기를 하는데도 마치 외워서 말하는 것처럼 감정이 없습니다." 이 소견을 쓴 전문가는 ─ 본인은 비록 몰랐겠지만 ─ 아이의 진술을 일곱 번째로 들은 사람이었다! 아이가 별 감정 없이 이야기를 읊다시피 한 것도 당연하다! 어른들은 이 아이에게 자기들이 얼마나 몹쓸 짓을 했는지 알아야 한다. 아이는 몸서리나는 악몽을 서로 다른 어른 일곱 명에게 말해야만 했는데, 그마저도 일곱 번째 어른은 아이가 거짓말을 한다고 보았다!

이러한 이유에서 나는, 꼭 성적 학대가 의심스러운 상황이 아니더라도, 아동과의 면담은 1회로 그치되 전체 과정을 동영상 자료로 남겨야 한다고 생각한다. 또한 이 면담은 비유도적이고 비통제적인 면담법을 훈련받은 사람이 실시해야 한다. 사실, 신뢰도가 매우 높은 아동 진술을 얻어내는 기법들도 있다. 예를 들어 진술타당성분석Statement Validity Analysis은 다수의 연구자와 임상학자가 개발한 절차로서(Steller, 1989; Undeutsch, 1967; Yuille, 1988) 아동과 비통제적 면담을 실시하고(1회, 녹화) 이 면담을 분석한다.

이 한 번뿐인 면담에는 세 가지 목적이 있다.

- 아이가 면담에서 입을 수도 있는 정신적 외상의 여파를 최소화할 것.
- 최대한의 정보를 얻어내는 동시에 정보의 왜곡과 변질을 최소화할 것.
- 수사 과정의 공정성을 유지할 것.

분석 과정에서는 20여 개 기준에 비추어 아이가 하는 말의 신빙성을 검토할 수 있다(풍부한 세부 사항들이나 참조 사항들, 예상 외로 복잡한 구도나 이해되지는 않지만 정확하게 보고된 내용, 대화의 파편들 등등). 아이의 비언어적 표현과 감정도 물론 고려 대상이다. 이러한 기법은 전반적으로 실화와 지어낸 이야기를 구분할 수 있게 해준다. 그러므로 진술타당성분석을 체계적으로 도입한다면 여러모로 요긴하리라. 이러한 검증 과정은 아동에게만 쓸 수 있는 것이 아니라 어른들의 거짓말에 대해서도 적용 가능하기 때문이다!

당신, 그 뻔뻔한 가면도 이제 소용없어!

이제 여러분은 심리조종자가 가면을 뒤집어썼다는 것을 안다. 가면 뒤에 무엇이 숨어 있는지는 어떻게 알아볼 수 있을까? 생각보다 어렵지 않다. 심리조종자는 '괜찮은 사람'으로 통하지만 묘하게 껄끄러운 분위기를 풍긴다. 사람 내면의 무언가가 성장하지 못하고 굳어진 느낌, 낡아빠진 클리셰지만 심리조종자는 정말로 그렇다. 그들이 하는 말은 그들의 비언어적 표현과 따로 논다. 바로 그 점이 뭔가 불편한 느낌을 자아낸다. 입은 분명 웃고 있는데 시선은 여전히 싸늘하다. 동공이 수축된 느낌을 주거나 눈을 잘 마주치지 못하고 자꾸 시선을 피한다. 게다가 편안한 상태에 있을 때조차 스트레스 기운을 퍼뜨린다. 충분히 주의를 기울이면 번지르르한 겉모습 이면의 포식자를 감지할 수 있다. 심리조종자가 여러분을 내심 두려워하는지, 아니면 잘 보이려 열심인지, 어렵잖게 알아차릴 수 있다.

　심리조종자의 태도는 중립적이지 않다. 여러분도 이제 알겠지만 그들은 늘 유혹, 자기 연민, 극적인 과장, 공격성에 빠져 있다. 할 수만 있다면 여러분을 연줄로 옭아맬 것이다. '있잖아, 남자끼리 하는 말인데…….' '같은 업계 사람끼리 하는 말인데…….' '우리가 골프를 자주 함께 치잖아, 그래서 말인데…….' 대놓고 윙크만 안 했을 뿐, 이미 추파가 오간 거나 다름없다. 심리조종자는 여러분이 듣고 싶어 할 법한 얘기를 해준다. 그렇기 때문에 자기 말을 뻔뻔하게 뒤집을 수도 있는 거다. 시험 삼아 말을 꺼내보고 상대가 입맛을 다시지 않으면 서둘러 딴 말을 한다. 이 점을 일단 간파하면 심리조종자들을 좀 놀려먹을 수도 있다! 그들의 말은 들쭉날쭉, 사람 정신을 마비시킨다. 일부러 모호한 표현, 기분 나쁜 암시와 속뜻을 남발한다. 또 할 수만 있다면 신체 접촉을 꾀할 것이다. 신체 접촉을 당한 사람들은 옥시토신 분비가 활발해지기 때문에 무의식적으로 잠시 태도가 순순해진다.

　심리조종자는 유인하고 꼬드긴다. 코미디언 콜뤼슈는 정치가들의 상투적인 언사를 꼬집기도 했다. 가령, 다음과 같은 말에는 알맹이가 없다. '우리는 가능한 한 빨리 문제를 살펴볼 수 있도록 필수적이고 요긴한 조치란 조치는 다 취할 것입니다.' 이런 발언은 뭔가 책임을 지고 있다는 인상을 줄 뿐, 아무것도 확실히 말하지 않고 아무것도 약속하지 않는 속 빈 강정이다. 실리 없는 약속, 하나마나한 소리, 썩 괜찮은 감정, 진부한 생각, 아무 때나 할 수 있는 거창한 표현이 전부다. 이게 심리조종자의 특기다. 그들은 빤한 말밖에 하지 않는다. 단, 이혼소송을 할 때는 예외다. 이때만은 사소한 일 하나까지 엄청나게 과장해서 말할 것이다.

심리조종자의 일반적인 논법은 이렇다. 피해자는 나다. 나는 아이들을 끔찍이 사랑한다. 세상에 나처럼 괴로운 사람은 없다……. 자기 배역을 너무 튀게 연기하는 삼류 배우 같다. 상황을 과장하고 감정도 과장하지만 그게 대체로 먹힌다. 그들은 남들의 경험이나 감정을 헤아릴 줄 모른다. 오로지 자기, 자기, 자기밖에 없으니……. 누가 세게 나오면 잠시 귀를 기울이는 것 같지만 결국 또 자기에게로 돌아온다. 심리조종자는 강하고 굳센 사람, 답을 쥔 사람 행세를 한다. 자기 잘난 맛에 사는 거다. 심리조종자는 자기비판을 할 줄 모른다. 그들이 하는 말을 잘 들어보라, 자기 자신은 결코 문제 삼지 않을 터이니! 가족들이 잘되면 다 자기 탓이고 잘못되면 다 배우자 탓이니 희한도 하다! 그들은 배우자를 멸시한다. 평소에 은근히 배우자를 깎아내리는 말을 여기저기 하고 다닌다. "우리 마누라는 가끔 제정신이 아닌 것 같아, 소유욕이 너무 강해, 애들을 과보호해, 우울증이 있어……." 심지어 배우자를 감싸는 체하면서 확인 사살까지 한다. "아내 잘못이 아니야, 술이 원수지……."

심리조종자들을 함정에 빠뜨릴 묘수가 있을까? 한번 세세한 부분까지 파고들어가 정확한 정보를 요구해보라. 예를 들어보자. 일단 심리조종자에게 웬만큼 신뢰를 얻은 상태에서 '본인' 얘기를 늘어놓도록 내버려두라. 그러다가 그가 사랑으로 돌보고 있다는 그 아이에게 유별나게 관심이 가는 척, 이것저것 자세히 물어보라. '아이와 가장 친한 친구 이름은 뭐예요? 마지막으로 소아과에 갔던 때가 언제죠? 예방접종은 어디까지 했어요? 아이가 지금 몇 학년 몇 반이죠? 요즘 학교에서는 뭘 배워요? 요즘 학교에서는 어떤 숙제를 내주나요? 작년 담임선생님 성함은요? 요즘 아이가 잠자리에 들 때 읽어달라고 하는 이야기책은 뭐예요?' 배우 안젤리나 졸리의 아버지는 손주들을 사랑한다고 주장했지만 애들 이름조차 몰랐다! 하지만 주의하라, 심리조종자는 공감을 잘 치기 때문에 즉석에서 거짓으로 꾸며낸 얘기를 자신만만하게 늘어놓을지도 모른다. 반드시 사실 여부를 확인해봐야 한다!

그와 동시에, 아이들에게도 실생활의 세부적인 면을 충분히 시간을 들여 물어봐야 할 것이다. "아빠 집에서는 뭘 하고 지내니?" "그럼, 엄마 집에서는?" "숙제는 누가 도와주시니?" "치과나 소아과는 누구랑 가니?" "학교에서 행사를 할 때는 누가 와주시니?" "축구 교실엔 누가 데려다주시니?" "부모님이 동화책을 읽어주시니?"

심리조종자는 남 탓하길 좋아한다. 자기 팔자타령으로 실컷 징징대고 나면 반드시 미움의 대상에게로 화살을 돌린다. 이런, 빨리 화제를 바꾸자. 심리조종자는 기회만 있으면 가증스러운 배우자의 죄목들을 들춰낸다. 그래도 배우자의 좋은 점이 있지 않느냐고 물어보라. "아, 물론, 그 사람도 장점이 있지, 하지만……." 여러분은 결코 그 장점을 알아낼 수 없을 것이다. 심리조종자는 또다시 단점 물어뜯기에 나설 테니까. 그게 아니면 자기 배우자의 장점을 하나도 못 찾았거나!

심리조종자가 단골 수법을 쓸 때에는 한 사람이 상대하기 벅차다. 속사정을 알고서 여러분을 지원하고 대화를 객관적으로 분석하는 데 도움을 줄 만한 동료가 동석하는 편이 좋다.

이혼 조정이 널리 자리를 잡아가는 추세다. 조정은 본래 이혼 당사자들 간의 대화 회복을 꾀한다. 그로써 양측이 무기를 내려놓고 화해 국면에 들어갈 수도 있지만, 그것도 당사자들에게 의지와 선의가 있을 때 얘기다. 심리조종자와 그 피해자의 이혼소송에서 조정은 순전히 헛수고다. 심리조종자가 연루되어 있다면 조정은 적합하지 않다. 어차피 한쪽은 애들을 위해 원만하게 합의 보길 바라고 다른 한쪽은 죽어도 그럴 마음이 없다. 부부가 헤어짐으로써 갈등이 빚어진다는 생각은 완전히 잘못됐다. 실상은 그 반대, 즉 고질적인 갈등이 있으니까 헤어지는 거다. 심리조종자는 배우자를 지배하기 위해 이별 이후에도 그 갈등을 끌고나가길 원하고, 배우자는 그 갈등에서 도망치고 싶을 뿐이다. 게다가 일반적 갈등이 아니라, 부부 중 한쪽이 다른 쪽에게 일방적으로 월권을 행사한다고 봐야 한다. 조정 기일은 변태성격자가 피해자를 계속 괴롭히는 수단으로 변질된다. 피해자는 조정 기일에 출석했다가 더욱더 파김치가 된다. 내가 상담을 하면서 들은 바로는 이혼조정관들이 심리조종자 손바닥 위에서 놀아나는 경우도 적지 않다. 그러므로 조정관들도 어느 쪽이 가해자인지 신속하게 파악하고 무익한 조정을 즉각 중단할 수 있게끔 특수한 훈련을 받을 필요가 있다.

가사조사, 또 하나의 이중 구속

가사조사관들도 피해자들이 어떤 심정으로 조사를 받는지 알아둘 필요가 있다. 마리는 이혼소송 절차를 하나하나 밟으면서 점점 법이라는 체계 앞에 움츠러들었다. 그녀는 이런 이야기를 들려주었다.

"사회를 위해서 일한다는 사람들이 말장난만 하는 것 같아요. '조사'가 아니라 '수사'예요. '조사'라고 하면 아이들에게 그렇게까지 충격을 주지는 않을 것 같잖아요? 하지만 '조사'라고 부르든 '수사'라고 부르든, 그런 과정이 어떻게 정신적 외상을 입히지 않기를 바랄 수 있대요? 아이들이 생판 모르는 사람에게 열 번이나 자기 얘기를 해야 한다는 사실 자체는 바뀌지 않아요. 게다가 그 알지도 못하는 사람이 어떻게 생각하느냐에 따라 자기 미래가 크게 달라진다는 것을 아이들도 다 알죠. 남편은 저와 아이들을 자주 때렸어요. 남편이 죽도록 밉지만 그런 말을 하면 안 돼요. 저는 남편에 대해서 뭔가 좋은 점을 찾아내서 말하지 않으면 안 돼요. 그러지 않으면 가사조사관이 제가 남편에 대해 악담을 한다고 여길 테고, 저는 원한 맺힌 여편네로 몰릴 테니까요. 남편 때문에 저와 아이들은 늘 사는 게 지옥 같았어요. 그 사람은 가정 폭력으로 유죄 판결도 받았으면서 이혼소송으로 저를 계속 괴롭혔고 뻔뻔하게 교대 양육을 요구했죠. 그런데도 저는 '여자 쪽에서 가정불화를 키운다'는 꼬리표가 붙을까 봐 남편을 미워하지 않는 척해야만 해요. 저는 침착하고 초연하게 사실만을 정확히 말해야 하죠. 네, 이러이러한 일이 있었습니다, 그 사람은 그 사람 인생 살고 저는 제 인생 살아야지요, 네, 아이들이 잘 크는 게 제일 중요하지요, 어쩌구저쩌구……. 암요, 제가 '잘 나아가고 있음을' 입증해야 해요. 불안정한 엄마로 몰리지 않으려면 저에게 구체적인 계획들이 있으며 지금도 잘 살고 있음을 보여줘야만 하죠. 그래도 너무 지나치면 안 돼요. 그러면 제가 별로 고통을 겪지 않은 것처럼 보일 테니까. 사실, 지금 돈이 너무 많이 나가요. 가정법원 재판, 아이들 문제, 가정 폭력 상담까지 세 명의 전문가가 필요하죠. 다 따로 보수를 지급해야 하고요. 제가 집을 나온 지 2년 됐네요. 이혼 재판은 아직도 끝나지 않았고 애들은 여전히 겁에 질려 있는데 저보고 새 삶을 살지 않는다고 뭐라고 하는 사람들도 있어요. 하지만 제가 이 상황에서 재혼 상대라도 찾았다면 더 뭐라고 했겠죠! 제가 빨리 균형 잡힌 생활로 돌아가야 한다네요. 페이지를 넘겨야 한다나요. 어떤 판사는 저보고 짜증스럽게 말하더군요. '아니, 그건 다 지나간 일이잖습니까!' 아니에요, 지나간 일이라뇨! 제가 겪은 일이 아직도 생생하거니와, 실제로 지금도 괴롭힘을 당하고 있다고요! 이혼소송으로 발목이 잡혀 있는데 어떻게 앞으로 나아가나요? 지금은 한 집에 살지 않지만 남편은 여전히 저를 말려 죽이고 있어요. 도대체 언제까지 이래야 하죠? 가사조사는 끝나지 않는 이중 구속이에요. 어떤 이혼소송들에는 이런 조사가 효과적이겠지만, 그래도 있는 그대로를 자연스럽게 조사해야죠. 가사조사관이 온다고 하면 집을 깨끗하게 치우되 결벽증이 있는 것처럼 보이면 안 되고, 냉장고를 잘 채워놓되 역시 지나치면 안 돼요. 저는 딱 적당한 수준으로 사려 깊은 엄마, 자기 일에 만족하지만 회사 업무에 너무 매달리지는 않는 엄마라야만 해요. 가사조사관들은 서랍장이나 냉장고를 열어볼 수 있죠. 저는 법체계가 받쳐주고 남자들이 지휘하는 불법 침입을 당하는 기분이 들어요."

꼼꼼하고 치밀하게 옭아매는 마지막 한 방!

어느 무용센터 소장이 나에게 센터 곳곳을 안내해주면서 전 세계 무용단원들이 그곳에 공연을 하러 온다고 말했다. 무용수들이 오르는 페스티벌 무대는 야외에 마련되어 있는 데다 여름에만 운영되고 있었다. 나는 공연 당일에 비가 오면 어떻게 하는지 물어보았다. 소장이 대답했다. "공연을 취소합니다. 다행히도 그런 일은 아주 드물죠. 그렇지만 전에 이곳을 방문했던 미국 무용단이 기억나네요. 거기 입단 계약서에는 온도가 15도 이하로 내려가는 무대 환경에서는 단원들이 춤을 추지 않는다는 조항이 있대요. 그런데 공연 당일 기온이 14도였어요. 그래서 공연이 취소되었답니다!" 소장과 나는 비록 공연을 못 하게 된 것은 실망스럽지만 그게 현명한 처사라는 데 동의했다. 몸이 풀리기 힘든 환경에서 춤을 추다가는 근육 이상이 오기 십상이다. 그래, 15도라는 기준은 좀 임의적으로 보인다. 특히 1도밖에 차이가 나지 않는 14도라면. 그렇지만 한도를 정했으면 지키는 게 맞다.

프랑스 사람들은 제대로 계약을 체결하고 계약 조항을 정확히 준수하는 습관이 들어 있지 않다. 그런 부분을 깐깐하게 따지면 질색을 하고, 좀생이에 편집증 환자 취급을 한다! 문서로 합의된 조항들을 적용할 뿐인데도 꽉 막힌 사람이 된다! 법의 실제 적용에 있어서 미국인들은 프랑스인들보다 20년은 앞서 있다. 그들은 법적 절차의 남용을 겪어봐서 이제 조항을 엄격하게 단속할 줄 안다. 프랑스 사람들도 장차 그렇게 될 것이다. 하지만 시간이 아직 한참 필요하다.

그런데 심리조종자들을 상대하려면 가급적 꼼꼼하고 치밀한 결정이 당장 필요하다. 앞에서 보았듯이 그들은 법의 아주 작은 구멍까지 이용해먹는다. 아빠가 아이를 목요일 오전에 학교에 데려다주고 엄마가 하교 시각에 데려가기로 정해져 있다면 그날 당일 아이가 갑자기 아파서 조퇴를 하게 되는 경우는 어느 쪽이 맡는가? 매사에 일정, 시각, 예외 사항을 정해두어야 한다. 방학 동안 엄마 아빠가 양육을 정확히 반반씩 나눠 맡기로 했다면 아이를 몇 시에 인계할지도 미리 정해야 한다.

양육비는 구체적으로 어떤 지출들에 대한 것인가? 아이에게 예외적으로 큰돈이 들어가는 경우는 어떻게 되는가? 아이가 치아 교정을 받아야 한다면? 학교에서 다 같이 가는 여행은? 심리조종자 아버지들은 매달 지급하는 양육비로 다 퉁칠 수 있다고 생각한다. 그들은 동전한 닢도 더 내놓지 않을뿐더러 조금이라도 더 나가는 돈은 엄마로부터 뜯어낸다.

심리조종자들은 전 배우자를 골탕 먹이는 일에는 잔머리가 아주 잘 돌아가기 때문에 소송 판결은 바늘 하나 빠져나갈 구멍 없이 촘촘해야 한다. 그런데 법조인들이 자기들은 그런 세세한 부분에까지 할애할 시간이 없다고 판단하는 것도 무리는 아니다. 그러므로 가정 폭력 피해자들이 힘을 합쳐 법이 놓치고 있는 부분들, 심리조종자가 이용할 수 있는 구멍들을 정리해 일종의 표준 목록을 만들어야 할 것이다. 그런 목록이 마련된다면 이혼 재판에서 분명히 확인해야 할 사항들은 자동으로 알 수 있다.

마지막으로, 심리조종자에게나 피해자에게나 의무 조항을 하나 달아야 한다. 판결 사항이 실행되지 않았을 경우 반드시 6개월 안에 신고할 것. 양육비를 받지 못했거나, 아이를 보러 오기로 한 날 상대가 약속 장소에 나타나지 않았거나, 상대가 이미 합의된 일정을 지키지 않았거나, 교대 양육이 실제로 잘 이루어지지 못하고 있거나……. 피해자들은 전 배우자가 저지르는 만행을 눈감아주고, 양육비도 못 받고, 본의 아니게 계획을 제대로 세우며 살 수 없는 삶을 살면서도 말을 못 한다……. 파행 신고 기간이 정해져 있으면 심리조종자를 비난한다는 두려움을 우회할 수 있을 것이다. 심리조종자는 심리조종자대로, 6개월 안에 신고당할지 모른다는 생각에 좀 더 신중하게 처신할 것이다.

사회 계도, 전문가 대상 훈련, 아이들 이야기에 대한 경청, 빈틈없이 잘 짜인 판결은 대단한 발전이다. 그러나 피해자 입장 부모가 당당히 제 몫을 하지 않는다면 이 발전은 아무 소용도 없다. 지배에서 완전히 벗어나 현실적으로 자신을 지키자. 여러분에게 도움이 될 만한 판결이 난들, 실제로 적용되지 않으면 말짱 허사다! 자, 움직여라, 여러분 하기에 달렸다!

· · ·

심리조종 감옥에서
벗어나기

· · ·

"불가피한 전쟁을 늦추면 적에게 유리한 고지를 내어주는 셈이다."

_ 마키아벨리

세상은 장밋빛이 아니다

앞에서 언급했듯이 피해자 입장 부모는 인간적이고 마음이 열려 있는 선량한 사람들이다. 그렇지만 우리는 그들이 중대한 결점을 지녔다는 것도 안다. 그들은 이유 없는 악의가 엄연히 존재하고 심리조종자가 보통 사람들과 다르다는 사실을 믿고 싶어 하지 않는다. 그러나 배우자에게 그만큼 당했으면 알 때도 됐다. 그들은 증거를 코앞에 두고도, 배우자가 자기를 근거도 없이 미워한다는 그 사실을 믿지 못한다. 또한, 자신과 마찬가지로 인간적이고 마음이 열려 있는 선량한 사람을 상대하듯 행동하기를 고집한다. 요컨대, 저 나라가 분명히 전쟁을 선포했는데 이 나라는 폭탄이 빗발치는 거리에서 평화 행진을 하겠다고 고집부리는 격이다. 피해자들은 조금만 숨 돌릴 겨를이 생겨도 이제 저 사람도 잠잠해졌구나, 이제 다시는 안 그러겠지, 하고 낙관해버린다. 그러다 또 한바탕 난리가 나면 정신을 못 차린다.

피해자들을 변론하자면, 그들이 가진 문제는 단지 사람됨을 해독하는 틀이 없다는 것이다. 사회도 그 틀을 모르고 문제 자체를 부정한다. 심리전문가들이라고 해서 모두 다 변태성격자들에 대해 잘 아는 것도 아니다.

그렇지만 어떤 경우에는 심리전문가가 자기 몫을 잘해주는데도 피해자가 장밋빛 색안경을 벗으려 하지 않는다. 마갈리는 내키지 않는 기색으로 나를 찾아왔다. 그녀는 앞서 만났던 심리상담사가 자기 남편을 위험한 변태성격자로 판단했다고 말했다. 마갈리는 내 책을 찾아서 읽어봤고, 너무 자기 남편 얘기라서 더는 의심할 필요도 없었다. 나는 그녀에게 앞으로 일어날 수 있는 일, 그녀가 치러야 할 싸움, 준비해야 할 것들에 대해서 설명했다. 마갈리가 발끈했다. "아니, 이게 뭐예요! 선생님은 저를 안심시켜줘야 하는 것 아녜요?" 나는 대꾸했다. "제가 그냥 안심만 시켜드리면 될까요, 아니면 문제에 맞설 수 있도록 도와야 할까요?" 마갈리는 그 상태를 과감하게 떨치고 자기 두려움을 직시해야 했다. 남편은 위험한 사람이고, 그녀에겐 지켜야 할 두 아이가 있다! 평범한 배우자와 평범하게 이혼하는 척해봤자 아무 도움도 되지 않고, 아이들만 더 위험에 노출된다. 지금부터 여러분은 "걱정하지 마십시오!"라고 장담하는 사람을 경계해야 할 것이다. 문제를 파악하지도 못했기 때문에 그렇게 큰소리를 치는 거다. 심리조종자를 상대하면서 안심을 해? 다시 잠이나 자라고 하지, 왜? 독사가 기어 다니는 바닥을 맨발로 걸을 수는 없다.

이제 아이들이 대학을 졸업할 때까지 여러분은 두 발 뻗고 잠들 수 없을 거다. 여러분은 명석하고 통찰력 있는 어른, 믿음직하고 책임감 있고 늘 경계를 늦추지 않는 어른이 되어야 한다. 아이들이 필요로 하는 어른은 상황과 사태를 빠릿빠릿하게 파악하고 행동이 필요할 때 현실적으로 행동하는 사람이다. 여러분이 제대로 갈 길을 가지 않는다면 누가 아이들을 위해 보호막이 되어줄까? 다른 한편으로, 여러분이 자기를 변론하기 위해 마땅히 할 바를 하지 않으면 재판은 보나마나 진 거다. 이 싸움은 당신 변호사나 판사가 아니라 당신이 해야 할 싸움이다. 빨리 깨달을수록 좋다. 당신 혼자서 가해자를 상대하는 거다. 당신이 원하든 원하지 않든, 싸움은 당신이 하는 거다.

이 맥락에 딱 어울리는 나의 신조가 있다. '타조 흉내는 엉덩이를 뻥 차이기 안성맞춤이다.'

심리조종 감옥의 작동 시스템을 정지시켜라

당신을 가두고 있는 감옥은 의심, 두려움, 죄의식으로 이루어져 있다. 당신이 할 일은 그 세 가지 요소의 작동을 정지시키는 것이다.

맑은 정신을 되찾을 것

의심을 떨치려면 먼저 눈을 크게 떠야 한다. 눈을 뜨고 직시한 후에는 정보를 열심히 모은다. 만약 중병에 걸렸다면 먼저 확실한 진단을 받고 치료법을 알아보지 않겠는가? 여러분 입장에서는 변태성격, 심리조종 기법과 반조종 기법, 이혼소송 절차, 아이들에게 필요한 것, 다른 피해자 사례, 특히 여러분이 모색할 수 있는 해법들을 다 알아보고 훤히 꿰고 있어야 한다. 정신을 똑바로 차리고 가정 폭력 피해자를 지원하는 단체들, 인터넷 사이트와 커뮤니티를 두루 살펴보라. 여러분이 거리를 두고 상황을 객관적으로 파악하려면 도움이 필요하다. 이미 심리조종자에게 세뇌를 당했기 때문에 역逆세뇌가 필요하다. 아마 혼자 힘으로는 어려울 것이다. 합법과 불법, 정상과 비정상, 용인할 수 있는 것과 용인할 수 없는 것, 정의와 불의, 이 모든 개념들을 제자리로 돌려놓아야 하기 때문이다. 뿐만 아니라, 자신의 욕구와 바람을 다시 경청하고 존중하는 법도 배워야 한다. 여러분은 오랫동안 심리조종자에게 초점을 맞추고, 저 사람이 내가 어떻게 하기를 바라는지만 생각하면서 살았다. 자기에게 중심을 두고 스스로에게 물어보자.

'오로지 내 생각만 한다면, 나는 어떻게 하고 싶지? 왜 그렇게 하고 싶지?' 머리가 아니라 몸속 깊은 데서 우러나는 대답을 들어라! 당신은 오랫동안 당신 감정을 부정하면서 살았다. '뇌리를 스치는 생각'이 있음에도 당신이 아주 중요한 정보를 묵살했을 때마다, '괜찮아, 별 거 아냐'라고 스스로를 다잡았을 때마다, 당신은 자기 한계를 넘어버렸다. 이제 직관력이 차츰 돌아와 다시금 길잡이 노릇을 할 것이다. 정신이 맑아질수록, 심리조종자의 바이러스에서 치유될수록, 단호한 입장을 현실적으로 취할 수 있다. 한계를 분명히 정하고 지키는 일만으로도 자기주장은 80퍼센트 성공한 거다!

두려움을 다스리고 용기를 낼 것

피해자들이 느끼는 두려움은 공포나 공황 상태에 가깝다. 어떤 사람들은 너무 무서운 나머지 몸이 자기 마음대로 움직이지 않을 정도다. 이 두려움은 다양한 형태를 지니는 동시에 뚜렷한 형태가 없기 때문에 통제하기 힘들다. 심리조종자는 협박이 일상이요, 늘 본때를 보여줄 것처럼 군다. 무슨 일을 당할지는 당하는 당신이 짐작해보라는 식이다. 당신은 아주 심각한 일을 상상하지만 심리조종자가 어디까지막 나갈지는 알 수 없다. 그런데 답은 간단하다. 그들은 당신이 내버려두는 바로 그 선까지 갈 것이다. 심리조종자의 한계선은 당신의 한계선이기 때문이다. 그 사람이 당신에게 미치는 힘, 그건 바로 당신이 가진 두려움이다. 심리조종자를 더는 두려워하지 않는다면 비로소 자유로워진 것이다. 내면의 두려움을 잘 살피고 두 종류로 나눠보라. 근거 없고 비합리적인 두려움은 과장된 표현을 덜어냄으로써 다스릴 수 있고 심리 치료로 완화할 수도 있다. 반면, 이성적인 두려움은 객관적인 위험 신호이기 때문에 절대로 무시하면 안 된다. 함정을 내다보는 법을 배워야 함정을 피해갈 수 있고, 공격을 예측해야 대비를 할 수 있다. 그러나 용기와 만용은 다르다. 당신이 실질적이고 효과적으로 자기 자신을 지킬 수 있는 날, 당신이 아이들을 보호할 수 있고 딱 부러지게 심리조종자를 제압할 수 있는 날, 비로소 당신은 심리조종자를 두려워할 필요가 없으리라. 기억하라, 그들은 쉬는 시간에 운동장에서 으스대는 코흘리개에 불과하다. 제멋대로 굴 여지를 주지 마라. 항상 이 말을 기억하고 되뇌어보라. '싸우는 사람은 질 수도 있다. 싸우지 않는 사람은 이미 진 것이다.' 따라서, 가만히 있으면 당신은 싹 다 잃을 것이다!

죄책감을 버릴 것

내가 전작들에서 '엄지 동자와의 계약'이라고 불렀던 주제가 있다. 이 계약은 장기적으로 가장 무서운 함정이기 때문에 나는 여러분이 이 주제를 좀 더 깊이 알아두길 바란다. 그리고 분명히 기억하라. 당신은 어엿한 어른으로서 또 다른 어른과 이혼한 것이지, 무방비 상태에 놓인 어린애를 버린 게 아니다. 전 배우자가 앞으로 어떻게 살든 당신에게는 아무 책임이 없다. 전 배우자가 자살하겠다고 협박하더라도 죄책감 느낄 필요 없다. 남편(또는 아내)이 무섭다고, 혹은 불쌍하다고 평생 같이 살아줄 수는 없다. 그 사람이 살고 싶어 하든 죽고 싶어 하든, 왜 당신이 책임을 져야 하나. 심리조종자는 그렇게 약하지 않다. 잠시 뒤로 빠졌다가 당신을 대신할 새로운 먹잇감을 찾아낼 것이다. 명심하라, 당신이 공갈이나 압박에 넘어갈 때마다 그의 시도를 칭찬하고 또다시 공갈 협박을 하게끔 격려하는 셈이라는 것을. 원칙적으로, 공갈 협박에는 아무도 넘어가면 안 된다. 그런데 심리조종자에게 당하고 사는 사람들은 죄의식이 심해서 모든 부류를 통틀어 누구에게도 죄의식만은 지지 않는다! 허구한 날 욕만 먹으면서 지내왔으니 그럴 만도 하다. 하지만 자크 살로메는 '죄의식은 관계의 암癌'이라고 했다. 죄의식을 느끼면서 자기 입장을 확고히 피력할 수는 없다. 죄의식은 처벌을 달게 받겠다는 생각과 다르지 않다. 가장 중요한 자기계발은 이 죄의식을 털어버리는 일이다. 내가 피상담인들에게 하고 또 하는 말이 있다. "당신은 어른이에요. 자유로운 성년이고, 민주국가에 살고 있죠. 이혼은 범죄가 아니라 법적 권리예요. 당신이 당신 나라 법대로 살겠다는데 누가 무슨 권리로 당신을 판단하고 당신 자유를 구속한다는 거죠? 당신 행동의 책임을 묻겠다느니, '대가'를 치르게 하겠다느니 하는 말은 더욱더 개소리고요."

사실, 죄책감을 느끼지 않는 최선의 방법은 책임감을 갖는 것이다. 행동은 효과 좋은 죄책감 해독제다. 당신 잘못으로 이 지경이 된 게 아니지만 이제 넋두리나 하고 있을 때가 아니다. 힘차게 이 말을 입 밖으로 뱉어보자. "지금부터 내가 책임지고 애들과 함께 여기서 탈출할 거야!" 심리조종 피해자는 원래 책임감이 강한 사람이기 때문에 이렇게 자기와의 약속으로 상황을 역전시킬 수 있다.

당신이 지배에서 벗어나려면 이미 조건화된 복종을 버리고 "싫어!", "그만해!", "이제 할 만큼 했어!"라고 말할 수 있어야 한다. 요령을 부리고, 침묵을 고수하고, 결정적 정보를 속으로만 품고 있을 줄 알아야 한다. 무엇보다, 당신의 수가 훤히 읽혀서는 안 된다. 포커페이스와 '하나도 겁나지 않아, 심지어 제법 지낼 만한데?'라는 태도를 항시 유지하라. 그놈의 코흘리개가 형편없는 작전과 유치한 술수를 꾸미고 슬슬 접근해올 때 무섭기는커녕 우습다는 생각이 든다면, 매몰차게 쫓아낼 수 있다면, 당신은 완치된 것이다. 자신 있게 말하는데, 상대가 그렇게까지 지독하지 않은 심리조종자라면 피해자 중 상당수는 완치 단계까지 갈 수 있다.

무엇보다, 아이를 위해 강해질 것

부모 소외 증후군을 다루면서 말했듯이 피해자 입장에 놓여 있으면서도 심리조종자의 못된 짓에 직접적으로나 간접적으로 힘을 실어 줌으로써 소외를 자초하는 부모가 있다. 심리적 지배를 당하는 쪽이 자기를 지배하고 조종하는 쪽 주장에 동조하는 경우다. 이 부모는 가해자 말이 옳다고 하거나, 서툴게 자기 변론을 하기는 하지만 가해자의 말을 확실히 반박하진 않는다. 매일 머리를 감아야 했던 레아를 기억하는가. 레아 엄마는 약사에게 설명을 맡김으로써 딸에게 이런 메시지를 심어준 셈이다. '약사 아주머니는 아빠와 대등하게 맞설 힘이 있지만 엄마는 아니야. 엄마는 아무것도 할 수 없단다.' 한 엄마는 전 남편이 아이에게 선물한 휴대전화가 보이지 않자 사색이 됐다. 엄마는 잠자리 들기 전 통화 시각까지 무슨 일이 있어도 휴대전화를 찾아야 한다면서 온 집 안을 뒤집어엎었다. 아이는 '엄마는 아빠랑 헤어졌지만 아직도 아빠는 엄마 집에서 마음대로 행동해도 돼'라는 메시지를 전달받을 수밖에 없다. 심각한 경우, 피해자 입장 부모가 비겁하게도 아이들이 가해자 입장 부모를 알아서 상대하게 내버려두기도 한다. 아이는 바이올린을 배우기 싫었지만 아빠에게 그런 말은 할 수 없었다. 이 아이 엄마가 이렇게 말했다. "아이가 직접 아빠에게 얘기해야죠." 나는 말했다. "아니에요, 당신이 얘기해야 되는 겁니다! 아빠가 화내고 혼낼 게 뻔한데, 아이는 그런 상황에서 보호받을 권리가 있어요."

자기도 그 사람이 무서워 말도 못 꺼내면서 어떻게 그 어린것에게 용기를 내어 말해보라고 할 수 있나?

심리조종자 배우자와 몸은 떨어져 살게 됐지만 정신적으로는 여전히 지배당하는 이혼이야말로 최악의 이혼이다. 무슨 수를 써서라도 당신은 자유의지와 객관성을 되찾아야 한다.

법적 절차는 칼같이 확인하고 진행하라

교통사고 보험 처리도 그렇지만 재판을 받을 때도 쌍방은 각자 주장에 대해 증거를 제시해야 한다. 만약 교통사고 피해 상황을 증명할수 없다면 보험회사는 한 푼도 내놓지 않을 것이다. 마찬가지로, 당신이 배우자의 학대를 입증할 수 없다면, 의사에게서 받은 진단서나 그밖의 증명을 내놓지 않는다면, 배우자의 괴롭힘이 사실이라는 근거를 제시할 수 없다면, 낭패를 볼 것이다. 싸움이 싫다는 이유로 자기 손으로 증거를 폐기하는 피해자들도 있다. "전남편이 보낸 문자요? 아뇨, 없어요, 두 번 다시 보고 싶지 않아서 진즉에 지웠죠. 왜요?" 이 엄마는 머지않아 법이 그렇게 부당하고 잔인할 줄 몰랐다고 통곡하리라! 심리적 지배에서 벗어나 재판이 어떻게 이루어지는지 잘 알아보고 증거자료를 충분히 확보한다면 재판에서 현실적으로 자신을 변론할 수있다. 재판은 피해자에게 주어진 중요한 무기다. 망가뜨리지 말자.

반드시 심리조종자가 아닌 부모가 주 양육자가 되어야 한다. 아빠가 피해자이고 엄마가 심리조종자인 경우, 막내아이가 만 6세 이상이라면 역시 아빠가 주 양육자가 되어야 한다. 그보다 어린 아이들은 엄마가 키우는 것이 좋다(심각한 아동 학대는 물론 예외다). 배우자가 아이들에게 정말 위험한 사람이라면(폭력, 알코올중독, 강박증 등등) 증거를 수집해서 배우자의 집에 아이들을 보내지 않고 면접에도 반드시 다른 사람을 동석시킨다는 조건을 요구할 수 있다. 요구할 수 있다고 해서 판결이 꼭 그렇게 나란 법은 없다. 그렇지만 적어도 필요하다면 다 시도하고 요구해야 한다. 이건 원칙의 문제다. 그래야만 결과가 어떻게 되든 훗날 아이에게 떳떳하게 말할 수 있다. "엄마(아빠)는 널 지키려고 할 수 있는 건 다 했어." 교대 양육으로 자란 아이들이 훗날 이렇게 말할 수도 있다. "어떻게 엄마(아빠)가 우리를 아빠(엄마) 손에 맡길 수 있었는지 이해가 안 가요. 우리가 덜 힘들게 살 방법이 있었는데 최소한 시도는 했어야죠."

이건 일관성의 문제이기도 하다. 배우자가 얼마나 위험한 사람인지는 누구보다 당신이 잘 판단할 수 있다. 당신이 현실 부정에서 벗어났다면 아이들이 학대 가해자를 적게 만날수록 잘 자라리라는 사실을 모를 수 없다.

그리고 재판으로 상세한 부분들까지 결정 날 수 있도록 노력해야 한다. 이 부분 또한 꼭 만족스러운 성과가 있으란 법은 없지만 시도는 해야 한다. 변호사를 통해서 상대가 트집을 잘 잡고 이미 일정, 약속 시각, 양육비 지급, 전화통화 등으로 말썽을 빚은 적이 있기 때문에 매사를 분명히 해두고 싶다는 뜻을 전하라. '상세하게'라는 부사 하나로 당신이 원하는 바를 판사가 다 알아차리지는 못한다. 먼저 제안을 내놓아야 한다. 아이들은 규칙적이고 예측 가능한 생활을 할 권리가 있다. 심리조종자와 이혼을 할 때에는 양측 부모가 자녀와 통화하는 횟수와 통화 시간까지 정해두는 것이 바람직하다. 너무 제약이 심하다고 생각할지 모르지만 그래야만 어느 한쪽이 일방적으로 아이들에게 전화 공세를 퍼붓는 상황을 막을 수 있다.

법대로 해, 법대로!

정상적인 부모라면 이혼을 하더라도 자녀 양육이 원만히 이루어지기를 바란다. 엄마가 아이를 아빠랑 갈라놓으려 안달복달하지 않고, 아빠도 전처를 아이 엄마로서 존중한다. 그러다가 아이가 부모 중 어느 한쪽을 더는 보고 싶어 하지 않더라도 그 바람을 헤아리고 받아들인다. 아이에게 문제가 생기면 이제 부부는 아니지만 부모로서 서로를 믿을 수 있다. 한쪽이 아이를 돌볼 수 없는 상황이 되면 다른 쪽에게 먼저 연락을 한다. 개인적 이유로 양육 일정을 변경하는 것도 얼마든지 가능하다(집안에 일이 있다든가, 직장 연수가 있다든가……). 정말 필요하다고 생각되면 아이를 위해 두 사람이 힘을 합쳐 뭔가를 결정할 수도 있다. 당신도 비록 이혼은 했지만 앞으로 그렇게 되기를 소망할 것이다. 그런데 상대가 심리조종자라면, 그 소망은 실현 불가능하다. 애초에 꿈도 꾸지 마라. 상대는 규칙에서 벗어나는 예외를 트집 잡고 늘어질 빈틈으로밖에 보지 않는다. "아, 그래, 하지만 당신도 지난주에 ……를 했잖아."

그렇기 때문에 판결이 났으면 그대로 적용하라. 감정에 얽매이지 말고, 토씨 하나 어긋남 없이, 상대가 트집을 잡을 수 없게끔 처신하라. '법대로 해야지!'가 당신 모토가 되어야 한다. 판결을 그대로 적용한다는 얘기는, 상대가 교대 양육을 요구했다면 실제로 양육을 하게 해야 한다는 뜻이다. 오래지 않아 심리조종자가 교대 양육을 제대로 수행하지 못한다는 증거들이 차곡차곡 쌓일 것이다. 아이가 아직 어리다면 상대에게 보낼 때마다 가슴이 찢어질 것이다. 교대 양육권이 있지만 실제로 교대 양육을 하지는 않는 전남편들을 내버려두는 엄마들 심정도 이해가 간다. 애를 보내라고 재촉하지 않는 게 되레 다행스럽게 여겨지리라. 한 주, 한 달, 한 해, 내가 쭉 품고 키울 수 있는 것만도 감사하다! 단, 상대가 나중에 당신이 교대 양육 판결을 위반했다고 주장할지도 모른다. 정 안 되겠거든, 최소한 상대가 아이를 데리러 오지 않았으며 교대 양육을 위반한 사람은 당신이 아니라 상대라는 증거들만이라도 차곡차곡 쌓아두라. 법적으로 확인할 수 있도록 상대가 규정된 의무를 어길 때마다 매번 그 내용을 이메일로 보내라. 또한 상대의 의무불이행에 따른 추가 지출 비용(어린이집, 과외 활동 등등) 영수증도 보관해두라. 나중에 뒤통수를 맞더라도 그동안의 양육 과정을 입증할 수 있도록.

명심하라, 그 사람은 애들 엄마가 마음의 준비가 될 때까지 기다리느라 교대 양육권을 법대로 적용하지 못했다고 변명할 것이다. 그러면서 당신을 자녀와의 융합이 지나친 엄마로 매도하고, 자기는 아이가 너무 보고 싶은데 기다리다 지쳐서 특단의 조치를 취한 척 연기할 것이다. 그러면 법정에서 그동안 모아놓은 증거들을 풀어놔라! 당신은 이런 상황도 예상했기 때문에 이제 함정에 빠지지 않는다.

법대로 한다는 얘기는 재판에서 정해진 대로 양육비가 지급되어야 한다는 뜻이다. 생각보다 많은 엄마들이 양육비를 못 받으면서도 해코지가 두려워 말을 못 한다. 나는 그 엄마들을 안심시켜주고 싶다. 그런 말을 하지 않더라도 어차피 해코지는 당한다! 그러니 받아야 할 양육비는 당당하게 청구하라. 오히려 양육비를 받아야 해코지에 대비할 여력이라도 생긴다. 그리고 제발 잊지 말라, 이건 '법'으로 정해진 일이다! 감정에 휘둘릴 사안이 아니란 말이다. 양육비 미지급으로 고소할 것까지는 없다. 소송은 오래 걸리고 실익이 적다. 양육비직접지급명령*이 더 신속하고 효과적이다. 당신이 양육비를 받을 권리가 있음을 증빙하는 서류, 신분증, 언제부터 언제까지 양육비가 지급되지 않았는지를 증빙하는 서류 등을 준비하라.

어떤 경우에도 받아야 할 돈을 못 받고 가만히 있지는 말아야 한다. 양육비는 당신이 쓰는 돈이 아니다. 당신이 받아내지 않는 양육비는 당신이 아이들에게서 훔치는 돈이나 다름없다.

판결 적용에 융통성을 둘 생각도 하지 마라. 심리조종자가 사정을 봐줄 거라고 기대해서는 안 된다. 일단, 그들은 늘 막판에 약속을 뒤엎을 가능성이 농후한 인간이다. 내가 이런 말을 하면 상담받던 엄마들은 갑자기 깨달음이 왔다는 듯 생생하게 반응한다. "맞아요! 지난번에는 그 사람 때문에 기차를 놓쳤어요!" "전남편이 철석같이 약속을 해놓고 오지 않아서 결근을 해야 했죠." 게다가 이 사람은 사사건건 홍

---

* 우리나라의 양육비직접지급명령은 원천징수의무자, 즉 양육비 채무자가 근무하는 회사에서 직접 양육비를 양육비 채권자(현재 양육자)에게 지급하도록 하는 제도다.

정을 한다. 그가 당신 사정을 한 번 봐줬다면 당신은 그 대가로 말도 안 되는 요구들을 들어줘야 할 것이다. 그러니까 당신을 도와줄 사람들이 필요하다. 친구, 이웃, 친정 부모님, 아이의 친구 엄마, 육아 도우미 등을 확보해놓고 어떤 경우에도 그 사람에게 아쉬운 소리는 하지 말라. 이혼은 했어도 부모 노릇은 협력해서 할 수 있다는 환상을 못 버린 사람들이 나의 권고에 이렇게 대꾸하곤 한다. "아이들 아빠(엄마)에게 전혀 기댈 수 없다니 안타까운 일이네요." 맞다, 안타까운 일이다. 하지만 어떤 사람들에게는 그게 현실이다.

당신이 하루라도 날짜를 바꾸었다가는 그때부터 끝도 없는 사기와 협상이 시작될 것이다. 이 흥정 놀음에 말려들면 망하는 거다. 모든 양보는 그가 당신을 괴롭힐 구실이 될 소지가 있다. 당하지 않으려면 심리조종자를 상대할 때만큼은 융통성 없는 사람이 될 수밖에 없다. 그럴 바엔 처음부터 융통성 없이 구는 게 시간 낭비, 기력 낭비, 평정심 낭비를 막아준다. 믿어보라, 애초에 철벽을 치고 법대로 하면 훨씬 편해진다. 앞으로 그게 내가 갈 길이려니 하라. 사실은 진즉부터 그랬어야 했다. 감상에 빠지지 말자. 어버이날, 생일, 크리스마스…… 마음이 아프겠지만 별 수 없다. 그런 날을 하루 빨리, 혹은 하루 늦게 챙긴다고 사람이 죽지는 않는다. 그래, 가까운 친척 결혼식에 애들을 데려가지 못할 수도 있다. 세월이 흐르면서 아이들이 놓치는 기회들이 쌓여갈 것이다. 그게 이혼이다. 당신이 애들과 함께 있고 싶은 날, 애들은 그 집에 가 있을 것이다. 그건 저쪽도 마찬가지다. 그런 부분까지 신경 쓰기 시작하면 끝이 없다. 전 배우자가 심리조종자라면 더욱더.

아무리 찔러대도 소용없어

나는 여러분에게 '하나도 겁나지 않아, 심지어 제법 지낼 만한데?' 라는 태도로 일관하라고 했다. 심리조종자 앞에서 놀라거나 실망한 기색을 보이지 말라. 슬프고 상처받은 얼굴을 하지 말고, 화내지도 말라. 첫째, 그런 얼굴을 보이면 그 인간이 고소해한다. 둘째, 심리조종자는 그런 반응들을 단서삼아 당신을 뒤흔들 방법을 강구한다. 그 무엇도 당신에게 타격을 입힐 수 없는 양 행동하라. 영화「장 폴 벨몽도의 여정」*에 재미있는 장면이 하나 있다. 장 폴 벨몽도는 리샤르 앙코니나에게 사업하는 사람은 아무리 충격을 받더라도 절대 놀란 표정을 지으면 안 된다고 설명한다. 리샤르 앙코니나는 눈이 휘둥그레져서 "아, 그래요?"라고 반응한다. 이때부터 놀란 기색 들키지 않기 훈련이 익살스럽게 펼쳐진다. 이 영화 속 장 폴 벨몽도처럼 여러분도 웬만큼 허세를 부릴 줄 알아야 한다. 심리조종자를 상대할 때는 땅이 무너져도 눈 하나 깜짝하지 마라. 적어도 겉으로는 그래야 한다.

심리조종자가 뭔가를 요청해오는 경우는 두 가지로 나뉜다. 그 사람이 그런 요청을 할 법적 권리가 있는 경우와 그렇지 않은 경우 말이다. 후자, 즉 법적 권리도 없으면서 요청하는 경우는 고민할 것도 없

---

* 원래 제목은「어느 철없는 아이의 여정Itinéraire d'un enfant gâté」.

다. 당신은 법대로만 하면 되기 때문이다. 거절로 일관하되 감정을 내비치지 말고 판결문 몇 쪽 몇 행 때문에 안 된다고 말하라. 심리조종자와는 대화할 생각을 말고 뭔가 이해시킬 생각도 하지 말자. 저쪽에서 성질을 내면 그 사람 변호사에게나 얘기하라고 하라. 욕을 하거든 전화를 끊어버려라. 협박을 하거든 겁나지 않는다고 차분하게 말하라.

법대로 행동하고 그때그때 곧장 대처하면 어떤 유익한 점이 있는지 실례를 들어 말해보겠다. 클레르는 남편에게 철저하게 짓눌리고 무시당하며 살다가 결국 이혼했다. 전남편은 매사를 그녀에게 의견 묻는 법 없이 독단적으로 처리했고, 그녀가 짜증내고 싫어하는 일은 일부러 더 하곤 했다. 어느 날, 연락도 없이 지내는 옛날 시어머니가 메시지를 보냈다. 인사도, 양해를 구하는 말도 없이, 다짜고짜 자기는 여행 숙소까지 잡아놓았으니 아이들을 데려가 모 월 모 일부터 모 일까지 돌보라는 내용이었다. 그 날짜는 클레르의 휴가 딱 중간에 걸쳐 있었다. 클레르는 이 메시지를 받고 어떻게 해야 할지 몰랐다. 거절하면 융통성 없고 비정한 엄마 소리를 들을 게 뻔했다. 아이들에게서 엄마와 즐겁게 지낼 시간을 빼앗는 것 같아 마음도 아팠다. 그러나 승낙을 하면 평소처럼 또다시 호구가 되어 탈탈 털릴 터였다. 클레르가 자기를 존중하고 의견을 먼저 물어봐달라고 요구하면 보나마나 그녀를 비꼬고 죄책감을 자극하는 문자, 이를테면 '내가 여행 가면서 네 아들을 데려가야 널 존중하는 거니?' 같은 말이 돌아올 터였다. 그래서 클레르는 답을 하지 않았다. 잘못된 선택이었다. 마마보이 전남편이 당장 자기 어머니 변호사로 나섰다. "어머니가 숙소 예약을 확정해야 하는데 당신 문자 기다리느라 못 했거든? 25퍼센트 선금도 걸어놓으셨다고! 예약 취소하면 그 돈은 날리는 거야! 예약 확정했다가 못 가면 전액 다 날리는 거고!" 늘 그렇듯 긴급하지 않은 일은 긴급한 것처럼 과장하고, 죄의식을 조장하고(너 때문에 우리 어머니가 손해 보게 생겼어!), 돈 문제를 걸고넘어지고……. 클레르는 전남편의 압박에 대응하지 않았다. 두 번째 잘못된 선택이었다. 전남편은 아이를 압박 대상으로 삼기 시작했다. 6살 사내아이 니콜라는 스트레스와 불안을 견디다 못해 엄마에게 전화를 해댔다. "엄마! 엄마! 아빠가 나 방학 때 엄마네 집에 가도 되는지 물어보래! 엄마, 나 엄마한테 가도 돼? 엄마랑 같이 여행 갈 수 있어?" 어쩌겠는가, 클레르는 또다시 함정에 빠졌고 아이를 데리러 갈 수밖에 없었다. 처음부터 원칙대로 하는 게 덜 괴롭고 깔끔하다. 클레르는 시어머니 문자에 곧바로 거절 의사를 밝혔어야 했다. 오해가 발생하면 6시간 내에 반드시 풀고 넘어가라. 이건 아주 귀중한 인생 수칙이다! 시어머니에게 짧은 메시지 한 통 보내고(메시지를 복사해서 전남편에게도 보내고) 뒤도 돌아보지 말았어야 했다. 전남편이 전화해서 성질부리면 판결문 혹은 합의된 조항에 따라 내가 애 보는 날은 모 월 모 일 모 시부터다, 라고 딱 잘라 말했어야 했다. 그러면 니콜라도 차라리 덜 혼란스럽다. "아빠가 너를 보는 날은 엄마가 널 데려올 수 없어. 법으로 그렇게 정해져 있단다. 물론 엄마가 너를 보는 날은 아빠나 할머니가 널 데려갈 수 없지. 엄마는 엄마 날짜에 데리러 갈게."

만약 심리조종자가 합법적인 요구를 한다면 망설이지 말고 들어주라. 단, 그 요구가 마음에 들지 않더라도 감정은 내비치지 말라. '지낼 만하거든!' 절대로 법의 테두리를 벗어나는 위험은 무릅쓰지 말라. 예를 들어, 판결문대로라면 이번 주 주말은 그 사람이 아이들을 봐야 한다. 그 사람이 애들을 데리러 왔는가? 정상이다. 아이들이 아빠를 따라가기 싫어하더라도 이 상황에서는 보내야 한다. 당신이 법대로 아이들을 보내지 않으면 나중에 감방에 처넣겠다는 협박을 들을지도 모른다. 이런 난감한 상황은 점점 더 많아질 것이다. 아이들을 잘 돌보기는커녕 괴롭히기만 하는 아빠 집에 가는 게 근사한 일인 양 거짓말을 하지는 말자. 아이들에게는 그냥 이렇게만 말해주자. "법으로 정해진 일이니까 아빠 집에 가야만 해. 엄마가 너희를 데리고 있으면 안 돼." 잔인해 보일 수도 있다. 하지만 아이들에게 선택의 여지가 있다는 생각, 법을 어겨도 된다는 생각을 심어주는 게 더 잔인하다. 그리고 행여 아이들을 보내지 않았다고 당신이 고소라도 당하면 아이들이 부딪히게 될 현실이 더 잔인하다.

소송을 초래할 수 있는 경우들에 유의하자. 예를 들어 심리조종자가 법적으로 돌봐야 할 아이들을 돌보지 않으려 할 때를 생각해보자. 그가 아이들을 데려가지 않는다고? 자기가 아이를 데려가지 않았다는 확인서를 써준다면 심각한 문제는 되지 않는다. 어차피 당신은 아이를 돌볼 책임이 없는데 맡아준 것이니까. 만약 상대가 확인서를 써주지 않는다면 먼저 이메일을 보내라. 예외적으로, 그 사람을 돕는 차원에서, 당신이 아이들을 이번 주말에 맡아준다는 내용이 반드시 들어가야 한다. 이렇게 해두어야 나중에 뒤통수를 맞지 않는다. 번거롭더라도 매번, 그때그때, 꼭 확인서를 받거나 이메일을 보내야 한다. 그러지 않으면 당신이 애들을 보내지 않았다고 언제 거짓 주장을 펼칠지 모른다. 상대가 판결문을 지키지 않을 때마다 늘 문자로 된 흔적을 확보하라. 물론 상대에게도 서면으로 알려야 한다. 당신이 아이를 돌보지 않은 날들은 이미 엎질러진 물이라고!

마지막으로, 심리조종자를 상대할 때에는 서둘러 끝을 보려 하면 안 된다. 레닌그라드 포위전은 무려 900일이나 이어졌다. 이 싸움도 아이들이 미성년자 신분을 벗어날 때까지 끝나지 않는다!

이 못된 심술쟁이, 수가 빤히 보이거든!

여기까지 읽었다면 이 정도는 충분히 이해하리라. 심리조종자가 당신의 빈틈을 발견하는 순간 그는 당신 인생을 망가뜨리기 위해 별의별 짓을 다할 것이 분명하다. 그는 자기 없는 당신 인생을 질투하고 늘 어떻게 하면 당신을 엿 먹일까 기회를 엿본다. 당신의 주말과 휴가를 망치고 싶어 하고, 당신이 뭔가 근사한 계획을 세우면 그게 뭐가 됐든 파투 내고 싶어 한다. 간단히 말해, 심리조종자는 자기 손바닥을 벗어난 당신이 팔자 피는 꼴은 못 본다. 그는 당신이 아이, 가까운 주위 사람들, 당신 가족들 눈에까지 심술궂고 못된 사람으로 보이게 하려 든다. 그래야 재판에서 이 모든 조각들을 끼워 맞춰 당신을 혼내줄 수 있기 때문이다. 이 악의를 예측하고 짐작해서 먼저 손쓰는 법을 배워야 한다.

아르튀르가 아빠 집에서 처음 보낸 주말 이야기를 해보겠다.

토요일 아침 7시, 집 전화가 울리고 크리스텔은 벨소리에 화들짝 잠에서 깼다. 아르튀르를 보내놓고도 잠을 잘 수 있었다니! 전화기에 뜬 번호를 보니 애 아빠다. 크리스텔은 전화를 받지 않았다. 애 아빠는 메시지를 남기지 않았지만 곧바로 휴대전화로 다시 전화를 걸었다. 크리스텔은 갑자기 겁이 더럭 났다. 아침 댓바람부터 전화를 하다니, 애한테 뭔가 심각한 일이 생긴 게 틀림없어. 전화를 받는데 심장이 마구 뛰었다. 전남편은 아르튀르를 썰매장에 데려갈 거라면서 스키복을 좀 찾아놓으라고 했다. 또 걸려든 셈이었다. 전남편은 중요하지도 않은 일로 그녀의 아침잠을 깨웠고, 그녀가 집에 혼자 있는지 확인할 기회도 얻었다. 크리스텔이 이 계략에 걸려들면 오전 내내, 어쩌면 더 오랜 시간 발이 묶이게 될 것이다. 그는 사람을 내처 기다리게 해놓고 오후 2시쯤에야 스키복을 가지러 오든가, 아예 오지 않을 테니까("아, 계획이 바뀌어서 말이지!"). 크리스텔은 넘어가지 않는다. 첫째, 그녀는 집에 없다(물론 이건 사실이 아니다. 하지만 크리스텔도 혼자만의 시간을 누릴 권리가 있다). 둘째, 이건 애초에 전남편이 미리 준비했어야 할 일이다. 금요일 저녁에 아이를 데리러 오면서 챙겨갔으면 될 것을. 그러니까 얘기는 끝났다. 주말 잘 보내요! 일요일 저녁, 세 살 아이 아르튀르가 돌아오자마자 야속하다는 듯이 엄마를 때렸다. "엄마 미워! 엄마는 내가 아빠랑 썰매 타러 가는 게 싫지?" 크리스텔은 당황했지만 아무렇지 않다는 듯이 차분하게 말할 수 있었다. "무슨 소리야? 엄마도 네가 아빠랑 썰매 타러 가길 바랐어! 엄마가 너 좋아하는 일 못 하게 한 적 있니? 아빠가 스키복을 챙겨가지 않아서 갈 수 없었던 거야! 괜찮아, 우리 아들, 다음에는 아빠 보고 꼭 준비를 잘해서 썰매 타러 가자고 하면 돼."

이렇게 하려면 적당히 거리를 둘 수 있어야 하고 미리 훈련도 되어 있어야 한다!

발레리의 이혼 재판 판결문에는 전남편이 하는 일이 매우 불규칙하므로 여름방학 동안은 교대 양육을 그때그때 쌍방의 '합의'로 정한다고 되어 있다. 전남편은 이 조항을 자기 마음대로 발레리를 부려도 좋다는 뜻으로 해석했다. 발레리는 여름방학이 시작되기 석 달 전부터 아이를 데리고 모 월 모 일부터 모 월 모 일까지 여행을 갈 예정이니 전남편이 이 날짜에 이의가 없는지 확인해달라는 이메일을 보냈지만 아무런 답장을 받지 못했다. 발레리는 순진하게도 자기는 할 만큼 했다고 결론 내리고 휴가 날짜를 확정한 후 집에서 12시간 거리에 있는 캠핑장에 캠핑 트레일러를 일주일 예약했다. 심지어 교통 혼잡을 피하겠다고 일요일부터 일요일까지로 날짜를 잡았다. 휴가를 떠나기 딱 일주일 전, 발레리는 아들을 통해서 그들 부자가 유명한 산으로 종주 여행을 떠나기로 했으며 출발일이 토요일, 즉 발레리가 여행에서 돌아오기 하루 전날이라는 말을 들었다. 그녀는 미리 손을 쓴다고 썼지만 난감한 상황에 놓였다.

- 일주일 여행에서 이틀을 버리고 금요일에 아들과 함께 차로 돌아온다.
- 휴가 중 반나절을 희생해서 아들(만 14세)을 가까운 리옹 역까지 차로 데려다주고 혼자 기차를 태워 보낸다(물론 차비는 발레리가 부담해야 하리라!).
- 전남편이 그러거나 말거나 무시한다. 하지만 나중에 아버지의 권리를 부정하고 고의로 원만한 부자 관계를 방해했다고 고발을 당할지도 모른다. 게다가 아들이 종주 여행을 기대하고 잔뜩 들떠 있는데 나중에 그 원망을 어떻게 감당할는지.

결국 발레리는 아들을 혼자 기차에 태워 보냈다.

일부 변태성격자들은 당신의 휴가를 망치겠다는 일념을 결코 굽히지 않는다. 엘리자베트는 열다섯 살짜리 딸을 데리고 바닷가로 여행을 떠났다. 그녀는 상담을 받으면서 점차 전남편의 심리적 지배에서 벗어나고 있었다. 그녀는 여행지에서 오랜만에 자유롭고 평화로운 기분을 만끽하면서 딸과의 시간을 누렸다. 전남편은 모녀가 여행을 가 있는 동안 중요하고 긴급한 행정 서류가 도착했다는 핑계로 자꾸 전화를 걸었다. 엘리자베트는 '저 사람이 또 나를 불안하게 만들어서 휴가를 망치려고 하는구나'라고 간파했기에 침착하게 서류는 나중에 보겠다고 했다. 그녀는 전화통화만으로도 자신의 차분하고 무심한 태도에 전남편이 짜증나 죽으려 한다는 것을 느꼈다. 그날 밤 11시에 딸내미가 울면서 자기가 아빠에게 받은 메시지를 보여주었다. '자기야, 내가 물고 빨고 핥아줄게.' 엘리자베트는 화가 나서 당장 전화를 걸었지만 전남편은 이틀간 전화를 받지 않았다. 나중에 연락이 닿고 나서 무섭게 따졌더니 그는 어깨를 으쓱하면서 잘못 보낸 거라고 대수롭지 않게 말했다. 하지만 엘리자베트와 딸은 그에게 지금 사귀는 여자가 없다는 것을 잘 알고 있었다. 어쨌든 전남편은 엘리자베트 모녀의 오붓한 휴가를 망쳐놓겠다는 목표를 달성했다. 딸을 괴롭히면 엄마가 타격을 받을 수밖에 없다. 심리조종자들이 그런 짓도 할 수 있는 인간 말종이라는 사실에 아직도 의심이 간다면, 글쎄……

이렇게 쓴맛을 보고 싶지 않다면 최대한 신중을 기하는 수밖에 없다. 심리조종자가 더 이상 당신 생활, 개인적인 계획, 자주 만나는 사람들을 다 꿰고 있어서는 안 된다. 여행 계획을 그에게 구체적으로 말할 필요도 없다. 아이 문제로 엮이는 경우가 아니라면 출발 날짜, 비행기나 열차 시각을 그 사람이 알 필요는 없다. 행선지도 가르쳐주지 말라. "산에 가려고." "아마도 남부 지방?" "바닷가에 갈까 하는데 잘 모

르겠어." 이 정도면 충분하다. 당신이 언제부터 언제까지 어디에서 지
낸다는 정보를 주면 그 사람은 당신이 예약을 취소하게끔 골탕 먹이
거나 그곳에 떡하니 나타날지도 모른다. 일부 심리조종자들은 이혼을
하고도 전처 집에 함부로 찾아오거나 전처의 스키 여행 숙소 바로 근
처에 자기 숙소를 잡는다. 말하지 않았는가, 그 인간들은 전처 휴가에
도 자기가 따라가야 하는 줄 안다고! 아이들이 아빠랑 스키를 타고 싶
어 하면 무슨 수로 말리겠는가? 분명히 말하는데 나는 피상담인들에
게 이런 사례를 수없이 들었다! 당신은 뭐든지 투명하게 하고 싶은 사
람이기 때문에, 입을 다물고 속내를 감추는 법을 일부러 좀 배워야 한
다. 그건 아주 좋은 일이다. 성숙한 어른은 자기 얘기를 아무에게나 하
지 않는다. 신중을 기하고 조심하는 법은 다른 상황들에서도 도움이
된다. 마지막으로, 아주 중요한 문제가 남아 있다. 당신이 꿈쩍하지 않
으면 상대는 아이를 이런저런 질문들로 괴롭힐 것이다. 그렇기 때문
에 당신은 아이 앞에서도 입조심을 해야 한다. "엄마, 엄마, 우리 이번
여름에 어디 가요?" 아이가 자꾸 묻거든 전 배우자가 아이들을 조종
하는 게 아닌지 확인하라. 아이에게도 대략적으로만 말해두라. "음, 아
직 결정을 못 했어. 바닷가로 가지 않을까? 엄마도 아직 정확히는 모
르겠어. 가보고 싶은 데가 너무 많거든!" 내가 아이들과의 소통을 다
룬 전작에서도 지적했듯이 요즘 부모들은 아이에게 너무 자기 속을
털어놓고, 부모가 내릴 결정에 아이들을 끌어들이고, 아이가 몰라도
되는 정보를 너무 많이 제공한다. 어떤 결정들, 특히 아이와 직결된 사

안을 결정할 때에는 아이 의견을 물어야 하지만 결정권은 당신에게 있다. 당신이 필요치 않은 말을 삼가고 부모로서 결정 내리는 법을 배우면 아이들은 아이답게 살 권리, 어린이에게 불필요한 걱정 없이 살 권리를 오히려 더 잘 누릴 수 있다. 심리조종자가 무시하는 것이 바로 이 권리이므로 당신만이라도 최선을 다해 이 권리를 지켜줘야 한다!

아이에게는 이렇게 대답하라고 가르쳐주자. "전 몰라요, 엄마(아빠)에게 물어보세요!" 아이가 거짓말을 하는 게 아니라 정말로 모르고 있어야만 이 말에 힘이 있다.

이 선은 넘어오지 마

여러분은 이제 자기 자신을 지키고 존중받을 수 있다. 심리조종자에게 최소한의 예의를 요구하라. "안녕." "잘 가." "고마워." 빤한 인사치레라도 생략하지 말라. 상대가 욕을 하고 성질을 부리더라도 침착하고 예의 바르게 행동하라. 그래도 계속 난리를 친다면 전화를 끊든가 즉시 자리를 뜬다. 당신은 그 사람에게서 완전히 벗어나야 한다. 그 사람의 행동 패턴을 읽어야 하고, 두 번 다시 물렁하게 나가면 안 된다. 그 사람에게만큼은 융통성 없이 굴어라. 꼴이 되게 우스워질 수도 있다. 아무것도 그냥 넘기지 마라. 대화는 필요 없고 타협도 없다. 그 사람 도움은 받을 생각도 마라. 도움은커녕, 발목만 잡힌다! 가급적 매사에 보안을 철저히 하고 중요한 일을 쓸데없이 누설하지 말라. 늘 계획이 어그러질 경우를 대비해 차선을 생각해두라. 사생활이나 여행 계획을 그 사람에게 밝히지 말라. "당신은 알 거 없어"라고 딱 잘라 말하는 쾌감을 즐겨보라. 당신이 무엇을 마음에 두고 있는지, 특히 무엇에 상처받는지 들켜서는 안 된다. 그 대신, (법적인 한도 내에서는) 그 사람 결정에 당신이 맞춰준다는 인상을 줘야 한다. 심리조종자는 피해자가 스트레스를 받을 때 잠잠해진다. 당신이 침착하게 자기 페이스대로 나가면 상대는 성질을 부릴 것이다. 그가 분노발작을 일으킬 때마다 당신은 '내가 이제 이만큼이나 내 주장을 하게 됐구나' 하고 생각해도 좋다. 그가 분노에 찬 눈으로 쏘아보고 깽판을 친다면 제대로 대응한 거다.

어떤 피해자들은 어차피 심리조종자는 갈등과 불화 없이는 못 사는 인간이기 때문에 적당히 그 욕구를 풀어줘야 하는 것 같다고 말한다. 그래서 이 피해자들은 심리조종자가 부차적인 사안, 가령 일정표나 빨랫감 따위로 말다툼을 하면서 그 욕구를 풀게 내버려두되 정말로 중요한 사안, 교육 문제나 학교 선택, 과외활동 선택 같은 결정에 집중한다. 심리조종자는 덩치만 큰 어린애답게 이 수에 걸려든다. 싸움 건수를 찾아서 기쁜 나머지 아이를 일부러 늦게 데려가거나 아이 물건을 분실하는 등의 자질구레한 말썽만 부리고 정말 중요한 결정은 전 배우자에게 맡긴다. 이 수법은 감탄스럽다. 나라면 그렇게 할 수 없을 것 같다! 어쨌든, 큰 싸움 없이 지내는 방법으로는 효과적이다. 그러니 당신도 그렇게 할 수 있겠다 싶거든…….

끝으로, 지금까지 기술한 방법들을 다 실천에 옮겼다면 이제 놓아버릴 줄도 알아야 한다. 심리조종자는 어차피 안 변한다. 이러든 저러든 온갖 비열하고 쩨쩨한 짓거리를 보게 될 테니 각오해라. 막을 수 있는 부분을 다 막고 취할 수 있는 대비책을 다 취했으면 나머지는 운명에 맡기는 수밖에 없다. 답이 없으면 애당초 문제로 삼고 매달릴 수도 없다.

모든 아이는
행복한 어린 시절을
보내야 한다

• • •

심리조종자는 때와 장소와 상대를 가리지 않는다. 따라서 심리조종자는 반드시 자기 자식들도 조종하려 든다. 나는 '남편으로는 글러먹었지만 아이들에겐 좋은 아빠'라는 주장이 왜 이리 잘 먹히는지 의아할 때가 있다(게다가 아빠와 엄마는 적용 기준 자체가 다르기 때문에 '아내로서는 치가 떨리는 여자지만 아이들에겐 좋은 엄마'라는 주장은 좀체 나오지 않는다!). 좋은 아빠가 지녀야 할 첫째 덕목은 아이 엄마를 존중하는 자세다.

심리조종자는 이혼 후에도 전 배우자를 일부러 괴롭히려고 아이를 도구로 삼는다. 이미 여러 사례를 통해 그들이 얼마나 지독한 짓까지 할 수 있는지 보았으리라. 아이들에게 자외선 차단제를 발라주지 않아 일광 화상을 입게 하고, 사춘기 딸아이에게 저질스러운 문자를 보내는 일도 개의치 않는다. 그들은 아이들이 자기 입으로 교대 양육을 요청하게끔 사주한다. 그렇게 하면 교대 양육권을 얻어낼 확률도 높아지고, 전 배우자가 자식들에게 상처받는 모습을 지켜보며 희희낙락할 수 있으니 일석이조다. 이혼 가정 자녀들은 부모에 대한 신의 문제로 갈등을 겪을 때가 많다. 그런데 심리조종자인 부모는 단순히 신의를 걸고넘어지지 않는다. 아이가 심리조종자 부모와의 관계를 유지하려면 다른 부모를 미워해야만 한다.

아이를 조종하는 수법은 단순하다. 아이가 자기 말을 믿게 만들면 그걸로 끝이다. 아빠(엄마)는 널 이렇게 사랑하는데 사는 게 참 힘들다, 네 엄마(아빠)는 아무 짝에도 쓸모없고 못된 사람이다, 우리 가족이 이렇게 된 건 다 네 엄마(아빠) 때문이다. 아이는 이런 압박과 공갈에 자주 노출되면서 결국 세뇌당한다. 애정을 미끼로 한 협박, 정신적 외상을 남길 만한 난리판, 잠재의식을 건드리는 메시지가 선전 공세 속에서 끊임없이 이어진다. "내가 널 위해 어떻게 살아왔는지 봐! 이것 봐! 이것 보라고! 내가 널 어떻게 키웠는데! 네 어미(아비)라는 사람은 뭘 했는데? 돈도 못 버는 주제에……."

마티스는 철학자가 되고 싶은 일곱 살 소년이다. 아이는 어깨를 으쓱하더니 엄마에게 이렇게 말했단다. "내가 아빠에게 진짜 내 생각을 말하면 아빠는 내가 그 말을 취소할 때까지 들들 볶고 못살게 굴어요. 나는 아빠랑 편안하게 지내고 싶으니까 아빠가 듣고 싶어 하는 말을 해줄 수밖에 없어요." 하지만 마티스는 마음에 찔린다는 듯이 이 말도 덧붙였다. "나는요, 엄마 집에서 지내는 게 별로라고 아빠에게 말해요. 아빠는 내가 그런 말을 해야 좋아하거든요. 하지만 엄마는 알죠? 사실이 아니라는 거!"

심리조종자 부모는 객관적으로도 자녀들에게 해롭다. 심리조종이란, 사실 지속되는 정신적 강간이나 다름없다. 이 강간은 재판으로 입증하고 처벌하기 어렵다. 하지만 배우자만은 이게 어떤 건지 잘 안다. 그러므로 배우자만이 손을 쓸 수 있다. 무엇보다도, 최선을 다해 양육권을 완전히 가져오라. 아이들이 심리조종자 부모하고만 지내는 동안 당신이 뭘 할 수 있을까? 다음 장에서 몇 가지를 제안해보겠다.

신격화된 부모를 끌어내려라

환상을 북돋지 말 것

아이가 자기를 학대하는 부모를 신격화하는 일이 없게 하려면 일단 당신부터 그 사람을 신처럼 떠받들고 두려워하는 자세를 집어치워라! 심리 지배에서 벗어나지 못한 피해자 입장 부모는 자기도 모르게 아이에게 잘못된 믿음을 심어준다. 어쨌든 애들 아빠의 결점은 감싸주어야 한다는 생각에서, 혹은 너무 가혹한 현실에서 아이를 보호하기 위해서, 그게 아니면 아이의 환상을 깨고 싶지 않아서, 많은 엄마들이 가상 아빠를 만들어낸다. 가상 아빠는 엄마들이 둘러대는 이야기 속에만 존재하는 홀로그램 비슷하다. 나는 이러한 이상화가 엄마들 자신이 현실을 직시하지 않으려는 수작이라고 생각한다. 장밋빛 안경, 머리를 흙 속에 처박은 타조 흉내다.

이제 나는 이러한 환상의 풍선들을 하나하나 집어내어 핀으로 터뜨리는 데 재미를 붙였다. 풍선이 터지고 바람이 빠질수록 피상담인은 불편해하는 기색이 역력해진다.

"네, 맞아요, 그렇지만 애 아빠가 꽤 유명한 록 가수인 걸요. 이해해야죠."

"아, 그래요? 앨범도 냈어요?"

"아뇨, 그런 건 아니지만……."

"음악 활동만으로 먹고사나요?"

"아뇨, 다른 일도 하죠. 요리사로 일하고 있어요."

"콘서트도 해요?"

"그럼요, 아, 지금은 별로 안 해요. 밴드 멤버들하고 결별했기 때문에……."

"그럼 '별로'가 아니라 이제 전혀 안 하겠네요! 곡을 쓰나요? 가사를 쓰나요? 싱어 송 라이터인가요?"

"아뇨, 노래만 불러요."

"직업 가수가 될 만큼 실력을 갈고닦았나요? 노래 연습은 해요? 악기는 하루 몇 시간이나 만진대요?"

"음, 그 사람도 연습은 해요……. 많이 한다고 할 순 없지만, 가끔 저녁에 기타를 치곤 해요."

자, 이것이 '꽤 유명한 록 가수'의 실상이다. 그는 소싯적에 기타 좀 만지작거리고 친구들과 음악 한답시고 어울려 다니다가 이제는 그들과도 사이가 틀어진, 자기가 아직도 청소년인 줄 아는 성인 남성일 뿐이다. 이 엄마는 딸에게 "아빠는 꽤 유명한 록 가수야"라고 말하면서 누구를 속이고 싶은 걸까?

니콜은 전남편이 '언제나 고급 식당에 데려가주는 세련된 남자'였다고 말했다. 심리조종자들을 잘 아는 나로서는 이 말이 처음부터 의심스러웠다. 나는 니콜에게 남편과 갔던 장소들을 나열해보라고 했다. 그녀는 내 요구에 당황하면서 발뺌을 하다가 마지못해 사실을 털어놓았다. 니콜은 6년간 결혼 생활을 하면서 이름난 식당에 딱 네 번 가봤다. 그 식당들도 그렇게까지 고급스러운 곳은 아니었으며 네 번 중 한 번은 니콜이 전남편을 위해 마련한 자리였다(따라서 계산도 그녀가 했다……). 6년 동안 세 번, 즉 2년에 한 번이 '언제나'로 둔갑하다니!

남편에게 정신적으로 지배당하는 아내는 남편을 살아 있는 신처럼 모실 뿐 아니라 자기가 쓸모없는 여자라는 주장마저 인정한다. 사실 너무 오랫동안 자기 가치를 폄하당하면서 살았기 때문에 자신도 모르게 남편의 비판을 암묵적으로 받아들이고 있기 십상이다. 그녀는 스스로 잘하는 게 하나도 없다고 생각한다. 이 때문에 아이도 똑같은 생각을 하게 된다. 한편, 아내에게 정신적으로 지배당하는 남편도 자존감 치료가 시급하다. 부모 중 한쪽은 자기를 학대하고 다른 한쪽은 무능하기 짝이 없는데 아이가 어떻게 잘 지낼 수 있겠는가? 그 아이는 어느 부모를 본보기로 삼아야 하나? 아이에게는 보호가 필요하다. 따라서 아이가 무능하고 약한 부모보다는 못됐지만 힘 있는 부모 편에 붙을 공산이 크다. 이 때문에 아이들조차 심리조종 피해자 입장 부모를 거부하곤 한다. 부모 소외 증후군은 주로 이런 상황에서 생긴다. 당신의 아이는 건전하고 건실한 부모를 최소한 한 명만이라도 보고 자랄 권리가 있다. 적어도 한쪽 부모만이라도 아이가 의지할 수 있고 안심할 수 있는 사람, 본보기로 삼을 만한 사람이어야 한다.

피해자 입장 부모들은 정신 차리고 빠릿빠릿하게 움직여야 한다! 현실을 자각하면 괴롭겠지만 아빠는 훌륭한데 엄마는 보잘것없는 사람이라는(혹은 그 반대의) 환상을 아이에게 심어주는 것이야말로 엄청난 사기극이라는 사실을 깨닫기 바란다.

아이들에게는 자기 부모가 정말로, 객관적으로 어떤 사람들인지 알 권리가 있다.

대신 변명해주지 말 것

그래, 부모라는 사람이 애들에게 관심도 없다가 자기 이미지를 관리해야 할 때에만 자상한 척한다고 생각하면 짜증나고 괴로울 것이다. 그래, 그 사람이 당신을 못살게 굴기 위해서라면 애들을 도구 삼거나 괴롭힐 수도 있다는 생각에 무섭기도 하고 이해도 안 갈 것이다. 하지만 이 생각을 부정하거나 간과하거나 그 사람 입장에서 변명거리를 찾아준다면 당신에겐 마이너스다. 그건 그 사람의 잘못된 소행을 덮어주고 아이들의 죄의식을 조장하는 일밖에 안 된다. 당신은 이미 그 사람과의 관계 초기에 그 사람과 그 사람 이미지를 반드시 보호하기로 암묵적 계약을 맺었다. 그는 분노발작과 해코지로 어떤 상황에서든 당신이 이 계약을 준수하게끔 조련해왔다. 이제 당신이 이 자동 과정에서 벗어날 때다. 수많은 피해자들이 이러한 프로그래밍을 거쳤기 때문에 가해자들의 실상을 까발리면 오히려 자신들이 더 불편해한다. 그들은 심리조종자의 이미지를 관리해주는 습관이 들어 있다. 하지만 심리조종자들을 대신 변명해준다면, 어떤 상황에서나 정당하지 못한 것을 정당화하고 용인할 수 없는 것을 옹호하는 꼴이다.

아니는 이혼한 지 3년이 됐는데도 전남편을 감싸는 발언을 곧잘 한다. 아이들은 다 컸지만 아직도 전남편과 한 집에 살면서 살림을 도맡고 있었다. 스물네 살인 딸이 아빠가 집안일에 손 하나 까딱하지 않는다고 불평하자 아니는 이렇게 말했다. "네 아빠는 우울증이 기본적으로 있어. 그래서 그런 거야." 듣고 있던 내가 발끈했다. "어머님, 전남편분은 그냥 게으른 거예요. 자기 할 일을 늘 남에게 시키는 타입이죠. 어머님이 누구보다 잘 아시잖아요? 우울증이면 치료를 받아야죠. 지금 어머님은 따님이 문제를 파악하도록 돕기는커녕 따님의 죄책감을 건드리고 계십니다."

바스티앵은 열다섯 살이다. 아빠는 바스티앵에게 고래고래 소리를 지르고 욕을 퍼부었다. 그런데 바스티앵의 엄마 프랑수아즈는 아들에게 이런 말밖에 해주지 않았다. "네가 이해하렴. 아빠가 어릴 때 너무 힘들게 살아서 그래. 아빠도 자기 아빠랑 사이가 무척 나빴거든." 아니, 그러면 더욱더 바스티앵이 가장 이해받아야 할 사람 아닌가? 이 소년도 지금 사는 게 너무 힘들고 아빠와의 관계는 엉망진창이니 말이다. 프랑수아즈의 말은 아들이 겪는 고통을 부정하고 다음과 같은 메시지를 전하는 것밖에 안 된다. '네 아빠만 힘들어. 엄마는 네 아빠만 불쌍하단다.'

사실을 바로잡을 것

"그럼 어떡하라고요?" 피해자 입장 부모들이 탄식한다. 변태성격자들은 '아버지의 이미지를 훼손해선 안 된다'라는 심리적 원칙을 아무 데서나, 특히 법정에서 자기 입맛대로 써먹을 줄 안다! 아버지의 이미지를 훼손하다니, 범죄나 다름없다! 게다가 실제로 범죄로 취급되어 가고 있다. 이혼한 엄마들이 아빠 집에 가라고 아이 등을 떠밀지 않으면 아버지의 권리를 침해했다는 죄목으로 실형까지 받을 수 있는 세상이다.

많은 엄마들이 그래도 아이들 아빠 이미지를 지켜줘야 한다는 생각에 발목이 잡혀 저쪽에서 자기를 공격하고 비방하는데도 속수무책으로 당한다. 그래서는 심리조종자의 잘못된 소행을 묵인하는 꼴밖에 되지 않는다. 심리조종자 여성과 이혼한 남성들에게는 곤란한 점이 하나 더 있다. 사실, 남자가 여자 흉을 본다는 것 자체가 신사적으로 여겨지지 않는다. 한때 가정을 함께 꾸렸던 여자라면 더욱더 못할 노릇이다. 그래서 여자가 별의별 말도 안 되는 트집을 잡고 비난을 퍼붓는 상황에서 건실한 남자가 자기 변론을 매끄럽게 펼치기란 아주 어렵다. 자기도 상대를 욕할 순 없으니 구차한 변명이 길어지고, 그래서 일단 자기가 잘못했다는 전제를 깔고 하는 말처럼 들린다. 변명은 역효과다. 게다가 가해자가 분명한데 피해자가 변명만 하면 판단은 아이 몫으로 돌아간다. 갈등의 중심에 있는 아이에게 피해자, 가해자를 판별해달라고 하는 셈이니 얼마나 못 할 짓인가.

그렇지만 아이 앞에서 다른 부모를 비판하는 것도 못 할 짓이다. 이게 얼마나 폭력적인 일인지 실감하고 싶거든, 당신이 우러러보는 성인聖人이나 정치인이나 연예인을 누군가가 당신 앞에서 깔아뭉개고 조롱한다고 상상해보라. 상상만 해도 거북하지 않은가? 다 큰 어른에게도 그렇게 괴로운 일이다. 아이가 면전에서 부모 욕을 들을 때의 괴로움은 그 백배, 천배라고 생각하면 된다. 심리조종자 부모를 둔 아이는 이런 괴로움을 일상적으로 겪어왔다. 그런데 그나마 자기를 편하게 해주던 부모마저 다른 부모를 욕하고 비난하기 시작하면 그때의 괴로움은 이루 말할 수가 없다. 정상적인 부모는 그 점을 알기 때문에 이혼한 배우자가 자기를 욕하는 줄 알면서도 아이 앞에서는 항상 꾹 참는다.

정리해보자. 부모가 잘못을 저질러도 부모의 이미지를 훼손하면 안 되니 잘못을 눈감아주게 된다. 잘못을 눈감아줄 수 없어 상대를 비판하면 아이에게 크나큰 상처를 주게 된다. 게다가 변명은 오히려 불리하게 작용한다. 이 딜레마에서 어떻게 벗어날까? 간단하다. 사람과 행위를 구별하기만 하면 된다. 자, 다음 문장들에 어떤 차이가 있는지 생각해보자.

- 네 아빠는 거짓말쟁이야!
- 네 아빠가 거짓말을 했어.
- 네 아빠가 한 말은 사실이 아니야.

그 사람의 정체성 자체를 공격하지 말아야 한다. 그 사람이 실제로 한 행위와 객관적 사실만 다루되, 잘못된 부분은 잘못됐다고 과감하게 지적하라. 애매하게 돌려 말하지 말고, 진실을 바로잡는다. 지적은 사실에 근거를 둘수록 좋다. 만약 아이가 "아빠가 엄마는 나쁘댔어요. 엄마가 아빠 돈을 뜯어가려고 한대요"라고 하거든 부들부들 떨지 말고 최대한 차분하게, 가능하면 재미있다는 듯이 웃으면서 이렇게 대꾸해주자. "그건 네 아빠 생각일 뿐이야. 사실은 그렇지 않단다. 엄마는 나쁜 사람 아니야. 너도 잘 알면서! 그리고 엄마는 아빠 돈을 뜯어낼 생각이 없어. 엄마 아빠가 돈을 어떻게 나눠 가져야 하는지는 판사님이 결정한 거란다."

빅토르는 열한 살이다. 빅토르는 엄마 집에서 스트레스를 잔뜩 받고 돌아왔다. 아이는 집에 오자마자 아빠를 붙잡고 엄마가 일방적으로 내린 결정을 전달하면서 씩씩거렸다. 아빠는 웃으면서 아들을 달랬다. "잠깐, 잠깐! 빅토르, 아빠 말 좀 들어봐. 아빠랑 엄마가 같이 살 때 우리 집은 항상 엄마 의견대로 돌아갔지. 하지만 이제 아빠랑 엄마가 이혼했으니 아빠 의견도 낼 수 있어! 게다가 너도 너의 의견을 내놓을 권리가 있어! 그러니까 엄마 의견이 그렇더라도 우리가 다시 차분하게 생각해보고 결정해도 된단다."

필요하다면 그때그때 차분하게, 두려움 없이 말해주자. 그건 사실이 아니야, 네 아빠 생각은 그렇지만 그게 누구나 받아들여야 하는 진리는 아니야, 엄마는 아빠의 그런 생각(혹은 행동)이 싫어서 이혼한 거란다, 엄마는 그렇게 생각하지 않아, 엄마 생각은 좀 달라, 꼭 그렇게 행동하지 않아도 된단다, 기타 등등. 일반적 입장(엄마, 아빠, 남편, 아내, 부부, 교육 등등)을 대변할수록 좋다. 사람 자체는 흉보지 말되 부모라는 개념을 두고 지적할 건 지적하라. 심리 지배에서 벗어나 자기통제self-control를 되찾은 사람은 어렵잖게 그리할 수 있다. 조금만 거리를 두고 훈련한다면 이런 말이 거의 저절로 튀어나올 것이다. 그렇기 때문에 피해자 입장 부모가 자녀들을 도우려면 이런 자기계발에 투자할 필요가 있다. 앞으로 일어날 일들에 맞서기 위해서라도 자기 자신을 다잡아야 한다.

사기꾼의 공범 노릇을 끝낼 것

심리조종자 부모는 사기꾼이다. 부모라는 지위를 차지했지만 부모 역할은 하지 않는다. 부모 자격도 없고 아이를 건실하게 사랑해주지도 않는다. 아이가 잘되든 말든, 관심이 없다. 그 사람은 자기 이미지, 몇 년이고 음미할 자신의 복수가 제일 중요하다. 앞에서 우리는 심리조종 피해자가 이혼을 요구함으로써 가해자에게 크나큰 죄를 몇 겹으로 짓게 된다는 것을 보았다.

- **죄목 1**: 감히 심리조종자의 전능함에 타격을 입혔다.
- **죄목 2**: 반드시 보호해야 할 유일한 것, 즉 그의 이미지를 손상시켰다. 이혼남·이혼녀라는 딱지는 흠잡을 데 없는 배우자이자 부모라는 이미지를 망친다. 심리조종자가 주위 사람들에게, 심지어 자기 가족에게도 별거 사실을 알리지 않는 이유가 여기에 있다. 그리고 또 하나 이유가 있다면, 본인이 그 사실을 믿고 싶지 않은 것이다.
- **죄목 3**: 부모로서의 전능이 심리조종자의 유치한 전능을 제압할 소지가 있다.
- **죄목 4**: 먹잇감 주제에 감히 자유롭고 행복하게 살 권리를 요구하고 나섰다.
- **죄목 5**: 피해자 입장 부모와 아이들이 자유로이 애정을 주고받을 위험이 있다. 심리조종자는 그렇게 정겹고 살가운 광경을 눈꼴시어한다.
- **죄목 6, 7, 8⋯⋯**: 그는 단지 소소한 사람 냄새 나는 증거들을 참지 못한다.

아이에게 자상해 보이는 부모가 실상은 분노와 미움으로 똘똘 뭉쳐 있을 수도 있다. 나머지 모든 것이 복수심을 위장하고 있을 뿐이다. 이 냉랭하고 미움 많은 부모가 진짜 부모다운 부모, 사랑을 줄 수 있는 부모라는 믿음을 아이에게 심어주는 것이야말로 지독한 사기다. '모든' 부모가 자식을 사랑하는 것은 아니다. 부모가 당연히 자식을 사랑한다는 통념은 거짓이다. 변태성격자 부모는 정이 없다. 그런 사람은 자기 자식도, 세상 그 누구도 진심으로 사랑하지 않는다.

스무 살 여대생과 그 어머니가 함께 상담을 받으러 왔다. 딸은 사는 게 괴롭고 학업에도 집중할 수가 없다고 했다. 상담 과정에서 이 딸이 격주로 주말마다 아버지 집에서 지내는데 그때마다 아버지에게 심한 욕을 듣는다는 사실을 알게 되었다. 아니, 그렇다면 당연히 사는 게 괴롭지 않겠는가! 나는 별 뜻 없이 이렇게 물었다. "왜 따님이 계속 아버지 집에 가야 하죠?" 어머니가 약간 거북해하며 대답했다. "양육비 때문에요." 그래서 나는 양육비 지급 조건은 자녀의 방문과 별개라고 설명했다. 자녀가 주말마다 가서 욕보고 오지 않더라도 아버지는 양육비를 지급할 수밖에 없다. 어머니가 재빨리 변명했다. "그래도 애 아빠잖아요. 그 사람도 자기 나름대로는 딸을 사랑하는 거예요!" 자기 나름의 방식? 욕을 퍼붓는 게? 여러분도 이런 말을 들어보았을 것이다. '사랑은 없다. 사랑의 증거가 있을 뿐.' 나는 모녀에게 아버지가 딸을 사랑한다는 확고한 증거를 대보라고 했다. 둘은 한참을 우물쭈물했다. 마침내 딸이 한마디 뱉었다. "옛날에 썰매를 타다 다친 적이 있어요. 그때 아빠가 병원에 데리고 가줬죠!" 나는 그녀에게 분명히 말해 줘야만 했다. 길을 가다가 다친 사람을 발견한다 치자. 내가 전혀 모르는 사람일지라도 그럴 수밖에 없는 상황이라면(구급차가 오지 않는다든가) 병원에 데려다주리라. 그런 행위가 내가 그 사람을 사랑한다는 증거는 되지 않는다. 모녀는 아버지가 진심으로 딸을 사랑한다는 증거를 찾지 못했다. 하지만 어머니 쪽은 점점 더 상담 자리가 불편해지는 눈치였다. 딸이 당장 다음 주부터 아버지한테 가지 않으면 어쩌나 겁이 났던 것이다. 전남편의 욕받이로 살다가 이혼을 하면서 그 역할이 암묵적으로 딸에게 넘어갔던 모양이다. 그래서 전남편이 분풀이 대상을 잃었을 때 어떤 식으로 나올지 두려웠을 것이다.

나는 추워서 몸이 으슬으슬 떨리는데 난방장치에는 아무 이상이 없다고 하면 '내가 어디가 아픈가?'라는 생각이 먼저 들 것이다. 반면, 난방장치가 고장 났다고 하면 추운 게 당연하다 생각하고 따뜻한 곳을 찾아 나설 것이다. 심리조종자 밑에서 자라는 아이들도 이와 비슷한 상황에 처해 있다. 모두들 아무 문제도 없다고 말하는데 아이는 추워서 죽을 것 같다. 심리조종자를 부모로 둔 사람은 오랫동안 — 심지어 심리치료를 받더라도 이 기만이 까발려지지 않는 한 — 괴로워하고 자책한다. 왜 나는 이렇게 뼛속까지 시린가, 왜 나는 사랑을 느끼지 못했을까……. 사랑이 없는 데서 뭘 찾고 느낀단 말인가. 그렇기 때문에 나는 아이들이 심리조종자 부모의 무정함을 알 권리가 있다고 주장한다. 나도 이게 가혹한 주장인 줄은 안다. 그렇지만 아이들도 이미 다 안다. 어른들 때문에 자기 느낌을 인정하고 사실로 확인할 수 없어서 그렇지, 아이들은 모르지 않는다. 최근에 가수 세르주 라마가 인터뷰에서 이런 말을 했다. 일곱 살 때 엄마가 자신의 사랑을 원치 않는다는 것을 알았기 때문에 자기도 엄마를 사랑하지 않기로 했다고. 아이들의 통찰력이란!

　사랑이 없는 줄 알면서 사랑이 있다고 말해선 안 된다. 나는 부모가 무정한 사람이라는 사실을 아이가 웬만큼 알아두는 것이 중요하다고 생각한다. 그렇지 않으면 아이는 자기가 사랑받을 자격이 없어서 그런 줄 알 테니까. 아이가 문제가 아니라 정 없는 부모가 부모 노릇을 못해서 문제다. 그냥 이렇게 말해도 좋다. "너희 아빠는 문제가 좀 있어서 사람을 사랑하는 게 힘들어. 본인은 사랑한다고 생각하지만 사실은 사랑할 줄 몰라. 객관적으로, 그런 건 사랑이 아니잖아." 청소년 자녀에게는 농담 삼아 이렇게 말할 수도 있겠다. "네 아빠는 '부모' 소프트웨어가 설치되어 있지 않은 사람이야. 그러니까 아빠를 아빠답게 만들려고 애써봤자 소용없어." 아이가 몇 살이든, 심리조종자 밑에서 자라는 아이에게는 차라리 이런 말이 훨씬 위안이 된다. 자기도 늘 느끼고 있었지만 부모는 당연히 자식을 사랑한다는 생각에 가로막혀 있다가 비로소 숨통이 트이는 것이다.

　코랄리는 아빠 집에서 울면서 돌아왔다. 성적이 많이 올랐는데도 아빠는 칭찬은커녕 트집을 잡고 아이의 발전을 하찮게 여겼다. 또 코랄리를 우수한 학생으로 인정하지 않았고 놀리기까지 했다. 코랄리는 자기가 뭘 하든 어차피 아빠가 만족하지 않으리라는 사실을 깨달아야 한다. 눈 딱 감고 그 아이에게 말해줘야 한다. "네 아빠는 칭찬도 할 줄 모르고 고맙다는 말도 할 줄 몰라. 누구를 상대하든 그래. 너한테도 다른 사람들 대할 때랑 똑같이 행동할 테지. 아빠한테 인정받겠다는 생각을 버려. 아빠는 너를 칭찬할 수가 없는 사람이야. 네 모습 그대로 이해받겠다고 노력해봤자 벽에다 박치기하는 것밖에 안 돼. 알겠니? 아프기만 하고 소득은 없다고." 혹은, 비유를 써서 이야기해도 좋겠다. "만약 네 아빠가 장님이라면 네가 머리 모양을 바꿔봤자 아빠는 모를 거야. 아빠는 인간관계에 있어서 약간 장님 같은 사람이랄까, 남들이 어떻게 느끼고 생각하는지를 잘 몰라." 혹은, 그냥 이렇게만 말해주자. "네 아빠는 다른 사람들의 장점을 볼 수가 없단다. 일종의 색맹 같은 거지."

피해자 입장 부모는 일부러 더 '너희 아빠', '너희 엄마'를 입에 달고 사는 경향이 있다. 그렇게 해서라도 존재감 없는 부모를 아이가 살갑게 느끼게 하려는 절망적인 시도인 줄은 안다. 하지만 그런 시도도 기만이다. 심리조종자 아버지, 변태성격자 어머니는 결코 살가운 아빠 엄마가 아니다. 자식들을 속이지 마라. 옆에 있어주지도 않는 '아빠' 혹은 '엄마'의 존재감을 작위적으로 꾸며내서는 안 된다. 그런 건 사기다. 정말로 아빠나 엄마 얘기를 해야 할 때만 제대로 하면 된다.

우리 사회에서 피해갈 수 없는 선입견 중에는 아이가 어떤 상황에서든, 무슨 일이 있든, 어떤 대가를 치르든, 아빠 엄마를 모두 필요로 한다는 생각도 있다. 물론 아빠 엄마가 정신적으로 건강한 사람들이라면 이혼 후에도 아이가 양쪽 부모를 수시로 만나 따뜻한 정을 나누는 것이 바람직하다. 하지만 부모 중 한쪽이 유해한 영향을 끼친다면? 아이가 파괴적인 부모를 꼭 수시로 접촉하면서 자라야 할까? 부모 자식이 서로 만나고 살아야 한다는 이 선입견과 친부에게 강간당한 소녀가 수감 중인 아버지 면회를 가야 한다는 주장은 한 끗 차이다. 무슨 논리로? 자기를 못난이, 쓸모없는 놈 취급하는 부모를 규칙적으로 대면하면서 어떻게 아이가 자신감을 갖겠나?

일부 소아정신과 의사들은 삐뚤어진 부모라도 아이가 직접 부딪히면서 부모에게 이의를 제기하고 자기주장을 펼치는 법을 배워야 한다고 말한다. 실제로 오히려 피해자 입장 부모보다 더 빨리 지배 관계에서 빠져나와 객관적인 시각을 갖고 가해자 입장 부모를 상대할 줄 아는 아이들도 있다. 하지만 그렇게 심리조종자 부모 밑에서도 '잘 자라는' 아이들은 매우 드물다. 대부분의 아이들은 — 피해자 입장 부모가 이혼하기 전에 그랬듯이 — 분풀이 대상으로 전락한다. 어른도 못 하는 일을 어떻게 아이에게 요구하나? 아무도, 정상 부모 한쪽도, 주위 사람들도, 심지어 법원과 경찰마저도 심리조종자를 제압하지 못하는데 어떻게 어린애가 그렇게 알아서 잘해내기를 바랄 수 있나?

파괴적인 부모를 그래도 만나야 할 이유는 단 하나, 못된 부모를 오랫동안 못 봤다는 이유로 이상화할 위험이 있기 때문이다. 아이가 '최소한의' 가벼운 학대를 받아봐야 그 부모의 본성을 잊지 않을 것이다. 다른 이유로는 부모의 아동 학대를 결코 허용할 수 없다. 꼭 폭력이 자행되지 않더라도, 위험한 사람들은 아이들에게서 멀리 떼어놓을수록 좋다. 남편의 본성을 알기 때문에 무슨 일이 있어도 교대 양육은 하지 않으려는 엄마들, 무책임하고 폭력적인 아빠 집에서 아이가 주말을 보낸다는 생각에 억장이 무너지는 엄마들이 있다. 이 엄마들은 아버지의 권리를 부정하는 것도, 엄마가 자식을 마음대로 할 수 있다고 생각하는 것도 아니다. 그들은 단지 엄마로서 자연스럽게 아이들을 보호하고 싶을 뿐이다. 그런데 지금 사회가 엄마의 가장 으뜸가는 사명을 방해하고 있다!

말썽꾼들은 미리 따끔하게 제재하라

피해자들의 인간적인 면모는 주로 불리하게 작용한다. 그들은 악의와 심술 앞에 속수무책이다. 왜 아이 아빠(엄마)가 아이가 잘되기를 바라지 않는지, 어떻게 부모라는 사람이 자식의 괴로움에 그토록 무감각한지 피해자들은 이해할 수가 없다. 잠시 화가 나서 그럴 거라고, 일단 진정시키고 보자고 생각한다. 피해자들은 모난 데를 깎아내고 이것저것 양보하면 불화가 사라질 줄 안다. 하지만 그들은 진즉에 알았어야 했다. 양보하고 내어줄수록 문제가 더 악화된다는 것을. 그 이유는 그들이 양보할 때마다 상대의 전능성 환상은 더 부풀어 오르기 때문이다. 심리조종자들은 심술 고약한 말썽쟁이들이기 때문에 누군가가 확실히 선을 그어줘야 한다. 때를 봐서 단호하게, 나아가 위압적으로 나가야 한다. "그만!" "이제 됐어!" "차분하게 굴어, 그게 당신에게도 좋을 거야!" 상담받던 여성 한 명이 이게 어렵지도 않고 효과가 좋은 방법이라는 것을 증명해주었다. 어느 주말, 남편이 약속이란 약속은 다 어기고 정나미 떨어지게 굴어서 그녀는 화가 머리끝까지 났다. 집으로 돌아오는 자동차 안에서 그녀가 전에 없이 따끔하게 말했더니 남편이 움찔했다. 남편이 운전대를 잡고서 되레 그녀 눈치를 보는 게 아닌가. 그녀는 나에게 이렇게 말했다. "그때가 2009년이에요. 남편에게 정색하고 강경하게 말한 건 처음이었는데 그 후로 우리 관계가 많이 달라졌어요. 그 사람도 나를 두려워한다는 걸 알게 됐고, 그 사람을 안심시키려고 애쓰지 않게 됐죠!"

그래서 피해자 입장 부모는 자기주장을 밀고나가는 요령, 융통성을 과감히 버리는 법을 배워야 한다. 피해자들은 본래 누구에게나 좋은 사람 소리를 듣고 싶어 하고 피차 득이 되게 협상을 하고 싶어 한다. 하지만 선택의 여지가 없다. 아이들을 보호하기 위해서는 각성해야 한다. 이건 전쟁이다!

아이들을 데려가고 데려올 때

이혼한 부부가 아이들을 인수인계하면서 일어날 수 있는 상황의 예를 들어보겠다. 가정법원 판사들과 이혼중재자들은 이런 상황을 자기 눈으로 볼 일이 없다. 얼마나 유치하고 기가 막히는 상황들이 있는지 그들은 상상조차 못 한다.

니콜라는 아이들을 전처 집에 데려다줄 때마다 요란하게 눈물을 보인다. 자기는 아직도 전처를 사랑한다고, 제발 다시 같이 살자고, 아이들 없이는 못 살겠다고 말이다. 8세, 5세, 3세인 세 아이도 이 장면을 고스란히 지켜본다. 아빠가 울면 아이들도 울면서 아빠 바짓가랑이를 잡고 엄마를 원망하는 말을 한다. 아이들을 데려다줄 때마다 이 코미디 아닌 코미디는 반복되었고 점점 더 괴이해졌다. 나탈리는 억지로 아이들을 아빠에게서 떼어내어 집으로 들여보내야 했고, 아빠가 돌아간 후에도 한참이나 아이들 울음소리를 들어야 했다. 그녀는 미칠 것 같았지만 어떻게 해야 할지 몰랐다.

간단하다. 흡혈귀들은 빛을 두려워한다. 어둠 속에서 이루어지는 심리조종도 빛을 두려워한다. 심리조종자는 자기 이미지를 신주 단지처럼 모시는 두 얼굴의 인간이다. 목격자가 있으면 심리조종자는 얌전해진다. 여기에 착안해서 아이들이 정신적으로 괴로워지는 상황들을 최소화할 수 있다. 나는 나탈리에게 아이들을 넘겨받을 때 항상 제삼자와 같이 있으라고 권유했다. 목격자의 존재는 당장 기적과 같은 효과를 일으켰다. 니콜라는 당황하더니 평소처럼 울고불고 하지 않고 떨떠름한 얼굴로 애들을 두고 갔다. 그는 화가 난 듯 서둘러 자리를 떴다. 그러자 아이들도 울지 않고 명랑하게 엄마에게 인사를 했다. 그날 저녁 나탈리는 전남편에게서 공격적인 이메일을 받았다. 아이가 전날부터 아팠는데 제삼자가 있어서 말을 못 했다나, 아이 병세가 심해진다면 그건 아이의 건강 상태를 알리기 힘든 상황을 만든 나탈리의 책임이라나. 코웃음이 절로 나는 얘기다. 자기가 언제는 아이들을 보내면서 건강 상태를 보고한 적이 있나? 그는 나탈리의 죄책감을 자극하느라 울고불고 할 시간은 있어도 아이들 얘기를 할 시간은 없었다.

아이들을 데려다주고 데려올 때마다 너무 힘들었다고, 보는 사람이 없을 때는 전남편이 사람을 말려죽일 듯 괴롭히는데 제삼자가 있으면 시치미를 뗀다고 하소연하는 엄마들을 많이 보았다. 그래서 나는 늘 친구, 가족, 이웃을 현장에 동석시키라고 조언한다. 이 방법은 기적처럼 잘 먹히지만 심리조종자들의 분노를 산다. 이건 반칙이야! 일부 심리조종자는 대놓고 다른 사람은 부르지 말라고 요구한다. 자기들 계획대로 안 되니까 심통이 나서 심지어 재판에서까지 그렇게 요구하는 사람들이 있다. 아이들을 데려다주고 데려올 때마다 제삼자를 동석시키려면 장기적으로 체계를 잡아야 하기 때문에 이만저만 어렵지 않다. 엘리자베트는 3년간 이 방법을 실천하고 이제 됐다 생각했다. 전남편은 이때만 기다렸다. 그녀가 참으로 오랜만에 혼자 전남편을 만나 아이들을 인계받던 날, 그는 고함과 욕설을 퍼붓고 그녀를 죽이겠다고 협박했다. 증인이 없으니 고소를 할 수도 없고 아이들에게 상처만 남았다. 경계를 흐트러뜨리지 말라. 학교에서, 혹은 육아 도우미 같은 제삼자를 통해서 아이들을 넘겨받는 게 이상적이다. 전남편(전처)이 당신 부모님을 좀 두려워한다면 모를까, 부모님을 매번 보내는 것은 삼가라. 까딱 잘못하면 연로하신 부모님이 험한 꼴을 보실 수도 있기 때문이다. 자동차로 아이들을 데려와야 한다면, 카풀을 교묘하게 이용해도 좋다. 제삼자를 태우고 오면 오히려 분위기가 유쾌해질 것이다.

로랑스는 자기 상황에 맞는 요령을 찾아냈다. 그녀는 파리에서 학교를 다니면서 주말마다 집에 내려가는 여학생을 한 명 알게 됐다. 마침 그 학생 본가가 전남편이 거주하는 도시에 있었다. 주말에는 전남편이 아이들을 돌보게 되어 있었다. 로랑스는 여학생에게 자기가 앞으로 열차 승차권 비용을 맡을 테니 일요일에 파리로 올라올 때마다 전남편에게 아이들을 넘겨받아 데리고 와달라고 부탁했다. 물론 로랑스의 전남편은 이 근사한 묘안에 분통을 터뜨렸을 것이다.

전 배우자가 당신 집까지 아이들을 데려와야 한다면 절대 그 사람을 집 안으로는 들이지 마라. 그에게는 커피 한 잔도 권하지 말라! 정상적인 부모끼리는 그래도 좋지만 상대가 심리조종자라면 방심은 금물이다. 피해자들은 가볍게 호의를 베풀었다가 금세 땅을 치고 후회한다. 심리조종자는 뻔뻔하게 자리를 잡고 저녁 내내 퍼질러 앉아 있을 것이다. 게다가 당신 살림살이를 염탐하고 물건이나 서류를 뒤지거나 몰래 들고 간다. 소피는 전남편이 전기그릴을 들고 가는 모습을 보고 지금 뭐하는 거냐고 따졌다. 전남편은 신경질을 냈다. "뭐가? 지난번에 친구들을 초대했는데(친구들? 이 사람에게 친구가 있다고?) 당신한테서 이 그림을 받아올걸 그랬다 싶었어!" 그는 당신 집에서 당신이 자기 없이도 잘 살고 있다는 증거들을 보면서 분노, 미움, 복수심에 불탄다. 흥, 이 스탠드는 못 보던 거네. 내가 보낸 양육비로 샀겠지! 그러니까 당신의 새로운 삶을 그에게 보여주지 마라. 혹시 아이가 아빠에게 자기 방을 보여주고 싶다고 해도 딱 잘라 거절하고 죄책감 따위는 갖지 마라. 아빠가 시켜서 그런 말을 했을지도 모른다. 아이가 스스로 제안했을 경우라도 죄책감 느낄 필요는 없다. 모두가 똑같이 지켜야 하는 선이 있다. 첫째, 아빠는 이제 엄마 집에 오면 안 돼. 둘째, 이제 너도 잠자리에 들 시간이야.

심리조종자에게서 애들을 인계받는 순간은 참 고역스럽다. 아이들은 대개 신경이 날카로워지고 불만이 많든가, 아예 질질 짜면서 돌아온다. 아이에게 뭐라고 하지 마라. 그 애들도 부정적 감정을 분출할 시간이 필요하다. 다만, 잘못된 행동을 용납해서는 안 된다. 아이가 당신을 때리거나 버릇없는 말을 하는 것까지 봐주지는 말라. 간단하게 짚고 넘어가라. "아빠(엄마) 집에서는 의사 표현을 이런 식으로 해도 될지 모르지만 여긴 아냐. 엄마(아빠)는 이런 게 너무 싫어서 이혼했어. 그러니까 너도 이 집에서는 마음에 안 드는 부분을 분명하게 말하고 대화로 해결하도록 노력해. 나쁜 말을 쓰거나 엄마(아빠)를 때려선 안 돼."

또 하나 힘든 순간은 아이를 심리조종자 부모 집으로 보내야 할 때다. 아이는 바보나 마조히스트가 아니다. 그러니 그 집에 가기 싫다면서 떼를 쓰고 불안해하는 것도 당연하다. 하지만 심리조종자가 아이의 이러한 태도를 빌미삼아 피해자 입장 부모를 비난할 가능성이 있으니 어쩌겠는가! 아이들이 아무것도 모르면서 엄마가 불안해하니까 아빠 집에 가지 않으려는 거라고 주장하는 사람들도 있다. 정상적인 부부가 헤어졌어도 아이는 불안해하거나 어느 한쪽 부모를 따라가지 않으려 할 수 있다. 그래도 정신적으로 온전한 부모라면 아이의 그런 마음도 헤아려주고 이해해주고 함께 고민한다. 하지만 심리조종자 부모는 아이의 이러한 태도를 과장하고 다른 부모에게 책임을 전가한다. 게다가 요즘은 엄마가 아빠 집에 가기 싫어하는 아이를 설득해서 보내지 않으면 욕을 먹는다. 엄마가 아이 마음까지 좌지우지할 수 있을 만큼 전능한 존재라면 모를까, 왜 엄마가 비난받아야 하나. 법원이 엄마들에게 나쁜 아빠를 나쁜 아빠라고 말하지 말라고, 거짓말을 하라고 요구하는 셈이다. 여성 여러분, 전남편의 치어리더가 되어주십시오, 전남편을 잘 선전해주십시오, 요컨대 여러분이 직접 아이들을 조종해서 아빠 집에 가고 싶어 안달이 날 정도가 되게 해주십시오! 반면, 아빠에게는 행동을 시정하라는 말조차 없다. 아빠 자격 미달은 언급거리도 되지 않는다. 하지만 이런 상황에서 아이를 설득할 말은 딱 한 가지밖에 없다. "법으로 그렇게 정해졌어. 우리는 판결문대로 해야만 해. 너희가 아빠 집에 가지 않으면 엄마도 그렇고 너희도 그렇고 우리 모두가 더 힘들어져." 전 배우자가 심리조종자라면 거짓말하지 않으면서 아이를 이해시킬 방법이 이것밖에 없다. 실제로 이건 엄연한 진실이니까.

전화가 무기가 될 때

앞에서 보았듯이 전화기가 심리조종자 손에 들어가면 가공할 무기로 둔갑한다. 늘 그렇듯 심리조종 피해자와 가해자는 체급이 다르고 적용 기준도 다르다. 심리조종자는 줄기차게 전화를 건다. 이들은 아이와 몇 시간씩, 아이의 규칙적인 생활을 방해할 정도로 전화통화를 오래한다. 또한 아이에게 전 배우자의 사생활을 꼬치꼬치 캐묻는다. 전화는 그들이 원거리에서도 명령을 내리고 자기 뜻을 관철하는 수단이 된다. 반면 애가 자기 집에 있을 때는 전 배우자의 연락을 차단한다. 방법은 뭐가 됐든 상관없다. 아이에게 아빠(엄마) 집에 있을 때는 엄마(아빠)와 얘기하면 안 된다고 대놓고 말하기도 한다. 벨소리를 못 들어서 전화를 못 받은 척 주말 내내 상대편 애를 태운다. 그래놓고서 아이에게는 이렇게 말한다. "봐라, 엄마가 널 보내놓고 팔자가 늘어졌구나. 너한테 전화 한 번을 안 하네!" 마지막으로, 이런 수법도 있다. 다른 부모와 아이가 통화하는 동안 옆에서 큰소리를 지르고 성질을 부리는 수법이다.

전화는 그들이 사디즘을 발휘하기에 썩 좋은 도구다. 생후 16개월 된 여자아이가 아빠 집에서 처음으로 주말을 보내게 됐다. 토요일 오전부터 아이 아빠는 전처에게 전화를 걸어 경황없는 목소리로 말했다. "애를 응급실에 데려갈 거야. 이따가 바로 다시 전화할게." 그는 이 말만 하고 전화를 끊었고, 일요일까지 휴대전화를 음성사서함으로 넘어가게 냅뒀다. 엄마는 아이가 어디가 아픈지, 병원이 어디인지 알아내려고 주말 내내 울면서 친척들은 물론, 시내 모든 병원 응급실에 전화를 걸어봤다. 일요일 저녁 약속 시간에 아이 아빠는 아무 일 없었다는 듯이 말짱한 아이를 데려왔다. 엄마가 그 인간에게 얻어낸 해명은 이게 다였다. "아, 실은 응급실까지 갈 필요는 없겠더라고. 금세 괜찮아졌어!" 그러고서는 얼른 화제를 돌렸다. 자, 엄마들이 과연 근거 없이 불안해하는 걸까?

반면에 피해자 입장 부모는 아이가 심리조종자 부모와도 원만하게 소통하기를 바라고, 둘 사이에 무슨 얘기가 오가는지 엿들으면 안 된다고 생각한다. 실수하는 거다! 아이들이 심리조종자의 생각을 주입당하고 괴롭힘 당하게 내버려두는 셈이니까.

네 살 남자아이 빅토르는 일종의 자기방어 본능이었는지 아빠가 전화를 하면 스피커폰 상태로 돌려놓곤 했다. 빅토르의 엄마 넬리는 아이 아빠가 전화를 많이 걸어도 개의치 않았고 아이와 아빠의 통화에 개입하지도 않았다. 그날 마침 집에 놀러와 있던 엄마 친구는 스피커폰 상태의 전화통화를 본의 아니게 엿듣고 경악했다. 아빠는 여섯 살짜리 딸(빅토르의 누나)과 통화 중이었다. 딸과 통화하는 아빠 목소리는 최면을 거는 듯 음침하게 착 가라앉아 있었다. "엘리자…… 보고 싶구나……. 엘리자도 아빠가 보고 싶어? 엘리자, 오늘 아침에 아빠 생각 했니? ……오늘 하루 동안 아빠 생각 했어? ……학교에서도 생각 했지? 엘리자, 너는 절대로 아빠를 잊으면 안 된다……." 엘리자는 딱 보기에도 몹시 긴장하고 있었다. 친구는 펄쩍 뛰며 넬리에게 말했다. "얘, 네 전남편 정상이 아니야! 아빠가 딸하고 얘기하는 말투가 뭐 저래! 너는 그 사람이 저런 헛소리를 하는데도 가만히 있니? 절대로 그냥 내버려두면 안 돼!" 넬리는 생각이 많아졌다. 그녀는 전남편의 그런 말투에 익숙했다. 넬리에게도 늘 그런 식으로 말했으니까. 그 사람이 딸에게 하는 말? 그래, 찜찜하긴 하다. 하지만 어쩌라고? 넬리에게 이 일화를 전해들은 나는 일단 통화 내용을 증언할 사람을 여럿 만들어두고 나서 전남편에게 확실히 말하라고 했다. "그만 좀 해. 어린애한테 이상한 말투로 이상한 소리 좀 하지 말라고!"

나는 심리조종자들이 최면을 걸 듯 목소리를 쫙 깔고 배우자에게 이래라저래라 한다는 얘기를 많이 들어봤다. 이 문제에 있어서도 목격자의 존재는 기적을 일으킨다. 그 사람에게 전화통화를 옆에서 듣는 사람이 있다고, 혹은 모든 통화 내용이 녹음되고 있다고 말해보라. 놀라운 변화를 보게 될 것이다.

필리프는 일곱 살이 된 딸 사라에게 휴대전화를 사줬다. 그는 매일 저녁 딸과 장시간 통화를 한다. 그래도 아이는 전화를 끊으려 들지 않는다. "아빠가 불쌍해! 아빠는 만날 혼자 있대요! 아빠 보고 싶다!" 엄마가 엄격하게 단속을 해야 하는 상황이다. "사라, 아빠는 어린애가 아니라 어엿한 어른이야. 아빠가 혼자 지내는 건 그러고 싶어서야. 혼자가 싫으면 친구를 사귀면 돼. 네가 아빠의 외로움을 책임질 필요는 없단다."

아홉 살 노에미의 휴대전화로 밤 12시에 메시지가 들어왔다. 잘 자던 아이는 메시지 알림음 때문에 깼다. 아빠가 딸이 너무 보고 싶고 괴로워서 잠이 안 온다나. 다음부터 아이가 잠자리에 든 후에는 엄마가 휴대전화를 관리해야 할 것이다. 필요하다면 아이를 보호하기 위해 엄마가 직접 문자에 답할 수도 있다. 아이에게도 확실하게 얘기를 해야 한다. 정상적인 아빠는 한밤중에 딸에게 그런 문자를 보내지 않는다. 아빠 역할은 그런 게 아니다.

당신은 아이에게 유해한 전화통화를 막아야 한다. 전 배우자와 아이 사이에 틀과 규칙이 있어야 한다. 첫째, 아이가 잠자리에 드는 시각 이후로 전화가 오가서는 안 된다. 저녁 8시, 9시면 아이는 자야 한다. 휴대전화는 다음 날 아침까지 전원을 꺼두어야 할 것이다. 둘째, 아이가 이혼한 전 배우자 집에서 지내는 동안 매일 전화통화를 할 필요는 없다. 일주일에 2~3회로 충분하다. 그리고 통화 시간도 정해두어야 한다. 아이가 한 시간 넘게 전화기를 붙들고 있는 게 말이 되나. 10분이면 충분히 서로의 안부와 애정을 확인할 수 있다. 마지막으로, 당신은 전 배우자와 자녀의 통화 내용을 이따금 확인하고 잘못된 점을 바로잡거나, 필요하다면 통화를 녹음하고 고소까지 해야 한다. 물론 부모 자식 간 대화에 너무 팍팍하게 군다고 느낄지도 모른다. 그래도 심리조종자가 전화를 무기 삼아 아이를 휘두르는 것보다는 백번 낫다. 쌍방 권리 보호를 위해서 아예 이혼 판결문으로 교대 양육에서의 전화통화 수칙까지 정해져 있으면 더 이상적이다. 지금은 점차 이렇게 되어가는 추세다.

당신을 괴롭히고 아이들을 도구화하는 방법을 궁리할 때만큼은 심리조종자도 머리가 팍팍 돌아간다. 당신은 그의 두뇌 회전에 적응하고 그의 수작을 저지하는 법을 배워야 할 것이다. 나는 『심리조종자와 이혼하기』에서 심리조종자와 이혼하려면 사실상 편집증 환자가 되어야만 한다고 했다! 힘을 내라!

어른으로서 아이를 크게 크게 감싸주자

『나는 왜 그에게 휘둘리는가』에서 설명했듯이 심리조종자는 피해자를 무의식적인 계약 체결에 끌어들인다. "너는 무슨 대가를 치르는 한이 있더라도 항상 나를 돌봐줘야 해!" 나는 이 암묵적인 계약을 '엄지 동자의 계약'이라고 불렀다. 처음에는 아이가 먼저 엄마에게 이렇게는 못살겠다고, 아빠를 두고 집을 나가자고 조르다가 이혼이 성립된 후에는 역설적으로 엄마가 아빠를 버렸다고 비난하기도 한다. 사실, 그 아이는 엄마와 아빠 사이의 이 암묵적 계약관계를 감지한 것이다. 엄마가 아빠를 하나에서 열까지 챙기면서도 의지는 할 수 없는 무기한, 무제한 관계에 있다는 것을 아이는 눈치채고 있다. 그래서 분명 엄마가 억울한 상황인데도 아이가 아빠의 끄나풀이 되어 엄마가 계약을 어겼다고 비난하고 나서기도 한다. 엄마가 여전히 그 계약에 지배 당하고 있다고 아이가 느낀다면 그렇게 될 공산이 높다. 아이도 차차 나이가 들면 나중에 저 애물단지가 자기에게 넘어오겠구나, 하고 예감한다. 자기보다 정신연령 높은 사람들의 돌봄을 착취하는 덜 자란 아버지 말이다. 사실을 그대로 말해주기만 해도 많은 부분이 쉽게 바로잡힌다. "얘, 네 아빠는 갓난아기도 아니고 정신지체아도 아니야. 누가 돌봐줄 필요 없는 어른이라고. 엄마가 이것저것 챙겨주면서 버릇을 잘못 들인 건 사실이지만 어쨌든 어른은 어른이잖니. 어른은 자기 앞가림을 충분히 할 수 있어."

앞에서 말했듯이 아이들은 자기 부모를 비판하고 욕하는 말을 들으면 매우 마음 아파한다. 그런데 심리조종자 부모는 허구한 날 아이들 엄마(아빠)를 헐뜯고 욕한다. 아이들은 집중 폭격을 당한다고 해도 과언이 아니다. 아이들은 이 괴로움을 차단하고 싶은 나머지 그 비판이 일리가 있다고, 엄마(아빠)가 이런 욕을 듣지 않게 야무지게 굴었어야 한다고 원망한다. 아이들이 전 배우자 집에서 돌아와 당신에게 상처 되는 말을 퍼붓는 이유가 여기에 있다. "어쨌든 엄마가 아빠처럼 돈을 벌 수는 없잖아요. 그래서 엄마가 아빠 돈을 뜯어내려는 거잖아요."

"엄마가 누구와도 잘 지내지 못하는 거예요. 아빠는 지금 새엄마랑 잘만 지내거든요?" 당신에게는 참 아픈 말일 것이다. 상처 받으라고 하는 말인데 어쩌겠는가. 하지만 아이도 어쩔 수 없다.

힘들겠지만 한 발짝 물러나 건강하게 대응하라. 미소 지으면서 간단하게 할 말을 하는 거다. "그래, 네 아빠가 아직도 나를 많이 원망하는가 보구나. 아빠가 또 성질내면서 엄마를 헐뜯었겠지!"

가슴은 나눗셈이 아니라 곱셈

기욤이 아빠 집에서 돌아왔다. 아이는 주문 외듯 구시렁댔다. "내가 좋아하는 사람은 아빠, 크리스틴(아빠의 재혼 상대), 그리고…… (친가 쪽 식구들), 엄마는 제일 꼴찌, 아주 조금만 좋아해." 엄마는 마음이 아파서 한마디 하고 넘어갔다. 몇 시간 후, 기욤이 울면서 엄마에게 달려왔다. "엄마, 잘못했어! 사실은 그렇지 않아!" 아이에게 이런 괴로움을 끼치지 않으려면 엄마가 상처 받은 티를 내지 말고 그 말을 바로잡아 주어야 한다. 가령, 아이에게 웃으면서 이렇게 말해줄 수도 있다. "아빠는 네가 그랬으면 좋겠나 보구나! 아빠는 네가 엄마를 조금만 좋아해야 아빠를 많이 좋아할 수 있다고 생각할 거야. 하지만 그렇지 않아, 네 아빠는 몰라. 마음은 그렇게 나눠지지 않아. 네가 좋아하는 사람이 많아질수록 네 마음은 몇 곱절로 불어나고 또 불어날 거야. 마음이 넉넉하면 더 많은 사람을 더 많이 좋아할 수 있겠지? 너는 엄마, 아빠, 네 친구 토마, 너희 담임선생님…… 그리고 또 누가 있을까? 하여간 얼마

든지 많은 사람을 좋아해도 괜찮아." 이런 말만으로도 아이는 기분이
한결 나아진다. 아이가 좋아해도 괜찮은 사람을 하나하나 함께 꼽아
본 후에 아이를 안아주고 뽀뽀해주자.

부모에 대한 신의 문제로 극심한 갈등을 겪는 아이를 돕고 싶다면
이렇게 말해주자. "아빠 엄마 중에서 어느 한쪽을 좋아하려면 다른 쪽
을 미워해야 한다는 게 정상은 아니야. 아이는 엄마와 아빠를 다 좋아
할 권리가 있단다. 새엄마나 새아빠가 생기면 그 사람들을 좋아해도
괜찮아." "엄마 아빠는 누가 더 아이의 사랑을 받는지 경쟁하는 관계
가 아니야. 좋은 부모는 서로를 존중해준단다. 아이는 반으로 갈라서
나눠 가질 수 없어. 너는 엄마 아빠가 만나서 낳았기 때문에 세상에 둘
도 없는 존재야. 아빠가 다른 사람이었다면, 엄마가 다른 사람이었다
면, 지금의 너는 없을 거야." 이런 대화를 자주 나눈다면 아이는 무엇
이 옳고 그른지 갈피를 잡을 수 있다. 아이에게 모두를 사랑할 권리, 어
른들 싸움에 휘말리지 않고 중립을 지킬 권리, 심리조종자 부모의 음모
에 휘둘릴지언정 장단까지 맞추지는 않을 권리를 돌려주어야 한다.

몰라도 되는 정보로부터 보호하자

심리조종자 부모는 다른 쪽 부모를 못된 사람으로 치부한다. 엄마
가 아빠를 버렸다, 엄마는 아빠 돈을 뜯어간다, 엄마가 아빠를 따돌리
고 너희를 못 만나게 한다……. 심리조종자가 수시로 아이들에게 흘
리는 이런 말이 부메랑이 되어 엄마에게 날아간다.

- 엄마 나빠!
- 엄마는 왜 아빠 돈으로 살아?
- 아빠랑 다시 같이 살면 안 돼요? 아빠는 아직도 엄마를 좋아한댔어
  요. 엄마 없이 사는 거 괴롭고 힘들댔어요.
- 아빠는 엄마 때문에 자기 집도 없잖아.
- 엄마 때문에 아빠는 우리를 보고 싶어도 못 보잖아.
- 아빠가 나보고 교대 양육이 좋다고 말하라고 했어.

발끈해서 내용을 걸고넘어지지 말고 원칙을 지킬 것. 명심하라, 당
신은 변명할 필요가 없다.

- 그건 네 아빠 생각이지. 사실은 그렇지 않단다.
- 불쌍하다는 마음만으로 부부가 평생을 같이 살 수는 없어. 그건 누
  가 강요해서 되는 일이 아니야! 아빠 걱정은 하지 마. 시간이 흐르
  면 아빠도 잘 지내게 될 거고, 아빠를 좋아해주는 사람도 생길 거
  야. 빨리 그렇게 되기를 바라자꾸나.
- 이혼을 하면 예전만큼 서로 자주 보지 못하는 게 당연하지. 한 집
  에 살 수 없으니 아빠 엄마 중 한 명이 나가서 집을 새로 구하는 것
  도 당연한 일이야.

심리조종자들은 이혼 서류를 받아들면 이혼을 청구한 부모가 얼마

나 비열하고 나쁜 사람인지 똑똑히 보라는 듯 아이 눈앞에서 연극적으로 휘두르거나 아예 아이가 직접 서류를 읽게 한다. 제법 큰 아이조차도 이런 쇼에 충격을 받는다. 법률 용어는 생소하고 가혹하다. 여러분은 이런 순간에도 침착한 태도를 견지해야 한다. 어른답게 차분하고 확고한 말투로 이 쇼를 저지하라. 길게 말할 필요도 없다. "네 아빠(엄마)가 너를 이 일에 끌어들이면 안 돼. 너한테 이런 서류를 보여주면 안 되는 거야. 너는 네 아빠(엄마) 변호사가 아니잖니. 그래, 네가 많이 놀랐겠구나. 음, 이혼 청구서는 그냥 재판을 요구하는 서류일 뿐이야. 너무 냉정하다고 생각할 수도 있지만 법적 서류는 다 그래. 정해져 있는 양식을 따라야 하거든. 변호사와 판사가 보고 판단해야 할 서류이지, 네가 볼 서류는 아니란다."

당신은 전반적으로 그때그때 진실만 짚고 넘어가면 된다. 잘못된 부분을 바로잡고, 법을 지키기 위해서 응당 해야 할 일을 일러주자. 이게 가장 중요한 기본 조건이다.

이혼은 죄가 아니라 법적 권리

"두 사람이 만나 가정을 이루고 살다가 다시 각자의 길로 갈 수도 있는 거란다. 이혼의 절반은 내 책임, 나머지 절반은 상대방 책임이야. 그러니 각자 책임져야 할 몫은 책임져야지. 그래, 엄마가 먼저 이혼하자고 했어. 하지만 그 전에 아빠가 잘못한 부분이 많았기 때문에 엄마가 그런 결심을 하게 된 거야." 아이에게 정말로 중요한 메시지를 전해줄 기회다. "너는 나중에 결혼해서 아내에게 잘하렴. 어떤 여자라도 이렇게는 도저히 못 살겠다 싶으면 이혼을 청구할 권리가 있어." "너도 나중에 결혼해서 남편 때문에 못살겠거든 무조건 참으면서 살 필요 없단다."

표준화된 법적 이혼 절차

"엄마는 아빠 돈을 뜯어내는 게 아니야. 그리고 아빠는 엄마 때문에 어쩔 수 없이 집을 파는 게 아니야. 그 집은 엄마 것이기도 하고, 법이 명령한 절차를 따르려면 집을 팔아야 할 뿐이야. 부부가 이혼을 하면 당연히 밟아야 할 절차란다. 각자 자기 변호사에게 자기 바람과 그 이유를 말하면 판사가 양쪽 변호사 얘기를 다 들어보고 결정하는 거야. 판사가 엄마 몫으로 뭔가를 정해줬다면 그건 엄마가 마땅히 받을 권리가 있다는 뜻이야. 엄마는 아무것도 훔치지 않았어. 우리나라 법대로 따랐을 뿐이야."

아이가 행복할 수 있는 방향으로

"양육 문제도 엄마나 아빠가 아니라 판사가 정해주는 거야. 판사가 엄마나 아빠 중에서 누구를 더 잘 봐주고 그런 건 없어. 그렇다고 무조건 아이가 해달라는 대로 해주지도 않아. 그래도 판사는 자기가 생각할 때 아이에게 가장 나은 방향으로 결정을 하려고 해. 그러니까 절대로 재판에서 거짓말을 하면 안 돼. 아빠가 무섭다고 엄마를 일부러 나쁘게 말해서도 안 되고, 아빠에게 당했던 일을 숨겨서도 안 돼. 판사가 너에게 뭐가 좋은지를 알아야 공정한 판결을 내릴 수 있단다. 거짓말을 하거나 사실을 숨기면 아무도 널 도와줄 수 없어."

잘못된 행동은 확실히 짚고 넘어가자

어떤 경우에도 용납하지 말고 바로잡아야 할 것들이 있다.

- 근친상간과 성추행은 반드시 막아야 한다.

  "아무도 너에게 비밀을 지키라고 강요할 수 없어. 부모라고 해도 너 정도 나이의 아이와 함께 목욕을 하거나 함께 자서는 안 돼. 누가 너의 성기를 만져도 안 되고, 너보고 자기 성기를 만지라고 해도 안 돼. 그건 법으로 금지된 일이야. 자위 행위는 혼자 있을 때 하는 거지, 누가 보는 앞에서 하는 게 아니야. 네가 그래서도 안 되고, 누가 네 앞에서 그래서도 안 돼."

- 어른은 어른답게, 아이는 아이답게 살아야 한다. 아이가 어른 노릇을 떠맡아서는 안 된다. 심리조종자 부모는 "너 없으면 나는 죽는다" 따위의 말로 아이의 죄책감을 자주 자극한다. 순리를 바로잡아주자.

  "네 아빠는 어른이야. 어른과 아이가 뒤바뀌어서야 되겠니. 너는 아빠를 돌보는 사람이 아니야. 아빠가 너를 돌봐줘야지. 어른의 문제는 어른이 해결해야 해. 어른은 남 탓하면서 질질 짜지 않아. 충분히 자기 앞가림을 할 수 있어. 그리고 어른은 자기 책임을 다해야 해. 어른은 자기 기분을 자기가 다스릴 수 있어. 쉬운 일은 아니지, 그건 엄마도 알아. 하지만 아빠 문제, 아빠 감정은 아빠가 해결할 몫이야. 너는 어린이고 아빠는 어른이야. 어른들 일에 어린이를 끌어들이면 안 돼. 너는 어른을 걱정해주지 않아도 괜찮아."

- 악의를 드러내거나 비방하는 언어폭력.

"아빠는 엄마를 욕하지만 그건 아빠 혼자 생각일 뿐, 사실이 아니야. 아빠는 자기가 화내고 싶으니까 화내는 거야. 아무도 아빠에게 그러라고 강요하지 않았어. 그러고 있느니 다른 데 에너지를 쏟으면 좋겠지만 아빠 맘이니 할 수 없지. 지금도 즐겁게 살려면 얼마든지 그럴 수 있을 텐데. 뭐, 세상에는 설탕과 꿀을 좋아하는 사람이 있는가 하면 식초와 후추를 좋아하는 사람도 있으니까. 엄마는 싸움이 싫고, 아빠가 잘못되기를 바라지도 않아. 엄마는 인생을 그렇게 살고 싶지 않아. 엄마랑 아빠는 인생을 바라보는 방식 자체가 너무 달라서 이혼한 거야."

- 당신의 가치 체계를 고수하라.

심리조종자의 세뇌에 대항하여 늘 역세뇌를 수행해야 한다. 가장 중요한 과업은 극적인 과장을 걷어내고 심리조종자가 절대적 진리처럼 떠드는 말을 상대화하는 것이다. 틀, 규범, 법, 규칙, 가치, 예의, 신성한 것을 제자리로 돌려놓자⋯⋯. 만약 아이가 전 배우자에게서 여성혐오, 인종차별, 불관용, 멸시에 가득 찬 생각을 주입받는다면 대화를 통해 그러한 생각이 잘못되었음을 일깨워주어야 한다. 당신의 가치 체계를 옹호하고 당신의 교육 방식을 고수하라. 아이에게 스스로 생각해서 판단할 권리가 있음을 강조하라. 사랑하고 아이를 키우고 친구를 사귄다는 것에 대해서 아이가 스스로 생각해서 자기 의견을 말할 기회를 많이 마련해주라. 아이가 장차 어른이 되어 어떻게 살고 싶은지 물어보라. 아이가 양쪽 부모와 주위 사람들에게서 보고 들은 것을 종합해서 독자적인 사유 체계와 가치 체계를 수립할 수 있도록 격려하라. 아이는 충격적인 것들을 한 발짝 물러서서 바라보고 비판하거나 규탄할 권리가 있다.

정신적으로 건강한 부모는 자기 아이도 전 배우자 같은 심리조종자가 될지 모른다는 두려움이 크다. 그래서 이 부모는 늘 주의를 곤두세우고 아이가 전 배우자와 비슷한 행동을 할 때마다 경기를 일으킨다. 하지만 그런 태도야말로 금물이다. 그럴수록 아이는 심리조종자 부모를 닮은 행동을 강화하기 때문이다. 어떤 행동에 관심을 기울일수록 그 행동은 강화되는 경향이 있다. 이 원칙을 잘 기억하라. 당신이 당신 아이와 심리조종자의 닮은 점에 주목할수록 그 유사성은 일반화된다.

따라서 당신은 오히려 아이가 심리조종자와 어떻게 다른가에 초점을 맞추고 늘 그 차이를 확인해야 한다. 나아가, 당신 아이를 심리조종자로 키우지 않는 가장 좋은 방법은 당신이 조종당하지 않는 사람이 되는 것이다. 어른이 어른의 자리를 지킴으로써 아이가 아이로서의 자기 자리를 지킬 수 있어야 한다. 아이는 틀이 잡힌 생활을 하고, 분명히 정해져 있는 한계와 부딪히면서 좌절도 경험해보아야 한다. 무엇보다도, 자기가 뭐든 마음대로 할 수 있다는 심리조종자 특유의 전능성 환상을 아이가 갖게 해서는 안 된다……. 한부모가정의 부모는 이따금 아이를 친구 삼아 속내를 허물없이 털어놓고 싶은 충동에 사로잡힌다. 깊이 생각지 않은 채 아이와 수다를 떨고 아이 의견을 구하다 보면 부모 자식 간에 그리 건강하지 못한 공모 의식이 생긴다. 아이에게 아이답게 살 권리를 허락하라. 부모의 불안, 걱정, 결단에 아이까지 끌어들이지는 말자.

사실, 아이가 아이답게 자라는 데 가장 좋은 방법은 좋은 어른들을 자주 접해보는 것이다. 아이 또래 자녀를 둔 부모들이라면 더 좋다. 친하게 지내는 엄마들(아빠들)이 없다면 더는 그렇게 지내지 말라. 비슷한 처지에 있는 사람들과의 연대, 가령 한부모가정 모임이 있다. 우애도 쌓고 도움도 받을 수 있다. 즐거운 주말을 함께 보낸다든가, 여러모로 상부상조가 가능하다. 혼자가 아니라는 사실을 확인하는 것만으로도 안심이 될 것이다. 아이가 변태성격자 부모를 본받는 게 싫다면 좋은 본보기가 될 만한 어른들을 더 많이 보여주자!

내 아이만을 위한
따뜻한 심리치료사

부모 중 한쪽이 심리조종자라면 다른 쪽이 부모로서의 특별한 역량을 계발해야 한다. 평범한 부모보다 강인하고 통찰력 있고 조직적이며 책임감이 투철해야 한다. 게다가 거의 심리상담사에 가까울 만큼 아이의 말을 경청하고 정신적으로 함께할 수 있어야 한다. 심리조종자 부모는 대개 아이의 심리치료를 등한시한다. 그들은 심리치료 과정에서 자신의 악의가 명백히 드러날까 봐 두렵다. 그래서 아이를 심리상담소에 데려가더라도 자기가 웬만큼 구워삶을 수 있는 심리상담사를 고른다. 어쩌다 아이가 심리조종자 부모의 의지와 상관없이 심리치료를 받게 되더라도 심리상담사가 부모의 변태성격 문제를 간파하리라는 보장은 없다. 이 때문에 잘못된 소행이 지적당하거나 비판당하기는커녕, 언급되지도 않는 경우가 많다. 설령 아이가 양질의 심리치료를 받더라도 그 치료가 아동기 내내 이어지기는 힘들다. 그런데 극적인 소동, 폭력, 언급되기조차 힘든 소소한 공격은 일상다반사요, 그때그때 적절한 관리가 필요하다. 이 때문에 정신적으로 건강한 부모 쪽이 부분적으로 자기 아이의 심리치료를 맡아줘야 한다. 아이의 감정을 받아들이고 아이의 감정 관리를 도울 수 있도록, 내가 쓴 책 『나는 감정적인 사람입니다』를 꼭 읽어보길 바란다. 여기서는 간단하지만 효과적인 몇 가지 치료법들을 보충 설명하겠다. 부족한 부분은 여러분이 지닌 본능과 직관으로 보완할 수 있을 것이다.

내 두려움은 오늘 밤 쓰레기통에서 잘 거예요

상징은 아이들에게 아주 잘 먹힌다. 자크 살로메는 부모에게 거창한 훈계 대신 이런 상징을 자주 활용해보라고 권한다. 예를 들어, 겁에 질려 잠을 자려 하지 않는 아이에게 그러한 공포를 그림으로 표현해보라고 하거나 현재 감정을 나타낼 만한 물건을 하나 골라보라고 할 수 있다. 그다음에 그 그림을 밤새 어떻게 하고 싶은지, 혹은 그 물건을 어디에 두고 싶은지 물어보라. 아이가 놀라우리만치 쉽게 두려움을 상징화하고 알아서 처리하는 모습을 볼 수 있다. 아이는 그림을 쓰레기통에 버리거나 보이지 않는 곳에 치우고, 자기가 고른 물건을 장난감 상자에 집어넣는다. 그러고는 어른들이 말로 설득하려고 했을 때보다 훨씬 차분해진 모습으로 잠자리에 들 것이다.

아이가 심리조종자 부모 집에서 지내는 동안 쌓인 부정적 감정을 처분할 수 있도록 '나쁜 생각 쓰레기통'이나 '슬픔 정리함' 따위를 마련해두어도 좋다. 반대로 '기쁨 단지', '사랑 단지'를 마련해놓고 필요할 때마다 열어보게 할 수도 있겠다.

수리 수리 마수리, 엄마와 나를 연결해줘!

아빠 집과 엄마 집이라는 두 세계를 연결해준다는 의미에서 엄마 집 침대 머리에는 아빠 사진이 놓여 있고 아빠 집 침대 머리에는 엄마 사진을 놓아두는 것이 좋다. 하지만 심리조종자와 이혼한 경우에는 이런 배려 자체가 불가능하다. 이때 상징적으로 두 세계의 연결고리 역할을 하는 것이 바로 이행 대상(과도 대상이라고도 한다), 다시 말해 아이가 집착하고 늘 가지고 다니려 하는 인형이나 장난감, 베개나 담요다. 이 책 첫머리에서 언급한 하트 모양 쿠션도 활용하기에 따라서 좋은 아이디어가 될 수 있다. 그렇지만 심리조종자들은 증오심과 파괴 본능으로 이행 대상에 담긴 정서적 가치를 간파하고는 일부러 더 그악스럽게 물건을 압수하거나 고의로 잃어버리거나 못 쓰게 만든다. 프랑스로 시집 오는 왕비는 고국의 물건을 다 버려야 하듯이, 심리조종자 집에 들어가려면 정든 물건도 떼어놓아야 한다. 따라서 뭔가 수를 쓰지 않으면 안 된다. 아이는 자기 자신의 한 부분과 늘 이어져 있을 필요가 있다. 자칫 발생할 수도 있는 학대 상황에서, 아이는 자신에게 힘과 용기와 사랑을 북돋아주는 물건이 절실하다.

아기 코끼리 덤보에게는 마법의 깃털이 있었다. 그 같은 마법의 물건이 흥미로운 단초가 된다. 심리조종자의 의심을 사지 않으려면 조약돌, 깃털, 작은 막대기, 열쇠고리, 손수건처럼 별 특징 없는 물건이라야 한다. 아이에게도 마법의 물건에서 힘을 얻으려면 남의 눈에 띄지 않게 조심해야 한다고 말해주자. 애 아빠가 아이 짐을 거의 수색하는 수준이기 때문에 아무것도 몰래 들려 보낼 수 없다고 호소하는 엄마들이 많다. 아이는 자기 물건을 압수당한 채 생활해야 한다. 그런데 기껏 챙겨간 마법의 물건을 압수당하면 아이는 더 심하게 박탈감을 느낀다. 이 경우에는 가상의 마법 도구와 텔레파시 만남을 마련하자. 아이를 아빠 집에 보내면서 뽀뽀 세례를 퍼붓고 엄마 뽀뽀는 네 귀 뒤에 다 잘 붙어 있다고, 엄마 뽀뽀가 그리운 순간마다 귀 뒤에서 살그머니 뽀뽀를 꺼내어 뺨에다 붙이면 된다고 말해주면 어떨까. 아이 아빠가 전화 통화를 막는다면 아이에게 텔레파시로 만나자고 약속해두자. 하루 중 정해진 시각에 엄마가 아이를 간절히 생각하면서 사랑을 보내겠다고 약속하라. 별, 구름, 나무를 텔레파시 중계소로 이용해도 좋다. 아이들이 다만 얼마간이라도 애착 대상과 떨어져 가상 뽀뽀 따위에 만족하며 자기를 혼내고 욕하고 때리고 놀리는 부모와 지내야 하다니, 정말로 마음 아픈 일이다.

아이의 마음을 치료하는 숨겨진 메시지

아주 어린 아이에게 어떤 갈등 상황을 논리적으로 설명하기란 무척 힘들다. 하지만 아이들은 어른보다 무의식에 투명하게 다가가기에, 직관적으로 메시지를 알아차릴 수 있다. 그렇기 때문에 메타포를 활용하면 아이들을 이해시키고 도움을 주기에 요긴하다.

메타포는 우리가 나누는 소통에 늘 들어 있다. 일화, 이야기, 콩트, 속담 따위를 거론하거나 이미지가 풍부한 표현을 구사할 때 메타포는 언어적이다. 그러나 몸짓, 그림, 조각, 물건 형태를 띠는 비언어적 메타포도 있다. 또한 메타포 안에 답이 제시된 경우가 있는가 하면, 메타포 밖에서 답을 찾아야 하는 경우도 있다.

비유적 언어는 반성적 사고와 상상력을 동시에 활성화한다. 좌뇌가 단어를 이해하는 동안 우뇌는 상징을 처리하기 때문이다. 메타포는 이처럼 의식과 무의식의 분리를 가능케 한다. 의식이 내용에 집중할 때 무의식은 메타포를 자기 체험과의 연결선상에서 해석하고 자기에게 중요한 부분을 취한다. 인간이 콩트, 전설, 설화를 좋아하는 이유, 오랜 옛날부터 이야기꾼들이 늘 존재해왔던 이유도 다르지 않다. 하지만 메타포는 영향력을 행사하는 강력한 도구이기도 하다. 메타포에 숨겨져 있는 메시지는 수신인과 무관한 것 같으면서도 수신인의 무의식을 건드리기 때문이다. 그러므로 우리 모두는 자기가 거론하는 일화가 어떤 파급력을 지닐지 생각해보고 말해야 한다. 유방조영술 검사를 받았다는 친구에게 대뜸 얼마 전에 암으로 사망한 주위 사람 얘기를 꺼내서는 안 된다.

메타포가 치료 효과를 불러올 수도 있다. 메타포가 변화의 물꼬를 트고, 새로운 행동 양식을 제시하고, 상황을 다시금 정리하고, (직접적으로 권유했다면 받아들여지지 않았을) 문제의 해법이나 아이디어를 받아들이게 할 때가 있다. 메타포를 치료에 활용하는 심리전문가들은 많다. 일례로 미국의 유명한 최면요법 전문가 밀턴 에릭슨Milton Erickson은 '조'라는 이름을 가진 가상 친구를 만들어냈다. 그는 환자들에게 자기 친구 조도 그들과 똑같은 문제를 겪었지만 우연히 이러저러한 방법으로 타개할 수 있었다고 말하곤 했다. 물론 그 방법이란 에릭슨이 환자들에게 직접적으로 제시하고 싶었지만 그러지 않았던 방법이다.

마음을 달래주는 이야기꾼

여러분은 아이가 지닌 욕구에 맞는 메타포들을 만들어내어 아이 마음을 달래주는 동시에 자기 재능, 즉 이야기꾼으로서의 재능을 계발하게 될 것이다. 그런 이야기를 지어내는 방법을 소개한다. 일단 여러분 아이가 겪는 상황과 충분히 흡사하되 아이가 완전히 자기 얘기라고 생각하지는 않을 만한 상황을 하나 골라보자. 그러고 나서 다음과 같은 전통적 이야기 도식을 따른다.

- **시간적·공간적 배경, 인물 소개**: "옛날에 ……가 있었는데……."

- **상황 설명과 위기 도입**: "그러던 어느 날……."

- **인물의 감정 묘사**: 제시된 상황 속에서 인물이 느끼는 감정을 충분히 묘사해준다. 의심, 좌절, 공포, 슬픔 등등.

- **수단 강구**: 인물, 꿈, 마법의 물건 등을 개입시킨다. "그때, …… 가……."

- **해결책 제시**: 여러분이 원하는 해결 방향대로 이야기를 풀어나가면 된다. 반드시 긍정적인 해결책들만을 제시하라!

- **결말 내기**: 열린 결말이든 닫힌 결말이든 상관없다. "그 후로 ……가 어떻게 됐는지는 아무도 모른대."

- 어느 정도 교훈을 끌어내주어도 좋다. "이 이야기에서 우리는 …… 라는 걸 알 수 있지."

우선 사소한 문제들로 이야기 만들기 연습을 해본 후에 여러분 가정의 가장 중요한 문제들까지 다루어보길 바란다.

나타샤와 두 어린 아들의 이야기

이제 나타샤와 두 아들 보리스와 바딤 이야기를 해볼까 한다. 나타샤가 나를 찾아왔을 무렵, 아이들 아빠의 파괴 공작은 거의 막바지에 이르러 있었다. 나타샤는 전남편 때문에 직장까지 잃었다. 게다가 그를 피해 외국으로 도망갔기 때문에 이혼에 얽힌 법적 절차가 3개국에 걸쳐 있었다. 전남편은 각기 3세, 5세인 두 아들을 때린 적이 있는데 도 양육권을 완전히 다 가져갔다. 나타샤는 한 달에 한 번 주말에 아이 들을 볼 수 있었는데 그때마다 늘 몇 시간이나 걸리는 거리를 이동해 야 했다. 전남편은 모든 접근 경로를 차단했다. 아무도 나타샤에게 아 이들 얘기를 해주지 않았다. 소아과 의사, 어린이집 선생님, 언어치료 사조차도 그녀와 대화하기를 거부했다. 나타샤가 느낀 절망, 무엇보 다 아이들이 느꼈을 절망은 차마 못 볼 지경이었다. 그 상황에서 아이 들이 그나마 고통을 이겨내도록 도와줄 방법은 메타포를 활용하는 것 뿐이었다. 나타샤는 참으로 잘해냈고 나는 그녀의 이야기를 독자들과 공유해도 괜찮은지 미리 양해를 구했다.

나타샤는 기꺼이 허락해주었다. "그럼요. 제 이야기를 예로 드셔도 좋아요. 저와 제 아이들처럼 괴로운 처지에 있는 사람들에게 도움이 될 수 있다는 생각만으로도 기뻐요. 물론 우리 실명은 밝히지 말아주 세요. 제 이야기 속 등장인물 이름은 그대로 쓰셔도 상관없고요."

여기 그 이야기를 싣는다.

사자 가족 이야기

나타샤는 자기가 만들어낸 이야기를 들려주면서 아이들에게 함께 이야기를 마저 만들어보자고 했다. 아이들은 단박에 찬성했다. 엄마가 질문을 던지면 아이들은 재미있어하면서 대답을 한다. 그런 식으로 보리스와 바딤은 다음 이야기의 인물, 인명, 성격, 상황을 제안했다.

옛날 옛적에 어느 사자 가족이 살고 있었어요. 사자 가족은 아프리카에 살았는데 그곳은 아주아주 더웠어요.

아빠 사자 이름은 뮈로(MURO: mur, 벽)였어요.

엄마 사자 이름은 스텔리나(STELLINA, 작은 별)였고요.

아기 사자는 두 마리였어요. 형 이름은 스베지오(SVEGIO, 명민한)였고 동생 이름은 퓌르보(FURBO, 영리한)였지요.

사자 가족은 굴에서 지냈어요.

그러던 어느 날, 문제가 생겼어요. 아니, 문제가 점점 늘어나기 시작했지요.

아빠 사자 뮈로는 벌컥벌컥 화를 잘 냈어요. 하지 않으면 좋을 일을 하고, 심하게 고함을 지르곤 했지요. 아무도 뮈로에게는 말을 걸 수 없었어요.

엄마 사자 스텔리나는 아기 사자들에게 노래를 불러주고, 아기 사자들과 재미있게 놀아주고, 늘 사랑으로 감싸주었어요.

아기 사자들은 착하고 먹성이 좋았어요. 먹을 것을 찾으러 나갔다가 배를 채우고 나면 엄마에게 돌아갔지요. 아기 사자들은 엄마 사자와 지내기를 좋아했어요.

아빠 사자와 엄마 사자는 사이가 나빴어요. 둘은 자주 싸웠고, 그러다 결국 완전히 헤어져 따로 살기로 결심했죠.

아빠 사자 뒤로는 다른 굴로 떠났어요.

엄마 사자 스텔리나는 굴속으로 아주 깊이 들어갔어요. 아빠 사자가 때릴까 봐 겁이 났거든요.

아기 사자 형제는 엄마 사자를 따라갔어요. 아빠 사자는 늘 무섭게 화를 내기 때문에 같이 지내기가 겁났어요. 아빠 사자는 잘 웃지도 않고 아기 사자들을 때리기도 했어요.

그래서 아빠 사자 뒤로는 외톨이가 되었답니다.

아빠 사자는 화가 잔뜩 났지요.

아빠 사자는 참 이상해요. 엄마 사자가 아기 사자들을 예뻐하고 서로 정답게 굴면 더 화를 내니까요.

아빠 사자 뒤로는 엄마 사자들과 잘 지내지 못해요. 착하고 친절한 엄마 사자들을 미워하지요. 엄마 사자들을 원래 싫어하는데 착하고 친절하기까지 하면 더욱더 싫어한답니다.

아빠 사자 뒤로는 착한 엄마 사자가 눈에 띄기만 해도 화가 나서 못 견디겠대요.

도대체 왜 그럴까요? 아빠 사자가 어릴 때 자기 엄마랑 사이가 나빴기 때문이에요. 그래서 엄마 사자들만 봤다 하면 괴롭힌답니다.

아빠 사자는 아기 사자들을 데려가고 싶었어요.

이 대목에서 바딤은 울먹울먹하더니 "바딤은 이야기하기 싫어"라

고 했다. 아이는 그 자리를 박차고 나갔다. 보리스도 말했다. "이 이야기 싫어요." 엄마가 나머지 이야기를 완성했다.

아빠 사자 뮈로는 도와줄 사람을 찾아 나섰어요. 그러다 독수리를 만나 이렇게 말했지요. "날 도와줘, 굴속에 숨어 있는 아기 사자 두 마리를 찾아오고 싶어. 아기 사자들을 스텔리나가 데리고 사는 게 싫단 말이야."

아빠 사자 뮈로는 독수리의 도움을 받으려고 거짓말을 많이 했어요. 독수리는 말했죠. "그래, 내가 도와줄게."

조금 있다가 독수리가 말했어요. "나는 힘센 독수리다. 나는 착한 엄마들을 좋아하지 않지. 아기 사자들은 이제부터 아빠 사자 뮈로의 굴에서 살아야 한다."

엄마 사자 스텔리나는 너무너무 슬펐어요. 사랑하는 아기 사자들을 자주 볼 수 없게 되었으니까요. 아기 사자들도 너무너무 슬펐어요. 아빠 사자 뮈로의 굴에 가기 싫었으니까요. 아기 사자들은 엄마와 살게 해달라고 울면서 매달렸어요.

하지만 지금은 힘센 독수리가 시키는 대로 해야 한답니다.

엄마 사자와 아기 사자들은 서로 사랑해요. 그렇기 때문에 함께 있으면 행복해요. 아빠 사자 뮈로와 힘센 독수리는 그 사실을 알아주지 않아요. 엄마 사자와 아기 사자들의 마음 깊은 곳에는 사랑이라는 보물이 있죠. 엄마 사자는 아기 사자들을 영원히 사랑할 거예요.

잘 들어보세요, 이건 비밀이에요.

엄마 사자 스텔리나가 땅의 모든 동물을 보호하는 '구름의 신'을 큰 소리로 불렀어요.

"저는 제 새끼들을 한없이 사랑합니다. 아빠 사자 뒤로는 거짓말만 하고 나쁜 짓으로 우리를 괴롭힙니다. 아빠 사자의 말은 사실이 아닙니다. 저는 제 새끼들을 정말로 사랑합니다. 영원히 사랑할 거예요."

구름의 신이 엄마 사자 스텔리나의 말을 듣고 구름에서 사자 굴 바로 근처까지 내려와 크나큰 비밀을 알려주었습니다.

"스텔리나, 언젠가 네 새끼들이 자라거든 힘센 독수리에게 '저희는 엄마 굴에서 살아야 행복합니다'라고 말할 것이다. 그 애들이 좀 더 크면 힘센 독수리도 그 애들에게는 엄마가 더 필요하다는 것을 깨닫고 아빠 사자와 살라는 명령을 거둬들일 테지. 그때는 독수리가 '너희는 너희 엄마와 살아도 좋다'라고 말해줄 것이다."

하지만 그날이 올 때까지 아기 사자들은 힘을 키우며 무럭무럭 자라야 하는 거예요. 꾹 참고 굳게 믿어보아요. 엄마 사자는 언제나 아기 사자들을 사랑할 테니까요.

그날이 오면 아빠 사자도 어쩌지 못할 거예요.

아기 사자들에게 알려줄 비밀이 하나 더 있어요. 이 얘기는 절대로 엄마 사자 아닌 다른 사람에게 하면 안 돼요, 알았지요?

그 비밀이 뭐냐 하면 말이죠.

엄마 사자는 아기 사자들을 아빠 사자에게로 보내기 전에 뽀뽀를 많이많이 해줄 거예요. 아빠 사자 집에서 엄마 사자가 보고 싶을 때면 귀 뒤에 감춰둔 뽀뽀를 꺼내서 입술에 올려놓아요. 이게 엄마 뽀뽀구나, 하고 생각해요. 그러면 언제라도 엄마 뽀뽀를 받을 수 있지만 아빠 사자는 아무것도 모르겠죠. 쉿, 말했죠? 이건 비밀이에요.

슬플 땐 산 너머 하늘을 봐요. 하늘에는 구름이 떠 있고 아기 사자들을 늘 사랑하고 생각하는 엄마 사자가 있답니다.

하늘이 구름으로 뒤덮여 있다면 구름의 신에게 말해봐요. 엄마에게 하고 싶은 말을 구름의 신이 대신 전해줄 거예요.

예쁜 구름이 떠 있는 날, 뺨으로 햇살의 온기를 느껴봐요. 엄마의 뽀뽀처럼 따뜻할 거예요.

비가 내리면 빗방울을 느껴봐요. 엄마의 뽀뽀처럼 마음을 상쾌하게 씻어줄 거예요.

밤에는 달과 별을 바라봐요. 엄마도 똑같은 달과 별을 바라보고 있을 거예요. 엄마에게 하는 말을 달과 별이 전해줄 거예요.

엄마도 달과 별에게 말하고 있을 거예요. 나는 우리 아이들을 사랑한다고.

쉿…… 아무도 알면 안 돼요. 엄마와 아이들만의 비밀이에요.

나타샤는 후일담을 이렇게 전했다.

"한동안 이 이야기는 아이들에게 정말로 도움이 되었어요. 하지만 어느 순간부터 보리스와 바딤이 이 이야기를 듣기 싫어하더군요. 자기들 이야기라는 걸 알아버린 거죠. 그리고 나니 엄마와의 이별, 아빠의 손찌검이 생각나서 편한 마음으로 이야기를 들을 수 없었나 봐요. 그때부터는 할머니가 아이들과 함께 또 다른 이야기들을 만들었어요. 그 이야기들은 아이들의 경험과 감정에 맞게 진전되어왔고요. 지금도 이야기 만들기는 진행 중이죠.

아이들에게는 엄마와의 이별도 아팠지만 가장 큰 문제는 갈수록 심해지는 아빠의 폭력과 심리조종이었어요.

그 무렵 아이들의 이야기에는 '악당 오르코'라는 주인공이 등장했어요. 악당 오르코는 아이들에게 폭력을 휘두르죠. 그러다가 '모험'을 떠나지 않으면 안 되는 상황에 놓여요. 꽤 고달픈 모험을 통해서 악당이 개과천선하기를 바라는 거죠. 우여곡절 끝에 아이들이 보호를 받게 되거나 악당 오르코가 벌을 받아요……. 아이들은 이런 식으로 '당사자'가 되었어요. 자기들을 무력하게 당하기만 하는 피해자로 그리지 않고 뭔가를 하려는 모습으로 그렸으니까요. 아이들이 만든 이야기 속에서 악당은 늘 벌을 받지만 아이들은 결국 보호를 받고 기대하지 않았던 도움까지 받게 돼요.

그러는 동안 저는 친정 식구들의 지원을 받으면서 내 아이들을 돕기 위해 최선을 다했어요. 그리고 우리는 잘 버티고 있어요! 핵심은 '사랑'이죠. 우리는 늘 얘기하거든요. '우리는 서로 사랑해, 우리는 진심으로 사랑해, 아무도 이 사랑을 빼앗을 수 없어.' 아이들을 예뻐하고, 재미있는 이야기를 들려주고, 함께 놀아주고, 친구들을 만나고, 깜짝 선물도 하고…… 저 자신을 완전히 쏟아붓고 있어요. 보리스와 바딤에게 사랑보다 더 힘센 것은 없다고, 사랑은 반드시 승리한다고 증명할 수만 있다면 어떤 수단, 어떤 방법이라도 쓸 수 있어요.

우리 신변에도 몇 가지 변화가 생겼어요.

소송 쪽으로는 아이들 아빠가 확실한 이유도 없이 재판 연기를 여러 번 신청해서 지지부진했죠.

그사이에 보리스와 바딤은 한 달에 한 번 주말에 엄마를 만나는 것조차 힘들었기 때문에 굉장히 괴로워했어요. 아이들이 제 곁을 떠날 때마다 얼마나 울었는지 몰라요. 아빠 집에 가기 싫다, 아빠 집에 가기 싫다, 그 말만 반복하더군요.

아이들은 아빠, 아빠의 동거녀, 그리고 한 집에 사는 친할머니에게 심리조종, 신체적 폭력과 언어폭력을 당했어요.

그래서 소아정신과 치료를 받게 되었죠. 이혼 소송에 개입해 있는 전문가들과 아이들 아빠가 일방적으로 결정한 일이라서 저는 그런 사실조차도 몰랐어요. 제가 나중에 알고서 그때야 나섰지만 그쪽 사람들은 아동 학대와 심리조종 문제를 무시하더군요.

아이들은 교육시설에 다니게 됐어요. 엄마인 제 의사는 묻지도 않았고요. 나중에 그 사실을 알고 저는 분명히 반대 의사를 표명했지만 역시 무시당했어요. 원장님과 담임교사를 찾아가고 싶었지만 면담을 거부당했어요. 11월에 처음으로 딱 한 번, 그것도 아이들 아빠가 동석한 자리에서만 아이들 선생님을 만날 수 있었죠.

보리스는 '이해력과 발음에 심각한 문제가 있다'고 해서 언어 치료를 받고 있어요. 물론 이 사실도 저는 나중에야 알았죠……. 심각하다는 문제가 (두 달 만에) 감쪽같이 사라지고 나서요! 아이들 아빠는 단지 자기가 유리하게 써먹을 언어 치료 진단서가 필요했던 거예요."

지금 당신이 처한 상황이 나타샤의 상황만큼 고약하지는 않길 바란다. 당신이 아이들에게 제시하는 상징, 마법의 물건, 메타포는 아이들이 힘을 얻고 마음을 가라앉히는 데 도움이 될 수 있을 것이다. 당분간 아이들은 그런 거라도 붙잡고 매달리지 않으면 안 된다.

이 책이 당신이 처한 상황을 최대한 객관적이고 건설적인 방향으로 바라보는 데 도움이 되기를 바란다.

끝맺으며

사빈은 이혼을 했고 나에게 상담을 받았다. 앞에서 언급했듯이 사빈은 내게 상담받은 사람 중에서 처음으로 실형을 선고받고 석 달간 감옥살이를 했다. 사빈은 2001년에 이혼 소송을 할 무렵에도 나에게 지속적으로 상담을 받았다. 그러다 사빈이 남편의 괴롭힘을 견디다 못해 자신과 딸을 보호하려고 1000킬로미터나 먼 곳으로 도망쳤기 때문에 더는 상담을 진행할 수 없었다. 몇 년이 지나 어느 강연에서 사빈을 다시 만났다. 그녀는 인파를 헤치고 다가와 나에게 그동안 어떻게 지냈는지 말해주었다. 그때 사빈이 감옥에 다녀왔고 양육권을 잃었다는 소식을 들었다. 이 책을 쓰면서 사빈이 정말 많이 생각났다. 그녀가 어떻게 살고 있는지 궁금해서 내가 먼저 연락했다. 맨 처음 받은 답장을 여기 싣는다.

안녕하세요, 크리스텔.

그렇잖아도 선생님 생각을 하고 있었어요. 딸이 자꾸 엇나가서 그 애를 어쩌면 좋을지 선생님께 도움을 구하고 싶었죠. 그 애는 (저와 헤어져) 폭력적이고 사람을 조종하기 좋아하며 나르시시스트 변태성격자인 아버지와 6년을 살다가 2011년부터는 다시 저와 살고 있어요. 저야 예전에 상담을 받았던 사람일 뿐이고 선생님께서 과연 제 이야기를 흥미로워할지 잘 모르겠지만, 어쨌든 (폭력적이고 그래서 문제가 많은) 심리조종자와의 이혼 사례죠. 그 사람은 그때 겨우 일곱 살이었던 딸아이를 빼앗으려고 저에게 정말 지독한 짓들을 했어요. 우리 딸 앙젤리나는 가출도 해보고 여기저기 편지도 써보고 하다가 지칠 대로 지쳐서 결국 열두 살 반쯤 됐을 때 가정법원에 편지를 보냈어요. 아이는 가정법원 판사들을 '머저리'라고 부르면서 자기를 엄마 집으로 보내주지 않으면 자살하겠다고 협박했죠⋯⋯. 그게 먹히긴 했어요. 그 후에 다시 미성년자보호법 관련 조사가 있었고, 아이는 그 상황에서도 뭔가 구체적으로 이뤄지는 게 없으니까 — 아직 아빠 집에서 살 때였죠 — 주위 사람 모두를 속이고 학교를 보름 이상 무단결석했어요(아이가 또래보다 1년 빠르긴 해요). 그제야 엄마와 살고 싶다는 아이의 소망을 법원이 진지하게 고려해주더군요⋯⋯. 그 방법은 먹혔어요. 하지만 제게는 어릴 때 헤어진 딸이 사춘기 청소년이 되어 돌아온 셈이죠. 무슨 말로도 말릴 수 없고, 세상에 무서운 것도 없고, 아무도 안중에 없어요. 엄마가 정해주는 한계선 따위는 신경도 안 쓰죠. 내가 왜 그래야 하느냐, 나는 이미 다 컸다, 나도 알 거 다 안다, 내가 알아서 할 수 있다……. 더 말할 필요는 없을 거예요.

전남편은 직장도 그만두고 외국으로 날아가 아홉 달쯤 있다가 왔어요. 우리 주위에 다시 나타난 지는 얼마 안 됐어요. 학교로 찾아왔다는데 그 후로 딸아이가 막나가는 거예요. 하면 안 되는 짓을 하고, 수업을 제멋대로 빠지고, 그 벌로 학교에 남아야 하는데 그것도 빼먹고 시내를 배회하고 다니면서 그게 뭐 어떠냐고 해요! 아직도 AEMO에서 그 애를 눈여겨보고 조사 중이지만 제가 제 딸을 구해야 하지 않겠어요? 그런데 애는 심리상담을 철저히 거부하고 있어요. 아니, 모두가 문제 자체를 부정하고 있죠. 앙젤리나가 엄마랑 살게 됐지 않느냐, 그럼 다 된 거다, 이제 그 상태로 살면 되지 뭐가 문제냐.

저는 정말 딸아이가 어떻게 될지 두려워요. 도움이 절실하게 필요해요. 그러니 답장을 주시면 좋겠어요. 제가 뭘 할 수 있을지 말해주세요. 오늘 선생님이 저를 생각해주셨다니 정말 감사해요. 선생님 답장을 간절히 기다립니다. 저도 제 이야기를 좀 더 길게 할 수 있겠지요……. 감사합니다.

사빈 올림

이 메일을 받고서 우리는 전화로 한참 대화를 나누었다. 나는 자초지종을 자세히 들으면서 기가 막히다 못해 치가 떨렸다. 사빈과 앙젤리나 모녀의 사연은 내가 이 책에서 기술한 모든 괴롭힘의 축약판, 그것도 최악의 축약판이다. 이 모녀는 볼 꼴 못 볼 꼴 다 겪었다! 사빈은 12년째 이어진 이혼 소송으로 사람이 다 망가졌는데 아직도 끝이 보이지 않는다! 그녀가 도망가기 전에 아이 아빠가 앙젤리나를 데리러 온 적이 있었다. 아이는 당연히 아빠가 무서워서 따라가지 않으려 했다. 그러자 그는 사빈이 아이를 보여주지 않는다고 또 고소를 했다. 아이 아빠가 건 소송이 모두 30건이었으니, 이 지뢰밭에서 어떻게 일이 신속하게 진전되겠는가.

나는 사빈에게 자기 사연을 정리해보라고 했다. 원래는 나도 좀 더 간략하게 추려서 실을 생각이었다. 하지만 사빈의 이혼사는 연대순으로 사실만 나열해도 기가 막히기 때문에 그녀가 쓴 그대로 싣는 편이 나아 보였다. 미리 이야기하건대, 아마 현기증이 날 것이다.

- **1994년 6월:** 이탈리아에서 아이 아빠를 처음 만남. 상대는 처음부터 가명을 썼음.
- **1995년 4월:** 남자가 이탈리아에 가짜 신분증으로 입국한 사실이 밝혀져 1995년 2월부터 40일간 투옥되었고 정치난민 심사 결과를 기다리던 중에 벨기에로 돌아감.
- **1997년 2월:** 벨기에에서 결혼.

- 1997년 12월: 원래 사빈이 살던 프랑스 집으로 이사함.

- 1998년 5월: 딸아이 출산.

- 2001년 6월: 지옥 같은 4년을 보내고 이혼을 청구함.

- 2001년 9월 중순: 전남편이 아이 앞에서 사빈을 죽이겠다고 협박함.

- 2001년 10월 말: 가정법원 명령으로 전남편이 퇴거 조치됨. 딸아이
  는 만 3세 반이었고 전남편은 일반적인 수준의 면접권이 있었으나
  아이를 보러 오지 않았음. 오히려 아이를 만나게 해주지 않는다고
  사빈을 고소함.

- 2002년 9월 초: 딸이 만 4세 4개월에 유치원 취학.

- 2002년 9월 중순: 전남편이 딸아이가 엄마와 함께 지내면 위험하다
  고 거짓 신고를 함.

- 2003년 5월 말: 가정법원에서 전남편에게 매달 2회 1시간씩 특별면
  접과 매주 일요일 10시부터 오후 6시까지의 면접, 가족 3인의 심리
  전문가 면담, 가사조사 1회 등을 허락함. 딸은 만 5세였지만 여전히
  아빠를 만나길 원치 않음. 전남편이 사빈을 5번이나 경범죄재판
  에 회부함. 양육권을 빼앗기 위해 손해배상과 이자를 청구하고 사
  빈을 감옥에 집어넣으려 별의별 짓을 다함.

- 2003년 9월: 아동법원 명령으로 실시된 조사를 전남편이 왜곡함.

- 2004년 1월: 가정법원 명령으로 전남편에게 6개월 특별면접권이
  주어짐. 그 후 일반적인 면접권이 회복됨. 전남편이 항소를 하면서
  딸을 자기 집에 데려올 수 있게 해달라고 요구함. 딸은 만 6세가 되

었으나 계속 아빠 집에 가기를 거부했고 초등학교 입학을 앞두고 있었음.

- 2004년 4월: 보호지원 판결. 아동법원의 결정으로 AEMO 조치.

- 2004년 8월: 딸을 보호하기 위해 1000킬로미터 떨어진 곳으로 이사. 집행유예 3개월 이후에 실제로 감옥에 갈 수도 있다는 것을 사빈도 알고 있었음. 전남편의 노림수……

- 2004년 9월: 아이가 학교에 들어갔으나 두 달 만에 월반함(아이 지능지수는 125로 나왔음). 만 6세 반.

- 2004년 11월: 검사가 사빈에게 금고 3월을 구형하였으나 다행히 손해배상과 이자를 지급하는 것으로 마무리됨. 휴!

- 2005년 1월: 고등법원에서 아이가 아빠 집에 거주해야 한다는 판결을 내림. 사빈에게는 방학 동안만 DVH(면접 및 거주) 권한이 허락됨.

- 2005년 2월: 아이가 너무 힘들어 해서 소아정신과 의사에게 보이기 위해 다른 시로 데리고 감. 경찰에 미리 알려두었음. 다음 날 아이를 데려와야 했으나 폭설로 발이 묶여 사흘이 지체되었음. 역시 경찰에는 사정을 미리 알려둠.

- 2005년 3월 4일: 일곱 살 생일을 두 달 남겨둔 딸을 사회보호시설 사람들이 경찰을 대동하고 강제로 데려감. 사빈은 사흘간 전혀 소식을 듣지 못했으며 그 후에도 12일간 1시간씩 네 번밖에 딸을 보지 못함.

- 2005년 3월 15일: 딸아이는 법원 명령으로 아빠와 살게 되었으나

그때까지 아빠와 단 둘이 지내본 적도 없고, 아빠 집도 몰랐으며, 전학까지 해야 했으므로 심각한 혼란 상태에 빠짐.

- **2005년 4월:** 가정법원이 엄마의 면접권을 유예하고 반드시 아이 아빠의 거주 지역(다시 말해 사빈의 집에서 1000킬로미터 떨어진 곳)에서만 한 달에 2회 특별면접, 1회 전문가 상담을 실시하라고 명령함(전남편의 요구로 상황이 역전된 셈임).

- **2006년 1월:** 보호지원 판결. AEMO 18개월 조치.

- **2006년 2월:** 가정법원 결정으로 비록 격주나마 일요일 면접권이 주어짐. 2007년 7월까지 이러한 면접 일정을 준수하고 여름방학 동안에 15일을 사빈과 딸이 함께 보낼 수 있게 됨.

- **2006년 12월:** 가정법원에서 딸을 크리스마스에 닷새 데리고 있어도 된다고 허락받음. 전남편은 사빈이 딸을 소아정신과 의사에게 데려가는 것과 (근친상간을 암시하듯) 엄마와 딸이 한 침대에서 자는 것을 금지해달라고 요청함.

- **2007년 2월:** 딸아이가 가출을 해서 사빈의 집까지 걸어옴. 집엔 아무도 없었기 때문에 경찰이 아이를 데려감. 딸은 겨우 여덟 살 반이었고 그때가 첫 가출이었음. 법원은 아이가 엄마 집을 찾아왔다는 이유로 가출 사실을 인정하지 않음(엄마는 부재중이었고 아무도 애가 어디로 갔는지 모르는 상황이었는데도). 애를 찾느라 경찰 수사견까지 동원됨…….

- **2007년 7월:** 전적으로 사빈에게 '귀책사유'가 있으니 매달 양육비

50유로를 지급하라는 이혼 판결이 나왔음. 피해자에게 대체 무슨 짓인지! 드디어 일반적인 면접권이 회복됨……. 전남편은 사빈이 2001년 5월에 딸을 데리고 집을 나갔다고 비난했으나 당시 건강상 문제로 딸을 데리고 쉬러 갔을 뿐이고 1달 반 후에는 집으로 돌아감. 전남편은 '아내의 일방적 가출'을 주장했고 그 주장은 받아들여졌음. 전남편은 오랫동안 알고 지내던 이웃 두 명에게 자기주장을 뒷받침하는 진술서를 받아왔지만 실제로는 사빈이 여행을 떠날 때 전남편도 그 자리에 있었으며 심지어 짐 내리는 것을 도와주기까지 했음……. 사람이 어떻게 그렇게까지 비열할 수가 있는지! 이 말도 안 되는 판결에 사빈은 항소를 제기함.

- **2007년 11월**: 구급대가 출동해서 아이를 종합병원 응급소아과로 이송. 아이는 새벽 3시부터 배가 아팠으나 아빠가 새벽 근무조였기 때문에 집에 혼자 있었음. 만 9세 반.

- **2008년 7월**: 아동법원이 아동보호조치를 2009년 1월말까지로 유예하고 전남편에게 아이의 심리치료를 명령함.

- **2008년 11월**: 고등법원이 쌍방 귀책사유를 인정함으로써 엄마의 권리를 부분적으로나마 회복함. 하지만 애당초 사빈이 이혼을 청구했고 남편이 반소를 제기한 것임…….

- **2009년 1월 초**: 열 살 된 딸이 더는 못 살겠다는 심정으로 아빠가 (술에 취해!) 자는 동안 몰래 엄마 집으로 도망쳐옴. 아이는 한밤중에 시골길을 2킬로미터나 혼자 걸어왔음. 영하 5도 날씨에 방한복도 없

이 도망 온 아이는 배고픔과 추위로 제정신이 아니었음.

- **2009년 1월 중순:** 사빈은 가정법원에 딸의 양육권을 돌려달라고 호소했지만 모두 기각당했고 되레 100유로 벌금형을 선고받음.

- **2009년 1월 말:** 딸이 간곡하게 도움을 청했으나 아동법원은 사건을 종결시키고 교육지원 판결도 없던 일로 함.

- **2010년 7월:** 고등법원은 사빈의 요구를 모두 기각하고 불필요한 소송 절차로 인한 피해보상과 이자로 전남편에게 300유로를 지급하라고 판결함. 세상에 이런 일이!

- **2010년 여름:** 전남편이 딸을 데리고 3주간 중동에 체류함. 여행이 어땠는지 물었더니 딸아이는 히잡을 써봤다고 함……

- **2010년 10월:** 딸이 열두 살이 되었음. 이제 단 1년도 아빠와는 살 수 없다면서 직접 가정법원에 편지를 보냄. 선생님 한 분이 도움을 주셔서 배달증명우편으로 보냈음(바로 이 편지에서 아이가 가정법원 판사들을 머저리라고 비난함). 아동법원 출두를 명받음.

- **2011년 1월:** 다시 아동법원 명령으로 조사가 실시됨. 7년 반 만에 원점으로 돌아온 셈이고 딸아이는 완전히 지쳤음……. 아이가 15일 이상 무단결석했으나 한 집에 살고 있던 아빠는 그 사실조차 몰랐음.

- **2011년 4월:** 아이 아빠가 어쩔 수 없이 아이를 엄마 집으로 보내기로 합의함(그 인간은 사빈이 아이를 고아원에 맡길까 봐 두려웠다고 함!).

- **2011년 6월:** 가정법원이 아동법원 판결이 나올 때까지 딸이 엄마 집에서 지내도 된다고 임시 허가를 내리고 전남편에게는 일반 면

접권을 허락함.

- **2011년 9월:** 아동법원의 보호지원 판결과 AEMO 1년 조치.
- **2011년 10월:** 가정법원이 양육권을 사빈에게 완전히 돌려주고 전 남편은 일반 면접권을 가지고 매달 양육비 200유로를 지급하라고 판결함.
- **2012년 9월:** 보호지원 판결, 딸의 결심이 단호하므로 조심하는 차원에서 AEMO 조치를 1년 연장함.

사빈은 짚고 넘어갔다. "너무 장황해서 유감스럽지만 12년 넘게 끌어온 일이고 지금도 끝나지 않은 일이죠. 사소한 항의와 부정적 결과를 생략하고 큰 가닥만 짚어도 이 정도예요. 선생님이 너무 지겨우실까 봐 상고심 얘기는 꺼내지도 않았어요!"

그녀는 또 이렇게 덧붙였다. "하지만 지금 저의 가장 큰 걱정은 딸아이가 자기는 무슨 짓을 해도 처벌받지 않을 것처럼 군다는 거예요. 무의식적으로, 마치 한계를 시험하기라도 하듯 행동하는 바람에 보호지원당국은 물론, 학교 측도 걱정하고 있어요. 딸은 최근에도 수요일 오후에 연속으로 학교에 남아야 했고, 그런 징계조차 무시하는 바람에 하루 정학을 먹었어요. 성적은 뭐, 바닥을 기는 수준이고……. 앞에서 잠깐 말했지만 그사이에 딸아이가 아빠를 두 번 만났거든요(12월과 2월). 그때 이후로 애가 완전히 막나가는 것 같아요. 물론 딸아이는 아빠와는 아무 상관없다고 말하지만요!"

놀랍게도 이 12년 동안 앙젤리나의 아빠는 다각도로 지원을 받아왔다. 모 가톨릭단체는 그가 딸아이를 빼앗아올 수 있도록 교통비를 지원해주기도 했다. 아빠가 운전면허가 없다는 이유로 이혼소송 관계자 한 사람이 대신 차를 몰아주기도 했다. 사빈은 어떻게 전남편이 그 오랜 기간 동안 변호사 비용을 댔는지도 의아해하고 있다. 나는 아무래도 여자 변호사와 그렇고 그런 관계가 아니겠느냐고 말해보았다. 사빈은 펄쩍 뛰었다. "말도 안 돼요! 그 사람 변호사는 나이도 굉장히 많고 못생겼는데요!" 순진한 사빈! 나는 농담으로 이렇게 말했다. "그럼 가능성이 더 높네요. 전남편이 작정하면 일도 아니었겠어요!"

나는 사빈을 잘 안다. 사빈은 마음이 넓고 아주 똑똑한 여자다. 너무 똑똑해서 사람들에게 이해받지 못하는 게 아닐까 싶을 정도로. 사빈의 딸도 만 6세에 영재 판정을 받았다. 사빈은 좋은 엄마다. 어미고양이처럼 잘 발달한 그녀의 모성을 못마땅해하는 사람들이 꽤 있었다.

사빈에게 이런 이야기를 들었다. "법원이 나한테 사기를 쳤어요. 나에게는 석 달 감옥에 들어가든가 당장 딸을 사회복지시설에 보내든가 둘 중 하나라고 했다고요. 그래놓고 우리 아이를 시설에 집어넣었죠. 그때 아이는 일곱 살이었고 나는 사흘간 딸의 소식을 전혀 듣지 못했어요. 딸을 겨우 다시 만났을 때는 애가 몰라보게 변해 있었죠. 어디서 났는지 모를 옷을 걸치고 있었고(아동보호시설에 들어갈 때도 프랑스에 시집 가는 왕비처럼 기존의 개인 물건을 다 버려야 하나?) 피폐한 표정을 하고 있더군요. 전 그저 딸을 갓난아기 때처럼 안아주고 달래주는 것 외에는 아무것도 할 수 없었어요. 본능적으로 그렇게 되더군요. 아이도 엉엉 울고 저도 목 놓아 울었어요. 우리 모녀는 한참을 그렇게 부여안고 있었죠. 덕분에 아이는 마음을 많이 추스르고 저와 좋게 헤어졌어요. 그런데 사회복지사들은 그 상황을 아이가 엄마를 만나면 많이 울고 헤어지는 걸 그렇게까지 섭섭해하지 않는다고 해석하더군요. 나중에 앙젤리나가 이렇게 말하면서 제 편을 들어줬어요. '엄마가 아빠랑 헤어지지 않았으면 내가 먼저 집을 나갔을 거예요. 나는 엄마가 이혼한 거 조금도 원망하지 않아요.'"

사빈의 사연도 나타샤의 사연만큼 기가 막힌다. 나는 앙젤리나의 얘기는 들어보지 못했다(아이가 나를 만나고 싶지 않을지도?). 그 심정도 충분히 이해가 간다. 그 애는 심리상담사, 가사조사관, 판사, 변호사, 온갖 전문가와 선생 들이 지긋지긋할 거다. 누가 그 애를 이해하고 도와줬나? 아이는 이제 지난 일들을 생각하고 싶지도 않을 것이다. 아니, 괴로워서라도 되돌아볼 수 없으리라. 나 역시 어른으로서 그 애에게 부끄럽다. 우리 사회가 그 애에게 끼친 그 끔찍한 고통에 내가 대신 용서를 구하고 싶다. 앙젤리나가 사회, 법, 경찰, 심리치료에 무슨 믿음을 가질 수 있겠는가? 그 애가 믿을 수 있는 어른이 있기나 할까? 그 애가 어떤 가치들을 믿을 수 있겠는가? 아빠라는 인간은 다음에 또 무슨 추잡한 짓을 터뜨릴까? 딸을 외국에 데리고 나가 강제로 결혼시키지는 않을는지? 앙젤리나는 곧 만 14세가 될 것이다. 미성년자 신분에서 벗어나려면 아직 4년 남았는데 그사이에 아빠가 그 애를 망쳐놓을 수도 있다. 아니, 4년으로 끝이겠는가. 진짜 변태는 먹잇감을 끝까지 놓지 않는다. 앙젤리나는 어떤 여성으로 자라게 될까? 그 아이는 장차 어떤 가정을 꾸리게 될까? 언젠가 엄마가 된다면 어떤 모습으로 살아갈까?

뼈가 부서지는 아픔을 차례차례 겪어온 사빈과 그 밖의 여러 여성들을 다시는 상담실에서 마주하고 싶지 않다는 마음으로 이 책을 썼다. 이 책이 계기가 되어, 심리조종자에게 발목을 잡힌 모든 부모들이 가급적 빨리 대응에 나서기를, 또한 이혼에 수반되는 온갖 함정들을 피할 수 있기를 바라본다. 모두들 힘내시라!

Alonso Isabelle, ······*même pas mâle!*, Pocket, 2008

Aubry Isabelle, *Comment j'ai surmonté l'inceste*, J. Lyon, 2010

Bazin Hervé, *Vipère au poing*, Poche, 1972

Bazin Hervé, *La Mort du petit cheval*, Poche, 1972

Bazin Hervé, *Le Cri de la chouette*, Poche, 1975

Bazin Hervé, *Madame Ex*, Poche, 1976

Beauvois J. L. & Joule R. V., *Petit Traité de manipulation à l'usage des honnêtes gens*, PUG, 2002

Clerc Olivier, *Le Tigre et l'Araignée: les deux visages de la violence*, Jouvence, 2004

Clerc Olivier, *La Grenouille qui ne savait pas qu'elle était cuite*, J. C. Lattès, 2005

Clerget Stéphane, *Séparons-nous······ mais protégeons nos enfants*, Albin Michel, 2004

Crève-Cœur Jean Jacques, *Relations et jeux de pouvoir*, Jouvence, 2000

Dolan Yvonne, *Guérir de l'abus sexuel et revivre*, Le Germe-SATAS, 1996

Dowling Colette, *Le Complexe de Cendrillon*, Grasset, 1982

Dowling Colette, *Cendrillon et l'argent*, Grasset, 1999

Farelly Frank, *La Thérapie provocatrice*, SATAS, Bruxelles, 2000

Farmer Steven, *Adult Children of Abusive Parents*, Ballantine Books, 1989

Forward Susan, *Le Chantage affectif*, InterEditions, 1998

Forward Susan, *Parents toxiques*, Stock, 1991

Gauthier Cornelia, *Victime ¿Non, merci!*, Jouvence, 2010

Graad Marcia, *La Princesse qui croyait aux contes de fées*, Vivez soleil, 1995

Harrus-Révidi Gisèle, *Parents immatures et enfants-adultes*, Payot, 2001

Hervé Jane, *La Cassure de l'inceste, Fayard*, 21997

Hirigoyen Marie-France, *Le Harcèlement moral*, Pocket, 1998

Hirigoyen Marie-France, *Femmes sous emprise*, Pocket, 2005

Hurni Maurice & Stoll Giovanna, *La Haine de l'amour*, L'Harmattan, 1996

Kiley Dan, *Le Syndrome de Peter Pan*, Odile Jacob poches, 1996

Nazare-Aga Isabelle, *Les Manipulateurs sont parmi nous*, Éditions de l'Homme, 1997(이사벨 나자레 아가, 『나는 왜 맨날 당하고 사는 걸까』, 정미애 옮김, 북뱅, 2015년)

Nazare-Aga Isabelle, *Les Manipulateurs et l'amour*, Éditions de l'Homme, 2000

Perrone Reynaldo & Nannini Martine, *Violence et Abus sexuel dans la famille*, E. S. F, 1995

Phélip Jacqueline, *Le livre noir de la garde alternée*, Dunod, 2006

Phélip Jacqueline & Maurice Berger, *Divorce, séparation: les enfants sont-ils protéges*, Dunod, 2012

Rhodes Daniel & Kathleen, *Le Harcèlement psychologique*, Marabout, 1999

Swigart Jane, *Le Mythe de la mauvaise mère*, Robert Laffont, 1990